编委会名单

EDITORIAL COMMITTEE LIST

工业和信息化部“十二五”规划教材

“信息化与信息社会”系列丛书之

高等学校信息管理与信息系统专业系列教材

信息系统项目管理

（第2版）

左美云　主　编

余　力　李　倩　副主编

電子工業出版社

Publishing House of Electronics Industry

北京 • BEIJING

内 容 简 介

信息系统开发技术与信息系统项目管理是信息系统建设成功的两个重要支柱。本书围绕信息系统项目的立项、计划、执行控制、验收四个阶段，重点讨论信息系统项目的范围、进度、成本、质量、人力资源、沟通、风险、采购、干系人和整体管理10个知识点；将案例教学法、体验式教学法、互动式教学法体现在本书中，增强读者对各种项目管理的工具和模板的直观认识。

本书是工业和信息化部“十二五”规划教材，高等学校信息管理与信息系统专业系列教材之一，可作为高等学校信息管理与信息系统、电子商务、电子政务、计算机应用、物流管理、信息安全、工商企业管理、软件工程等专业本科生的教材，还可作为相关专业硕士生及各类IT项目经理的培训教材和参考资料。

图书在版编目（CIP）数据

信息系统项目管理 / 左美云主编. —2版. —北京：电子工业出版社，2014.10
（信息化与信息社会系列丛书）
高等学校信息管理与信息系统专业系列教材
ISBN 978-7-121-24433-9

Ⅰ. ①信… Ⅱ. ①左… Ⅲ. ①信息系统－项目管理－高等学校－教材 Ⅳ. ①G202

中国版本图书馆CIP数据核字（2014）第225323号

策划编辑：刘宪兰
责任编辑：张　京
印　　刷：北京虎彩文化传播有限公司
装　　订：北京虎彩文化传播有限公司
出版发行：电子工业出版社
　　　　　北京市海淀区万寿路173信箱　邮编　100036
开　　本：787×1092　1/16　印张：17.75　字数：397.6千字
版　　次：2009年6月第1版
　　　　　2014年10月第2版
印　　次：2024年 3 月第16次印刷
定　　价：69.00元

凡所购买电子工业出版社图书有缺损问题，请向购买书店调换。若书店售缺，请与本社发行部联系，联系及邮购电话：（010）88254888。

质量投诉请发邮件至 zlts@phei.com.cn，盗版侵权举报请发邮件至 dbqq@phei.com.cn。

服务热线：（010）88258888。

第 2 版总序

信息化是世界经济和社会发展的必然趋势。近年来，在党中央、国务院的高度重视和正确领导下，我国信息化建设取得了积极进展，信息技术对提升工业技术水平、创新产业形态、推动经济社会发展发挥了重要作用。信息技术已成为经济增长的“倍增器”、发展方式的“转换器”、产业升级的“助推器”。

作为国家信息化领导小组的决策咨询机构，国家信息化专家咨询委员会按照党中央、国务院领导同志的要求，就我国信息化发展中的前瞻性、全局性和战略性的问题进行调查研究，提出政策建议和咨询意见。信息化所具有的知识密集的特点，决定了人力资本将成为国家在信息时代的核心竞争力。大量培养符合中国信息化发展需要的人才是国家信息化发展的一个紧迫需求，也是我国推动经济发展方式转变，提高在信息时代参与国际竞争比较优势的关键。2006 年 5 月，我国公布《2006—2010 年国家信息化发展战略》，提出“提高国民信息技术应用能力，造就信息化人才队伍”是国家信息化推进的重点任务之一，并要求构建以学校教育为基础的信息化人才培养体系。

为了促进上述目标的实现，国家信息化专家咨询委员会致力于通过讲座、论坛、出版等各种方式推动信息化知识的宣传、教育和培训工作。2007 年，国家信息化专家咨询委员会联合教育部、原国务院信息化工作办公室成立了“信息化与信息社会”系列丛书编委会，共同推动“信息化与信息社会”系列丛书的组织编写工作。编写该系列丛书的目的是，结合我国信息化发展的实际和需求，针对国家信息化人才教育和培养工作，有效梳理信息化的基本概念和知识体系，通过高校教师、信息化专家、学者与政府官员之间的相互交流和借鉴，充实我国信息化实践中的成功案例，进一步完善我国信息化教学的框架体系，提高我国信息化图书的理论和实践水平。毫无疑问，从国家信息化长远发展的角度来看，这是一项带有全局性、前瞻性和基础性的工作，是贯彻落实国家信息化发展战略的一个重要举措，对于推动国家的信息化人才教育和培养工作，加强我国信息化人才队伍的建设具有重要意义。

考虑到当时国家信息化人才培养的需求，各个专业和不同教育层次（博士生、硕士生、本科生）的需要，以及教材开发的难度和编写进度时间等问题，“信息化与信息社会”系列丛书编委会采取了集中全国优秀学者和教师，分期分批出版高质量的信息化教育丛书的方式，结合高校专业课程设置情况，在“十一五”期间，先后组织出版了“信息管理与信息系统”、“电子商务”、“信息安全”三套本科专业高等学校系列教材，受到高校相关专业学科及相关专业师生的热烈欢迎，并得到业内专家与教师的一致好评和高度评价。

但是，随着时间的推移和信息技术的快速发展，上述专业的教育面临着持续更新、不断完善的迫切要求，日新月异的技术发展及应用变迁也不断对新时期的建设和人才培养提出新要求。为此，“信息管理与信息系统”、“电子商务”、“信息安全”三个专业教育需以综合的视角和发展的眼光不断对自身进行调整和丰富，已出版的教材内容也需及时进行更新和调整，以满足需求。

这次，高等学校“信息管理与信息系统”、“电子商务”、“信息安全”三套系列教材的修订是在涵盖第 1 版主题内容的基础上，进行的更新和调整。我们希望在内容构成上，既保持原第 1 版教材基础的经典内容，又要介绍主流的知识、方法和工具，以及最新的发展趋势，同时增加部分案例或实例，使每一本教材都有明确的定位，分别体现“信息管理与信息系统”、“电子商务”、“信息安全”三个专业领域的特征，并在结合我国信息化发展实际特点的同时，选择性地吸收国际上相关教材的成熟内容。

对于这次三套系列教材（以下简称系列教材）的修订，我们仍提出了基本要求，包括信息化的基本概念一定要准确、清晰，既要符合中国国情，又要与国际接轨；教材内容既要符合本科生课程设置的要求，又要紧跟技术发展的前沿，及时地把新技术、新趋势、新成果反映在教材中；教材还必须体现理论与实践的结合，要注意选取具有中国特色的成功案例和信息技术产品的应用实例，突出案例教学，力求生动活泼，达到帮助学生学以致用的目的，等等。

为力争修订教材达到我们一贯秉承的精品要求，“信息化与信息社会”系列丛书编委会采用了多种手段和措施保证系列教材的质量。首先，在确定每本教材的第一作者的过程中引入了竞争机制，通过广泛征集、自我推荐和网上公示等形式，吸收优秀教师、企业人才和知名专家参与写作；其次，将国家信息化专家咨询委员会有关专家纳入各个专业编委会中，通过召开研讨会和广泛征求意见等多种方式，吸纳国家信息化一线专家、工作者的意见和建议；最后，要求各专业编委会对教材大纲、内容等进行严格的审核，并对每本教材配有一至两位审稿专家。

我们衷心期望，系列教材的修订能对我国信息化相应专业领域的教育发展和教学水平的提高有所裨益，对推动我国信息化的人才培养有所贡献。同时，我们也借系列教材修订出版的机会，向所有为系列教材的组织、构思、写作、审核、编辑、出版等做出贡献的专家学者、教师和工作人员表达我们最真诚的谢意！

应该看到，组织高校教师、专家学者、政府官员及出版部门共同合作，编写尚处于发展动态之中的新兴学科的高等学校教材，有待继续尝试和不断总结经验，也难免会出现这样或那样的缺点和问题。我们衷心希望使用该系列教材的教师和学生能够不吝赐教，帮助我们不断地提高系列教材的质量。

曲维枝

2013 年 11 月 1 日

第1版总序

信息化是世界经济和社会发展的必然趋势。近年来，在党中央、国务院的高度重视和正确领导下，我国信息化建设取得了积极进展。信息技术对提升工业技术水平、创新产业形态、推动经济社会发展发挥了重要作用。信息技术已成为经济增长的“倍增器”、发展方式的“转换器”、产业升级的“助推器”。

作为国家信息化领导小组的决策咨询机构，国家信息化专家咨询委员会一直在按照党中央、国务院领导同志的要求就信息化前瞻性、全局性和战略性的问题进行调查研究，提出政策建议和咨询意见。在做这些工作的过程中，我们愈发认识到，信息技术和信息化所具有的知识密集的特点，决定了人力资本将成为国家在信息时代的核心竞争力，大量培养符合中国信息化发展需要的人才已成为国家信息化发展的一个紧迫需求，成为我国应对当前严峻经济形势，推动经济发展方式转变，提高在信息时代参与国际竞争比较优势的关键。2006年5月，我国公布《2006—2010年国家信息化发展战略》，提出“提高国民信息技术应用能力，造就信息化人才队伍”是国家信息化推进的重点任务之一，并要求构建以学校教育为基础的信息化人才培养体系。

为了促进上述目标的实现，国家信息化专家咨询委员会一直致力于通过讲座、论坛、出版等各种方式推动信息化知识的宣传、教育和培训工作，并由国家信息化专家咨询委员会联合教育部、原国务院信息化工作办公室成立了“信息化与信息社会”系列丛书编委会，共同推动“信息化与信息社会”系列丛书的组织编写工作。编写该系列丛书的目的，是力图结合我国信息化发展的实际和需求，针对国家信息化人才教育和培养工作，有效梳理信息化的基本概念和知识体系，通过高校教师、信息化专家、学者与政府官员之间的相互交流和借鉴，充实我国信息化实践中的成功案例，进一步完善我国信息化教学的框架体系，提高我国信息化图书的理论和实践水平。毫无疑问，从国家信息化长远发展的角度来看，这是一项带有全局性、前瞻性和基础性的工作，是贯彻落实国家信息化发展战略的一个重要举措，对于推动国家的信息化人才教育和培养工作，加强我国信息化人才队伍的建设具有重要意义。

考虑到当前国家信息化人才培养的需求、各个专业和不同教育层次（博士生、硕士生、本科生）的需要，以及教材开发的难度和编写进度时间等问题，“信息化与信息社会”系列丛书编委会采取了集中全国优秀学者和教师、分期分批出版高质量的信息化教育丛书的方式，根据当前高校专业课程设置情况，先开发“信息管理与信息系统”、“电子商务”、“信息安全”三个本科专业高等学校系列教材，随后再根据我国信息化和高等学校相关专业发展的情况陆续开发其他专业和类别的图书。

对于新编的三套系列教材（以下简称系列教材），我们寄予了很大希望，也提出了基本要求，包括信息化的基本概念一定要准确、清晰，既要符合中国国情，又要与国际接轨；教材内容既要符合本科生课程设置的要求，又要紧跟技术发展的前沿，及时地把新技术、新趋势、新成果反映在教材中；教材还必须体现理论与实践的结合，要注意选取具有中国特色的成功案例和信息技术产品的应用实例，突出案例教学，力求生动活泼，达到帮助学生学以致用的目的，等等。

为力争出版一批精品教材，“信息化与信息社会”系列丛书编委会采用了多种手段和措施保证系列教材的质量。首先，在确定每本教材的第一作者的过程中引入了竞争机制，通过广泛征集、自我推荐和网上公示等形式，吸收优秀教师、企业人才和知名专家参与写作；其次，将国家信息化专家咨询委员会有关专家纳入各个专业编委会中，通过召开研讨会和广泛征求意见等多种方式，吸纳国家信息化一线专家、工作者的意见和建议；最后，要求各专业编委会对教材大纲、内容等进行严格的审核，并对每一本教材配有一至两位审稿专家。

如今，我们很高兴地看到，在教育部和原国务院信息化工作办公室的支持下，通过许多高校教师、专家学者及电子工业出版社老师们的辛勤努力和付出，“信息化与信息社会”系列丛书中的三套系列教材即将陆续和读者见面。

我们衷心期望，系列教材的出版和使用能对我国信息化相应专业领域的教育发展和教学水平的提高有所裨益，对推动我国信息化的人才培养有所贡献。同时，我们也借系列教材开始陆续出版的机会，向所有为系列教材的组织、构思、写作、审核、编辑、出版等做出贡献的专家学者、老师和工作人员表达我们最真诚的谢意！

应该看到，组织高校教师、专家学者、政府官员及出版部门共同合作，编写尚处于发展动态之中的新兴学科的高等学校教材，还是一个初步的尝试。其中，固然有许多的经验可以总结，也难免会出现这样那样的缺点和问题。我们衷心地希望使用系列教材的教师和学生能够不吝赐教，帮助我们不断地提高系列教材的质量。

曲维枝

2008年12月15日

第 2 版序言

在移动计算、物联网、云计算等一系列新兴技术的支撑下，网络生活、社交媒体、协同创造、虚拟服务等新型应用模式持续拓展着人类创造和利用信息的范围与形式。这些日新月异的新兴技术与应用模式的涌现，使得全球数据量呈现前所未有的爆发式增长态势。同时，数据复杂性也急剧增加，其多样性（多源、异构、多模态和富媒体等）、低价值密度（信息不相关性和高“提纯”难度等）、实时性（流信息和连续商务等）特征日益显著。可以说我们已经进入“大数据”时代。数据已经渗透到每一个行业和领域，成为国家宏观调控和治理，社会各行各业管理和技术应用的基础和要素。

大数据时代的管理喻义可以从两个方面来概括，即“三个融合”和“三新”。“三个融合”指 IT 融合（信息技术与社会生活及企业业务的密不可分性）、内外融合（企业外部数据与内部数据整合的重要性）和价值融合（企业“造”与“用”价值创造的模式创新性）。这三个融合意味着：①越来越多的传统管理和决策成为基于数据分析的管理和决策，如数字化生存、数据运营、深度业务分析（Business Analytics，BA）核心能力等；②用户/公众创造内容（UGC/PGC）（如评论、口碑、商誉、舆情和社会网络等）成为企业活动的重要关注点；③企业的价值创造过程日益体现出“无形围绕有形”的互动（如“服务围绕产品”的业务拓展方式等）。而“三新”则指大数据时代催生的新模式、新业态和新人群。这意味着：①现有企业需要升级转型（如数据驱动的精益管理和模式创新等）；②新兴业态在诞生和发展（如赛博空间生活和众包等）；③信息社会中“移民”和“原住民”的多样化生存（如新型客户关系、新式企业文化和新颖行为特点等）。大数据时代管理喻义的上述两个方面反映了大数据时代管理理论和实践的变化特征，其中前者主要体现管理领域和视角上的变化，后者则主要体现管理主体和方式上的变化。

在我国信息化与工业化、城镇化和农业现代化同步发展的背景下，展望我国信息化发展的未来，信息技术应用将持续呈现出在物联网和智慧城市建设、云平台和大数据分析、新兴电子商务应用、企业信息化新拓展、绿色信息化路径等领域的主流现象和发展趋势，也为高等学校“信息管理与信息系统”专业建设和人才培养在新形势下带来新的挑战和机遇。

“信息管理与信息系统”作为一个快速更迭、动态演进的学科专业，必须以综合的视角和发展的眼光不断对自身进行调整和丰富，以适应新时代前进的步伐。高等学校信息管理与信息系统专业系列教材的第 2 版修订，就是希望通过更为系统化的逻辑体系和更具前瞻性的内容组织，帮助信息管理与信息系统专业相关领域的学生及实践者更好地理解现代信息系统在“造”（技术）和“用”（管理）维度上的分野和统一，掌握相关的基础知识和基本技能 （特别包括企业进行数据运营、利用深度业务分析（BA）构建核心竞争能力方面的基础知识和技能）。

本次对高等学校信息管理与信息系统专业系列教材的修订，在基本保留第1版主要内容的框架基础上，仍然强调把握领域知识的“基础、主流与发展”的关系，并体现“管理与技术并重”的领域特征。同时，在整个系列和相关教材内容中，从领域发展与知识点的角度，以不同程度和形式反映新技术时代的特点（如云计算和大数据这一新型计算模式）、IT应用特征（如移动性、虚拟性、个性化、社会性和极端数据）、信息化拓展（如两化深度融合和企业外部数据分析）、新兴电子商务应用（如移动商务、社会化商务和O2O）、搜索方法与服务（如关键词搜索与营销、信息检索与匹配）、IT战略与管理（如服务管理、伙伴管理、业务安全管理和连续商务管理）等。我们希望通过系列教材专业编委会的共同努力，第2版系列教材能够成为高等学校信息管理与信息系统专业及相关专业学生循序渐进地了解和掌握专业知识的系统性学习材料，成为大数据环境下从业人员及管理者的有益参考资料。

本系列教材的编写和修订得到了多方面的帮助与支持。在此，我们感谢国家信息化专家咨询委员会及高等学校信息管理与信息系统专业系列教材编委会专家们对教材体系设计的指导和建议，感谢教材编写者在时间和精力上的大量投入及所在单位给予的大力支持，感谢参与本系列教材研讨和编审的各位专家、学者的真知灼见！同时，我们对电子工业出版社在本系列教材整个出版过程中所做的努力深表谢意！

由于时间和水平有限，第2版系列教材在内容上肯定存在不足和不尽如人意之处，恳请广大读者批评指正。

高等学校信息管理与信息系统
专业系列教材编委会
2013年12月于北京

第 1 版序言

日新月异的技术发展及应用变迁不断给信息系统的建设者与管理者带来新的机遇和挑战。例如，以 Web 2.0 为代表的社会性网络应用的发展深层次地改变了人们的社会交往行为及协作式知识创造的形式，进而被引入企业经营活动中，创造出内部 Wiki（Internal Wiki）、预测市场（Prediction Market）等被称为“Enterprise 2.0”的新型应用，为企业知识管理和决策分析提供了更为丰富而强大的手段；以“云计算”（Cloud Computing）为代表的软件和平台服务技术，将 IT 外包潮流推向了一个新的阶段，像电力资源一样便捷易用的 IT 基础设施和计算能力已成为可能；以数据挖掘为代表的商务智能技术，使得信息资源的开发与利用在战略决策、运作管理、精准营销、个性化服务等各个领域发挥出难以想象的巨大威力。对于不断推陈出新的信息技术与信息系统应用的把握和驾驭能力，已成为现代企业及其他社会组织生存发展的关键要素。

2008 年中国互联网络信息中心（CNNIC）发布的《第 23 次中国互联网络发展状况统计报告》显示，我国的互联网用户数量已超过 2.98 亿人，互联网普及率达到 22.6%，网民规模全球第一。与 2000 年相比，我国互联网用户的数量增长了 12 倍。换句话说，在过去的 8 年间，有 2.7 亿中国人开始使用互联网。可以说，这样的增长速度是世界上任何其他国家所无法比拟的，并且可以预期，在今后的数年中，这种令人瞠目的增长速度仍将持续，甚至进一步加快。伴随着改革开放的不断深入，互联网的快速渗透推动着中国经济、社会环境大步迈向信息时代。从而，我国“信息化”进程的重心也从企业生产活动的自动化转向了全球化、个性化、虚拟化、智能化、社会化环境下的业务创新与管理提升。

长期以来，信息化建设一直是我国国家战略的重要组成部分，也是国家创新体系的重要平台。近年来，国家在中长期发展规划及一系列与发展战略相关的文件中充分强调了信息化、网络文化和电子商务的重要性，指出信息化是当今世界发展的大趋势，是推动经济社会发展和变革的重要力量。《2006—2020 年国家信息化发展战略》提出要能“适应转变经济增长方式、全面建设小康社会的需要，更新发展理念，破解发展难题，创新发展模式”，这充分体现出信息化在我国经济、社会转型过程中的深远影响，同时也是对新时期信息化建设和人才培养的新要求。

在这样的形势下，信息管理与信息系统领域的专业人才，只有依靠开阔的视野和前瞻性的思维，才有可能在这迅猛的发展历程中紧跟时代的脚步，并抓住机遇做出开拓性的贡献。另外，信息时代的经营、管理人才及知识经济环境下各行各业的专业人才，也需要拥有对信息技术发展及其影响力的全面认识和充分的领悟，才能在各自的领域之中把握先机。

因此，信息管理与信息系统的专业教育也面临着持续更新、不断完善的迫切要求。我国信息系统相关专业的教育已经历了较长时间的发展，形成了较为完善的体系，其成效也已初步显现，为我国信息化建设培养了一大批骨干人才。但我们仍然应该清醒地意识到，作为一个快速更迭、动态演进的学科，信息管理与信息系统专业教育必须以综合的视角和发展的眼光不断对自身进行调整和丰富。本系列教材的编撰，就是希望能够通过更为系统化的逻辑体系和更具前瞻性的内容组织，帮助信息管理与信息系统相关领域的学生及实践者更好地掌握现代信息系统建设与应用的基础知识和基本技能，同时了解技术发展的前沿和行业的最新动态，形成对新现象、新机遇、新挑战的敏锐洞察力。

本系列教材旨在于体系设计上较全面地覆盖新时期信息管理与信息系统专业教育的各个知识层面，既包括宏观视角上对信息化相关知识的综合介绍，也包括对信息技术及信息系统应用发展前沿的深入剖析，同时还提供了对信息管理与信息系统建设各项核心任务的系统讲解。此外，对一些重要的信息系统应用形式也进行了重点讨论。本系列教材主题涵盖信息化概论、信息与知识管理、信息资源开发与管理、管理信息系统、商务智能原理与方法、决策支持系统、信息系统分析与设计、信息组织与检索、电子政务、电子商务、管理系统模拟、信息系统项目管理、信息系统运行与维护、信息系统安全等内容。在编写中注意把握领域知识上的“基础、主流与发展”的关系，体现“管理与技术并重”的领域特征。我们希望，这套系列教材能够成为相关专业学生循序渐进地了解和掌握信息管理与信息系统专业知识的系统性学习材料，同时也成为知识经济环境下从业人员及管理者的有益参考资料。

作为普通高等教育“十一五”国家级规划教材，本系列教材的编写得到了多方面的帮助和支持。在此，我们感谢国家信息化专家咨询委员会及高等学校信息管理与信息系统系列教材编委会专家们对教材体系设计的指导和建议；感谢教材编写者的大量投入及所在各单位的大力支持；感谢参与本系列教材研讨和编审的各位专家、学者的真知灼见。同时，我们对电子工业出版社在本系列教材编辑和出版过程中所做的各项工作深表谢意。

由于时间和水平有限，本系列教材难免存在不足之处，恳请广大读者批评指正。

高等学校信息管理与信息系统

专业系列教材编委会

2009 年 1 月

第 2 版前言

很多学习过项目管理的同志可能都有一个体会，“项目管理学起来容易，但要用好不容易”。尽管大家普遍认为这是项目管理学科固有的特点，但这种现象在一定程度上对广大从事项目管理教学相关工作的同行来讲也是一种“讽刺”和“嘲笑”。对此，我们一直肩负着一种使命，那就是要让项目管理不但容易学，而且容易用、能用好，希望能让项目管理学习者少一份困惑，当然也是为了推广和提高我国的项目管理应用水平。

多年来，我们一直在努力地探索和改进项目管理的教学方法，希望能真正实现学以致用。本书的第 2 版就是我们近年来努力的结晶。自本书第 1 版问世以来，得到了众多老师和学生的肯定，这对我们是极大的鼓舞，也让我们感到欣慰，但同行也给我们的教材提出许多宝贵的意见和建议。本书第 2 版在我们自己近年教学实践和研究的基础上，结合项目管理的最新发展，综合考虑同行老师反馈意见修订而成。本次修订较大的内容包括以下几处。

第 1 章：首先，根据 2012 年新版的 PMBOK（中文第 5 版），更新了项目管理知识体系，全书也是基于新版的 PMBOK 进行内容更新的。为加强学生理解项目的本质，加强了关于项目特点的论述，强调一些部分符合项目特性的项目，也可以按项目的方式进行管理，以便读者更深刻地认识项目和项目管理的概念。此外，从微观和宏观两个层面论述项目管理对企业管理的重要性。

第 2 章：在授课过程中，发现学生对“什么是成功的项目”这样一个基本问题认识不是特别到位，对此，增加了项目成功标准的六层次模型，有利于读者更为深刻、辩证地理解到底什么是一个成功的项目。另外，考虑目前出现的越来越多的大型项目，在衡量企业项目管理水平方面，增加了组织项目管理成熟度模型（OPM3）的内容。

第 3 章：根据部分同行老师反馈的建议，在一般项目管理生命期模型的基础上，基于信息系统的项目开发方法，增加了典型信息系统项目的生命期模型。

第 4 章：主要针对现实中信息系统需求变更的具体情况，从实用的角度，完善了针对需求变更的情况下在项目合同条款中应该注意的事项。

第 5 章：增加了信息系统项目报价，除介绍项目报价涉及的主要方面外，还增加了两个关于按需求定制和标准化开发项目具体的报价单示例，有利于读者了解实际应用中的报价单内容。此外，在介绍各种进度方法的基础上，增加了进度方法的比较，帮助读者更好地根据项目实际情况选择进度计划方法。

第 6 章：根据信息系统项目的特点，增加了关于监理合同的内容，帮助读者了解实际项目进行中的监理事项。考虑到信息系统项目审计的重要性，补充完善了审计在信息系统项目中的作用的介绍。此外，更新和完善了关于质量管理标准的内容，之前关于 ISO 9000 的介绍版本较早，现已更新至最新版本内容。

第 7 章：针对目前微博、微信等新型社会网络对项目沟通管理的影响，在项目沟通部分增加了"新型网络环境下的项目沟通"。另外，增加了冲突管理一节，较全面地介绍了冲突的概念、分类、产生的原因和冲突管理的方法，突出强调了冲突也可以是有益的，建设性的冲突能够给项目团队带来创新和收益。

第 8 章：主要针对新版的 PMBOK 2012，对风险管理的多处内容进行润色和修正。

第 9 章：采用新版本的 Microsoft Project 2013，对本章节的案例重新进行分析，绘制了新图，并更新了时间等相关信息。

除上述重要修订外，还对全书各章的文字进行了仔细阅读和进一步润色。

全书修订工作由左美云教授主持、组织，提出修订原则和基本思路，然后由多位老师分工修订编写。各章分工如下：余力编写第 1、2、3 章；左美云编写第 4、8、9 章；李倩编写第 5、6、7 章；以钟兰云为主、张策协助，在左美云的指导下完成了全书案例部分的修订和项目管理软件部分的修订工作。第 2 版的稿件收齐后由余力和左美云两位老师统一修改和润色，最后在王刊良教授审读后进一步作了完善。

应该说，在整个编写团队的努力下，本书第 2 版无论是在内容体系的完整性方面还是在细节描述准确性方面，以及实用性方面，都有一个较大的提升。但我们也知道，由于作者水平和精力有限，错误与不足之处在所难免，敬请读者不吝指正。本书目前还不能完全解决项目管理教学中遇到的挑战，可能项目管理学习者的"项目管理学起来容易，用好难"的困惑依然存在。但我们会持续努力，也真诚地希望以后能继续得到同行和读者的支持和指导，特别是使用本教材的老师和学生对我们继续提供宝贵意见和建议，你们的建议，就是我们改进的方向。如有意见或反馈，请函至中国人民大学信息学院经济信息管理系左美云教授（邮政编码：100872），或电子邮箱 zuomy@ruc.edu.cn。

主　编

2014 年 7 月 10 日

第 1 版前言

市场上关于项目管理的书籍大概已有几百种了，在这种情况下，写一本关于信息系统项目管理的书是很容易的，但要写好一本信息系统项目管理的教材是很难的。

首先，项目管理已经有了成熟的知识体系，包括项目整体管理、范围管理、时间管理、成本管理、质量管理、人力资源管理、沟通管理、风险管理和采购管理九大知识领域；其次，每个项目都有约定俗成的 4 个管理阶段：启动阶段、计划阶段、执行控制阶段和收尾阶段。所以，写一本关于信息系统项目管理的书是很容易的，只要参照上述两个维度的框架，结合信息系统项目的特点来写大体上是不会有错的。但是，要写好就不容易了。

我们希望将九大知识领域和 4 个管理阶段整合并贯穿起来写，所以，本书的前 3 章让读者有一个整体的了解，接下来，根据知识领域的紧密程度将范围管理与采购管理结合在一起（第 4 章），进度管理与成本管理结合在一起（第 5 章），人力资源管理与沟通管理（第 7 章）结合在一起，尽量体现出知识内容之间的内在联系。软件能力成熟度模型（CMM）体现了软件质量管理的思想，我们将它与信息系统项目质量管理放在一起讲解（第 6 章）。项目变革管理的好坏是信息系统项目能否成功运行的重要基础，也是信息系统项目风险管理的重要组成部分，所以，我们将项目风险管理与变革管理集成在一章进行分析（第 8 章）。写作本书还有一点幸运，就是在我们写作的过程中，PMBOK-2008（项目管理知识体系 2008 年版，美国项目管理学会组织编写）英文版刚刚推出，使得本书的内容采用了其中最新的思想和内容。

进一步来说，我们要写的是教材，要写好就更不容易了。我们的读者很多是没有实际项目经历的学生，理解项目管理必然会感到空洞和抽象。为此，我们特意为学生设计了一个身边的例子——某校园餐厅信息系统的开发项目，让学生在模拟的场景中一步步地掌握信息系统项目管理的方法和技巧（第 9 章），使得学生对项目管理有一个感性的认识。为了使学生对项目管理软件有一定的了解，我们在第 9 章中还结合项目管理的实际，采用微软公司的 Project 2007 软件进行了相应的应用和分析。请读者在阅读本书其他各章的同时阅读第 9 章的对应案例内容，并完成第 9 章的相应思考题，这样应该会收到更好的效果。

本书由西安交通大学管理学院的王刊良教授主审，由中国人民大学信息学院经济信息管理系的3位老师合作编写，具体分工如下：左美云写作第4、7、9章，余力写作第1、2、3章，李倩写作第5、6、8章。另外，左美云教授所带领的研究生邢达、何妙花、林辉、刘方、张娜组成一个团队，参与了第9章案例的分析设计和起草工作。

本书的出版得到陈国青、李一军、黄梯云、陈禹、方美琪、杜小勇、李东、毛基业、黄丽华、黄京华、李琪、陈智高、冯玉强等教授的鼓励和帮助，在此特别向以上教授们致谢。

我们试图写一本好书，但由于能力和水平有限，差错在所难免，敬请读者不吝指正，并将宝贵的意见和建议反馈至信箱：zuomy@ruc.edu.cn。

左美云

2009年3月

目　录

第1章
信息系统项目与项目管理

项目改变了人们的生活方式，也对社会产生了重要影响，特别是在以知识经济为主导的今天，无论企业、社会，还是个人，都离不开项目及项目管理。信息系统项目是一类典型的项目，需要采用项目管理的理论和方法来指导信息系统的建设。

本章主要介绍项目及项目管理的基本概况。其中前两节主要讲解项目和信息系统项目，在讲述信息系统项目时，重点围绕两个问题展开：一是信息系统项目是如何规划出来的；二是信息系统项目和其他项目相比，有哪些新的特点。1.3节介绍了项目管理的基本概念，包括项目管理产生的原因与背景、定义、基本要素、项目管理知识体系。最后介绍项目管理的发展情况，包括其历史发展、权威机构及目前主要的项目管理资质认证。

1.1　项目概述

工业社会的特点是机械化流水作业，而在以知识经济为主导的今天，竞争日益激烈，改革与创新成为主旋律。无论是社会，还是企业；无论是社会，还是个人，每天都面临着新的挑战，都会碰到各种各样的项目，或以项目方式来做事，项目正在改变人们的生活方式。但究竟什么是项目，项目有哪些特点，如何对项目进行分类，本节将详细讲解这些基本内容。

1.1.1　项目的定义

项目源于人类有组织的活动。随着人类社会的发展，人类有组织的活动可分为两大类：一类是连续不断、周而复始的活动，称为“作业或运作”（Operation），如企业流水线生产大批产品的活动；另一类是临时性、一次性的活动，称为“项目”（Project），如中国古代的都江堰水利工程、现代的三峡工程、神舟飞船工程、2008年奥运会等。工业社会的主要特征是机械化大生产，人们主要从事作业或运作，强调做事的效率，而在知识经济时代下的今天，项目成为社会的主要特征，许多工作都是由项目驱动的，强调的是做事的效果。那么，究竟什么是项目呢？

项目是一个特殊的将被完成的有限任务，它是在一定时间内，满足一系列特定目标的多项相关工作的总称。此定义实际包含以下3层含义。

（1）项目是一项有待完成的一次性任务。

（2）任务是在一定的组织机构内，利用有限资源（人力、物力和财力等）在规定的时间内完成的。任何项目的实施都会受到一定条件的约束，这些约束是来自多方面的，如环境、资源和理念等。

（3）任务的完成要满足一定性能、质量、数量和技术指标等要求。项目是否实现，能否交付用户，必须达到事先规定的目标要求。

在现实生活，总会碰到许多的项目，如：

- 建造一座大楼、一座工厂或一座水库；
- 举办各种类型的活动，如申办奥运会、一次会议、一次旅行、一次晚宴、一次庆典等；
- 新企业、新产品、新工程的开发，如开发一套软件；
- 进行一个组织的规划、规划实施一项活动，如进行某个课题研究。

根据上述概念，一些常规性的活动若没有明确的目标和期限就不属于项目，如管理售后服务热线，接听客户来电，解决客户问题；为客户提供优质服务、财务报销等。

尽管从一般意义上来讲，项目的概念有严格的定义，但实际上，有很多活动不完全符合项目的定义，如有的活动有目标，但没有明确的时间约束；有的时时间约束，但没有明确的成本约束等。也就是说，现实生活中，有很多活动部分地符合的项目的定义，部分具有项目的特点，尽管我们不能称之为项目，但仍然可以部分地按照项目管理的方式来进行管理和执行。

项目与日常运作是两个既有区别又有联系的概念，如表 1.1 所示。项目和日常运作都是由人来实施、靠人来完成的，且都受制于一定的资源。从过程来讲，一般也都需要计划、实施和控制等。但两者具有很大的不同，日常运作是连续不断、周而复始的活动，一般由部门经理来负责全部日常事务，实施的目的不是非常明确的；而项目是临时性、一次性的活动，且需要专门的项目经理来负责，并以项目目标完成与否来考核。

表 1.1　项目与日常运作的关系

		项　目	日常运作
不同点	负责人	项目经理	部门经理
	实施组织	项目组织	职能部门
	组织管理	项目团队	职能管理
	管理方法	变革管理	保持连贯
	是否连续	一次性的	经常性的
	是否常规	独特性的	常规性的
	实施目的	特殊目的	一般目的
	考核指标	以目标为导向	效率和有效性
相同点	实施者	都是由人来实施的	
	资源占有	受制于有限资源	
	管理过程	需要计划、实施和控制	

需要强调的是，尽管项目和日常运作从理论上来讲是两个完全不同的概念，但事实上，在一定条件下两者可以相互转化。当对某项目的管理变得足够成熟，以至于可以完全实现标准化管理和操作时，项目管理实质上就转化为日常运作。相反，对某老员工来讲是日常运作的事情，也许新员工就需要从项目管理的角度来管理和执行。

1.1.2　项目的特点

一般来讲，项目具有如下特点。

1）项目的独特性与类似性

项目的独特性是指任何一个项目都具有与其他任何项目不相同的特点，这就意味着，企业在某一个项目上的成功，并不意味着在另一个项目上也能成功，即使是与之相似的项目，甚至是实现功能相同的项目。因为即使是相同功能的项目，在不同时间，项目的内外环境也会不断地发生变化。例如，某软件公司专注于开发电子商务系统，因为不同客户的业务流程不一样，企业需求也不一样，所以即使同样都是开发电子商务软件，但也是两个不同的项目，前一个项目成功了，并不能保证该公司在其他的电子商务项目上也能成功。项目的独特性给每一个项目团队带来了挑战，但是正因为这样，才能体现项目的价值，如果不具有任何的独特性，那就不是一个项目，而是一项日常工作了。然而，项目的独特性并不意味着项目管理无规律可循，如果企业有一套规范的项目管理流程、制度和方法，就能把项目独特性带来的影响降至最低，企业在一个项目上的成功经验就可以用于其他项目了。在第2章中将专门讨论项目管理方法论。

需要说明的是，尽管理论上认为每个项目都有其独特性，但同时也承认项目具有类似性（相似性）。项目的类似性意味着，在某一个项目上的管理方法和经验可以被另一个类似的项目所参考和借鉴。特别是具有相似性质的项目的模板和中间件可以互相借鉴，以提高项目管理效率。

2）项目的临时性和不确定性

项目的临时性表现在多个方面：一是指时间段是临时的，每个项目都有一个明显的开始与结束时间，一旦项目结束了，项目就不存在了；二是指项目团队是临时的，一旦项目结束，项目团队就要解散，随着项目团队的解散，该项目经理就不存在了；第三，项目的资源也是临时的，资源都是根据项目配置的，项目做完了，资源也就没有了或转化了。项目的临时性对于增强企业组织的敏捷性具有重要作用，但同时项目管理也提出了许多挑战，如项目经理的权限和威望及项目人力资源的考核、评价等。

项目的不确定性是指项目不可能完全在规定的时间内、按规定的预算由规定的人员完成。项目的不确定性的根源在于项目的独特性，导致在实际执行过程中会有各种风险和意外，难以保证实际情况与计划完全一致。项目的不确定性要求项目计划应该是实时更新的，要加强项目风险管理与变更控制。

3）项目的整体性和过程渐进明晰性

项目的整体性指项目是为实现目标而开展的任务的集合，而不是一项项孤立的活动，它是一系列活动的有机组合，从而形成一个特定的、完整的过程。项目通常由若干相对独立的子项目或工作组成，这些子项目或工作又可以包含若干具有相互关系的工作单元——子系统，各子项目、子系统相互制约、相互依存，构成了一个特定的系统。

由于项目具有独特性和不确定性，决定了在项目初期对项目的认识是不可能完全清晰的，随着项目的不断进展，不确定性越来越小，项目的执行过程会变得越来越清晰。从理论上讲，只有项目全部完成后，整个项目的过程才是清晰、确定的。

4）项目的目标性和约束性

项目的目标性指任何项目都有着明确界定的目标（Objective），要在一定的时间和成本等约束条件下，完成一定质量的可交付物，并以此作为项目团队的目标。

这里的约束有广义和狭义之分。狭义上的约束主要指项目要受到资源的约束，如人力、物力、财力等。广义的约束除了资源约束外，还指项目的完成要受到外部环境的约束，如经济环境、社会环境等。

1.1.3　项目的分类

社会各行各业有各种各样的项目，从广义上讲，只要有一个明确的时间限制和明确目标的任务，都可以认为是一个项目，或可以按项目来进行管理。一般来讲，可以对项目做如下划分。

（1）根据项目所属的行业，可以分为建筑项目、IT 项目和医药项目等。每个行业都有其自身项目的特点，行业还可以细分，如建筑项目又可以分为桥梁项目、楼房项目等。IT 项目可以分为硬件项目、软件项目等。

（2）根据项目的性质，可以分为工程项目和研究项目等。工程项目更多地面向应用，而研究项目更多地面向理论研究。

（3）根据项目的规模，可以分为大项目和小项目。当然这里讲的大和小都是相对的，区分大项目和小项目主要是让人们树立项目的层次观。大项目可以由若干个小项目组成，如大项目可以大到国家层面的“863”科技项目、2008 年奥运会、载人航天工程等，小项目可以小到一个家庭聚会等。

（4）根据满足项目概念特征的程度，可以分为项目与准项目（或称近似项目）。之所以做这样一个区分，主要是有些活动虽然不完全具备项目的特点，但满足项目的部分特点，仍然可以采用项目管理的方法来进行管理。例如，学生考研，尽管这一事件没有明显的时间起始点或确定的资源限制，不完全具备项目的特点，从严格意义上讲不是项目，但考研这件事也可以按项目管理的方法来运作。

1.2　信息系统项目

信息系统项目是一类典型的项目，是组织信息化战略的支撑和具体实现，而组织信息化战略又支撑着组织的战略目标。所以，信息系统项目的规划应该先从组织战略规划出发制定组织的信息化战略，再根据组织信息化战略的实施步骤，规划出一个个具体的信息系统项目。本节按照以上思路，分别讲解组织信息化战略的概念、信息系统规划，以及信息系统项目的特点。

1.2.1 组织信息化战略

1. 组织信息化战略的定义

组织信息化战略是指为满足企业经营需求、实现组织战略目标，由组织高层领导、信息化专家、信息化用户代表根据企业总体战略的要求，对组织信息化的发展目标和方向所制定的基本谋划。组织信息化战略规划就是对组织信息化建设的一个战略部署，最终目标是推动组织战略目标的实现，并达到总体拥有成本最低。

信息化战略作为企业战略的一个有机组成部分，必须服从并服务于企业总体战略及长远发展目标。同时，组织总体战略也离不开信息化战略，无论企业采取何种总体企业战略，战略的制定和实施都必须以一个高效、可靠的信息化为基础。只有从企业发展的全局考虑，把企业作为一个有机整体，用系统的、科学的、发展的观点根据企业发展目标、经营策略和外部环境，以及企业的管理体制和管理方法，对企业信息化进行系统的、科学的规划，才能为企业整体战略实施提供最大限度的信息保障。IT 治理为组织信息化战略提供了一个思路。

2. IT 治理

IT 治理（IT Governance）是一个由关系和过程构成的体制，用于指导和控制企业，通过平衡信息技术与实施过程的风险、增加价值来确保实现企业的目标。IT 治理的目标将帮助管理层建立以组织战略为导向，以外界环境为依据，以业务与 IT 整合为重心的观念，正确定位 IT 部门在整个组织中的作用，最终能够针对不同的业务发展要求，整合信息资源，制定并执行推动组织发展的 IT 战略。

IT 治理应该体现“以组织战略目标为中心”的思想，通过合理配置 IT 资源创造价值。IT 治理体系保证总体战略目标能够从上而下贯彻执行。IT 治理和其他治理活动一样，治理层主要是最高管理层（董事会）和执行管理层，但由于 IT 治理的复杂性和专业性，治理层必须强烈依赖企业的下层来提供决策和评估活动所需要的信息，所以，好的 IT 治理实践需要在企业全部范围内推行。

信息及相关技术的控制目标（COBIT，Control Objectives for Information and related Technology）是 IT 治理的一个开放性标准，由美国 IT 治理研究院开发与推广。COBIT 将 IT 过程、IT 资源及信息与企业的战略与目标联系起来，形成一个三维的体系结构。其中，IT 准则维集中反映了企业的战略目标，主要从质量、成本、时间、资源利用率、系统效率、保密性、完整性和可用性等方面来保证信息的安全性、可靠性和有效性；IT 资源维主要包括人、应用系统、技术、设施及数据在内的相关的信息资源，这是 IT 治理过程的主要对象；IT 过程维则是在 IT 准则的指导下，对信息及相关资源进行规划与处理，从信息技术的规划与组织、采集与实施、交付与支持、监控 4 个方面确定了 34 个信息技术处理过程，每个处理过程还包括以更加详细的控制目标和审计方针对 IT 处理过程进行评估。

3. 信息化成熟度模型

组织要进行信息化战略规划，还必须对其目前的组织信息化发展水平及未来的信息化目标有一个基本的定位。信息化成熟度模型（IMM，Informatization Maturity Model）就是描述组织信息化发展水平和状态的基准模型。一般分为五级，级别越低，表明其信息化水平相对较低，级别越高表明信息化水平相对较高，如表 1.2 所示。

表 1.2　信息化成熟度模型

级　序	第一级	第二级	第三级	第四级	第五级
级　名	技术支撑级	资源整合级	管理强化级	战略支持级	持续优化级
关注点	电子化	效率	效益	核心竞争力	创新、风险管理
负责人	项目负责人	信息中心主任	CIO	CIO	CIO
关注内容	计算机、独立应用	局域网、统一的数据库	业务流程改进和优化	核心价值链、商业智能、外部供应链	知识管理、学习型组织、IT 治理

第一级：技术支撑级。技术支撑级是 IMM 模型中最低的一级，主要从信息技术的角度展开，达到这一级的组织，即开始真正跨入组织信息化的门槛；组织对于信息化的理解侧重于技术层面，主要是购买计算机等 IT 设备，开发面向业务的独立应用系统；这些组织有一定的计算机数量，组织中传递的文档基本实现电子化，有些部门内有独立的系统和数据库，但是相互之间不一定兼容，存在一个个的信息孤岛；组织成员对信息化的理解是初步的，在有效利用信息资源、支持管理、辅助战略决策等方面存在明显的不足之处。

第二级：资源整合级。资源整合级是 IMM 模型中次低的一级，主要从信息资源的角度展开，达到这一级的组织，开始认识到信息是一种资源，并对组织内的信息资源进行规划；这些组织以提高组织整体运作效率为目标，以局域网建设、数据库整合和疏通信息传递渠道为投入重点，实现信息共享，消灭信息孤岛；信息技术带来了效率上的提高，但是信息化的效益还未明显体现出来。

第三级：管理强化级。管理强化级是 IMM 模型中中间的一级，主要从纵向管理链和横向价值链的角度展开，突出中层的管理和组织内部业务流程的整合，达到这一级的组织，设置了首席信息官（CIO，Chief Information Officer），开始重视信息安全，组织结构趋向扁平化；在资源整合的基础上，把前期的 IT 技术投入与管理模式真正结合起来，通过进行业务流程重组或业务流程改进来对业务流程进行变革，使组织内部的信息流、资金流、业务流、物流等"各流合一"；在整体运作效率提升后，组织的主要目标转变为实际效益的提高。

第四级：战略支持级。战略支持级是IMM模型中比较高的一级，主要从纵向管理链和横向价值链的角度展开，突出高层的管理和组织内部与外部业务流程的整合，达到这一级的组织，建立了CIO机制，组织对IT战略进行规划，使IT战略与业务战略相一致，达到支持业务战略的目的；通过核心价值链的信息化，强化了自身的核心竞争力；组织与上下游合作伙伴开始进行各种资源整合；组织积极推动信息文化的培育过程，努力使信息化的目标融入到每个员工的实际行为之中。

第五级：持续优化级。持续优化级是IMM模型中最高的一级，也是模型开放的体现；达到这一级的组织，已经成为了学习型组织，有了IT治理意识，并试图成为创新型组织；在各项信息化基础设施、基本制度、运行机制齐备的条件下，信息化已经成为组织创新的重要工具和力量；信息文化已经成为组织文化中重要的一部分；组织作为一个智能的主体，有快速对环境或市场做出反应的能力，成为自适应组织。

4．信息化模式的选择

企业要实施信息化战略还必须确立信息化模式。一般来讲，企业信息化模式分5种：企业—行业互动模式、挑战—反应模式、雁行模式、地区互动模式、中小企业—大型企业互动模式。

1）企业—行业互动模式

企业信息化建设与该企业所在的行业信息化之间存在互相约束和互相促进的互动关系，将企业信息化与行业信息化之间相互影响而出现的中小企业信息化的建设模式称为企业—行业互动模式。行业内领头羊企业建设信息系统一般会带来示范效应，也会给其他企业，尤其是中小企业带来危机。此时，一方面，同行业的其他企业就会主动学习和模仿。另一方面，同行业内部两个或者更多的竞争性企业更容易受企业之间的决策影响，一旦竞争对手实施信息化系统工程，那么相应企业就会在这种环境的压力下，利用行业提供的信息化基础设施和一些先进案例，来加强自身的信息化建设。

2）挑战—反应模式

挑战—反应模式又称为“竞争—反应模式”。它是企业为了面对现实的或未来的挑战而采取的积极措施。在企业选择各种对策措施中，信息化建设是首选方案之一。面对未来的挑战，企业应未雨绸缪，将其自身作为挑战对象。如果企业不进行信息化建设，则企业在未来的竞争中就会处于不利地位，所以为了适应这种挑战，企业主动反应，积极投资进行信息化建设。所以，如果说企业—行业互动模式适应一般企业的信息化建设的话，那么挑战—反应模式更适合应用于行业中领头羊企业的信息化建设。

3）雁行模式

由于不同企业的信息化时间和起点不同，行业内部的不同企业之间形成技术和管理水平的差距系列，犹如大雁飞行状发展，称这种企业信息化模式为雁行模式。由于信息技术发展太快，信息化项目成功率不高，这就使信息化项目的风险变大，从而大多数企业都愿意“跟跑”，不愿意“领跑”，具体表现为在同行业竞争对手或合作伙伴实施信息化建设后，吸取经验和教训，再建设自己的信息化项目。雁行模式可以分为企业间雁行模式、企业内雁行模式、行业间雁行模式和地区内雁行模式四种。对于企业间雁行模式，领先企业构成后进企业模仿和学习的基础。在实际实施信息化建设中，信息化示范工程通常采取这种企业间雁行模式。

4）地区互动模式

地区互动模式是指企业信息化建设的主要动因来自于地区性因素的影响。例如，企业所在地区或政府推动，提供企业信息化建设的各种良好环境；企业所在的某个自然形成的经济区域内企业间相互影响；区域内信息传播成本低而促进企业间相互交流和影响等。

5）中小企业—大型企业互动模式

除了以上四种模式外，伴随着企业间联盟的形成，出现了另一种信息化模式，即中小企业—大型企业互动模式。中小企业—大型企业互动模式是指在企业间互动模式的作用下，使得中小企业在大型企业的信息化浪潮带动下，充分利用大型企业信息化提供的经验和发展环境进行自身的信息化建设，然后再为大型企业提供信息化的外在环境的一种互动模式。

1.2.2　信息系统项目的规划

组织的信息化战略对组织的整体信息化布局有一个总体思路，接下来的事情就是在此基础上规划出一个个具体的项目来支撑并实现这些信息化战略。也就是说，在有了信息化战略之后，应该怎样规划出具体的信息系统项目。

1. 信息系统项目规划的内容

信息系统项目规划包含的内容十分广泛，但从大的方面来讲，主要包括以下 3 方面。

（1）带有优先权的信息系统项目清单的设计。具体体现为各阶段需要实现的功能是什么，需要通过什么应用来具体实现，突破口如何选择等问题。

（2）信息系统项目建设方式的考虑。例如，是自行建设还是外包，是采取一步到位的策略还是分步实施的策略等问题。

（3）信息系统业务和技术标准的设计。具体体现为采用什么样的业务流程优化原则，采用什么样的信息资源整合的标准和原则，采用什么样的开发框架、协议和标准等问题。

2．信息系统项目建设的方式

选择信息系统项目的建设方式，不但会影响未来信息系统运行维护和系统升级等，还会涉及相应的资金投入、人力资源政策和审计政策。所以企业要根据实际经济状况和技术实力，选择适合自己的建设方式。一般来讲，信息系统项目的建设方式主要有自行开发、外包和合作开发3种形式。

1）自行开发

自行开发基本上依赖组织自身的管理、业务和技术力量进行系统设计、软件开发、集成和相关的技术支持工作，一般仅向外购置有关的硬件设备和支撑软件平台（如操作系统、数据库管理系统、通信软件等）。自行开发一般比较适合企业技术实力较为雄厚，而资金相对紧张的企业或组织。

2）外包

外包是指将信息系统项目的设计、开发、集成、培训等承包给某家专业公司（专业的IT公司或咨询公司等）。由该公司（承包商）负责应用项目的研制或实施，有时还委托专业公司负责日常应用中的支持工作。外包适合技术实力较为薄弱，但资金相对较为充实的企业。外包的风险主要在于承包商，选择一个合适的承包商是外包成功与否的主要因素，包括承包商经营的稳定性、承包商对企业需求能否正确理解等。

3）合作开发

合作开发是组织与专业IT公司（合作商）共同协作完成信息系统项目的实施和技术支持工作，一般形式是应用单位负责提供业务框架，合作商提供技术框架，双方组成开发团队进行项目实施，IT系统的日常支持由应用单位的IT部门和合作商共同承担，IT部门负责内部（一级）支持，合作商负责外部（二级）支持。相对于前面两种方式而言，合作开发是一种比较稳妥的方式。它同时具有自行开发和外包的优点和缺点。合作开发的风险主要存在于双方的合作过程。

1.2.3　信息系统项目的特点

信息系统项目除具有一般的特点，如独特性、临时性外，还具有其行业自身的特点，具体内容如下。

1）高智力密集性

IT行业是最典型的技术密集型、知识密集型的产业，人才是IT行业最宝贵的财富，信息系统项目人员具有明显的技术性、稀缺性、流动性和年轻化的特点。信息系统项目最突出的特点是对人才的依赖。近些年来比较突出的矛盾是：一方面，IT 企业极其缺乏有经验、有技术的高端人才；另一方面，市场上大量的中低端 IT 人才找不到工作。另外，高端的 IT 人才流动性大也是信息系统项目的最大风险之一。能否站在技术前沿，能否吸引人才、用好人才和留住人才，将直接决定 IT 企业的生存和发展。

2）高投入、高风险、高收益

IT 行业在产品研发、生产和市场推广过程中，都要有巨额的资金、设备和人力投入，由于技术的高度复杂性和市场的高度不确定性，信息系统项目风险控制难度加大，项目的成功率较低。但是一旦某个新项目或新产品获得成功，将会带来相对高额的回报。

3）高度时效性

IT 行业组织管理模式日新月异，产品生命周期越来越短，市场变化越来越快。摩尔定律说，IC（芯片）上可容纳的晶体管数目，约每隔 18 个月便会增加 1 倍，性能也将提升 1 倍。因此，IT 企业能否适应技术、市场和管理的快速变化，不断地进行创新，比竞争对手更快地推出产品或占领市场，将直接决定企业的成败。

4）知识的综合性

IT 行业具有很强的渗透性和带动作用，是国民经济发展的带动力量。IT 行业已逐步渗透到我国第一产业、第二产业、第三产业及社会生活的各个领域，有效地推动了产业结构调整，促进了产业技术改造，提高了人们的生活水平，为产业发展和整个社会生活带来了革命性的变化。随着国家信息化的深入发展，我国的 IT 行业市场将越来越大。这就要求 IT 行业能够提供更加适合行业特点的快捷、优质、专业化和个性化的产品或服务。因此，信息系统项目需要的人才一般要有一定的行业背景，对项目经理和业务骨干的综合素质提出了很高的要求，优秀的项目经理必须是既有计算机专业知识，又有行业知识的复合型人才。

5）信息交流高度重要

信息系统本身是沟通的产物，在信息系统项目中沟通无处不在，从需求调研到方案设计，从设计到部署，都涉及信息传递问题，如果某一环节出现信息传递的偏差，最终的结果就会偏离目标。

6）目标柔韧性

软件的标准柔性很大，项目的范围不易确定。用户所理解的信息系统实施成功的标准和供应商所理解的标准往往有很大的出入。用户经常受到经验、能力的限制，很难确切、完整地表达自己的需求，从而导致软件目标的柔韧性很大。

7）团队和人才的重要性

所有的项目都要强调团队的重要性，但 IT 项目尤其强调团队的重要性，因为 IT 项目是无形的，所有的成果都离不开团队的创新与协作。人力成本是 IT 项目中最大的成本，一般占到项目成本的 60%以上，但人和人之间效率的差异非常大。在 IT 项目团队中，骨干人员的素质和经验是至关重要的。有人说：优秀的人是无价的，优秀的人同时又是免费的，因为他给项目带来的价值远远高于付给他的工资。

1.3　项目管理

在规划出了一个个具体信息系统项目之后，为保证项目的成功，接下来就要按项目管理的一套理论和方法来执行。本节将对项目管理的基本理论框架做一个总体介绍，让读者对项目管理有一个初步的认识，包括项目管理的定义、项目管理的基本要素、项目管理的知识体系，以及项目管理对企业的发展与变革的意义。

1.3.1　项目管理概述

1．项目管理产生的原因

项目管理产生的原因：一方面是宏观的经济环境等变化，导致传统的管理无法适应；另一方面太多的项目失败也催生了项目管理的产生。

从宏观方面的原因来看，宏观经济环境有以下特点。

（1）竞争越来越激烈。在当今社会，竞争已经成为时代的主题。无论是拥有先进技术与经验的传统企业还是新兴企业，都面临着竞争与挑战。企业要在这种激烈竞争的环境下生存下来，必须有自己的核心竞争力。而企业核心竞争力通常情况下都来自一个一个新项目的启动和实施。

（2）变化越来越频繁。随着社会信息化程度的提高，企业所处的社会经济时刻都在发生变化，客户需求也在不断变化，在这种情况下，企业要时刻保持一个求变的思维，以适应新的环境和市场经济。

（3）业务越来越复杂。随着信息经济和知识经济在现代社会的发展，传统以农业和工业为主的现代产业逐步向第三产业转移。再加上国际合作与交流的深入开展，企业的发展必须涉及企业之外的主体，复杂度越来越高，对传统的封闭管理方式带来了挑战。

从微观来讲，因为管理不善，出现很多失败的项目，典型的失败项目包括以下几种。

（1）豆腐渣建筑工程。出现豆腐渣工程的原因可能是多方面的，如企业可能为了迎合某领导的要求，人为地修改项目的完工进度，导致项目在进度管理方面出现问题；也可能是因为项目的层层转包，采购管理不到位；或者因为成本管理不到位，项目实施单位的偷工减料，导致无法保证质量。

（2）失败的信息化项目。信息化项目是目前各项目中失败率较高的一类，究其原因主要有：范围管理不到位，无法适应客户需求的变化；或者因为某技术骨干的跳槽，导致项目不能按时完工。

（3）错误的银行贷款项目。因为风险评估不到位，许多银行因为银行贷款项目无法收回贷款项目。

正是基于上述宏观社会经济环境的特点，以及项目管理的现实情况，现代项目管理才逐步产生了。

2．项目管理的定义

项目管理是通过项目各方干系人的合作，把各种资源应用于项目，以实现项目的目标，使项目干系人的需求得到不同程度的满足。从上述定义不难看出，项目管理需要平衡项目范围、时间、成本、风险和质量等多方面相互矛盾的要求，还需要满足项目干系人的各种需要和期望，以及满足其他特定的要求（包括已明确的和隐含的要求）。项目管理要求在给定资源的约束下成功地达到预定的目标，为此，必须采用科学的方法和有效的管理手段。项目管理的基本框架如图 1.1 所示。

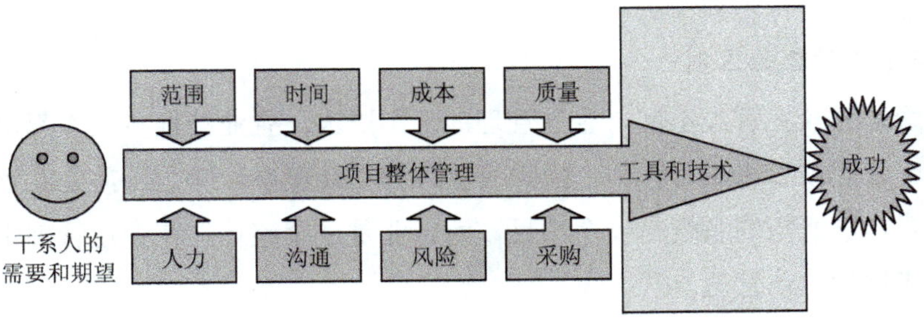

图 1.1　项目管理的基本框架

项目管理包括 3 项基本业务：① 计划，指明要完成的各种可交付物、制订的进度表、估计所需资源等；② 组织，明确人员角色和职责；③ 管理，重新确认人员所期望的工作、所采取的监督行为和所取得的结果、应付所遇到的各种问题、与有利害关系的人共享信息。

根据项目管理的定义，项目管理有以下特点。

（1）项目管理的对象是项目或被当成项目来处理的运作。

（2）项目管理的思想是系统管理的系统方法论。

（3）项目管理的组织通常是临时性、柔性、扁平化的组织。

（4）项目管理的机制是项目经理负责制，强调责权利的对等。

（5）项目管理的方式是目标管理，包括进度、费用、技术与质量。

（6）项目管理的过程强调规范性，体现为方法论的选择和里程碑的设置。

（7）项目管理的要点是创造和保持一种使项目顺利进行的环境。

（8）项目管理的方法、工具和手段具有先进性和开放性。

3．项目管理与其他管理的区别

项目管理是近年来发展起来的一门边缘学科，既借鉴许多管理学科的理论与方法，与其有一定程度的交叉，但又有明显区别。

1）与作业管理的区别

作业管理主要强调效率，要在一定时间内生产尽可能多的产品，注意对效率和质量的考核。而项目管理更强调效果，保证所做事情是有意义的，项目管理要在充满了不确定因素、跨越部门的界限，并且有严格的时间期限要求的情况下生产出不完全确定的产品，要保证项目能成功，相对来说，效率不是重点。

2）与目标管理的区别

项目管理主要是基于目标开展管理，它是把项目从大项目分解到子项目，再分解到每个工作包，依据不同层次的工作包来制定各自的目标并实施目标管理。目标管理是一个范围更大、更抽象的管理模式，而项目管理本身是针对具体的一个项目进行管理。项目管理可以采用目标管理模式。

3）与企业管理的区别

项目管理和企业管理不同，企业管理的范围更大。企业的很多工作都可以看成一个个子项目，按照项目来进行管理，而项目管理的系统较小，它是当前企业管理中一种新的管理模式，它所指的系统是一个项目，而企业是一个整体，在企业管理中可以按照项目管理模式进行企业管理。

1.3.2　项目管理的基本要素

根据项目管理的概念，项目管理的基本要素包括项目干系人、目标、需求和资源。

1．项目干系人

项目干系人指积极参与项目或其利益在项目执行中或成功后受到积极或消极影响的组织和个人，或指项目的利害关系者。项目干系人包括项目当事人和其利益受该项目影响（受益或受损）的个人和组织，也可以把他们称为项目的利害关系者。主要的项目干系人包括：顾客（用户）、项目经理、执行组织、项目发起者。除了上述的项目当事人外，项目干系人还可能包括政府的有关部门、社区公众、项目用户、新闻媒体、市场中潜在的竞争对手和合作伙伴等；甚至项目班子成员的家属也应视为项目干系人。项目干系人具体如图 1.2 所示。

项目干系人比项目参与人（或称项目当事人）的范围要大得多。项目当事人仅是指项目的参与各方。简单项目，如假日旅行只有自己参与，生日家宴只有主人和客人两方参与。大型复杂的项目往往有多方面的人参与，如建设方、投资方、贷款方、承包人、供货商、建筑设计师、监理工程师和咨询顾问等。他们往往是通过合同和协议联系在一起，共同参与项目的。在这种情况下，项目参与人往往就是相应的合同当事人。建设方通常都要聘用项目经理及管理班子来代表业主对项目进行管理。实际上，项目的各方当事人需要有自己的项目管理人员。

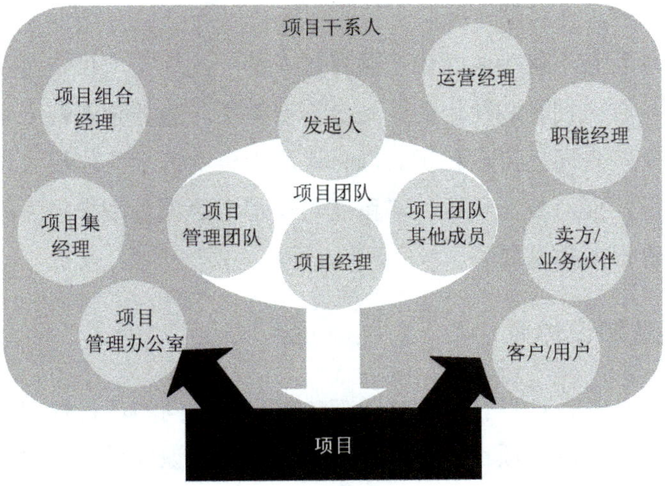

图 1.2　项目干系人

2. 目标

启动任何一个项目都有目标。总体来说，项目目标可分为两类：一是必须满足的规定要求；二是附加获取的期望要求。规定要求包括项目实施范围、质量要求、利润或成本目标、时间目标及必须满足的法规要求等。规定要求就是狭义上的目标，包括项目及项目成果的技术指标和性能指标等。期望要求是从更广义角度来说的，常常对开辟市场、争取支持、减少阻力产生重要影响。例如，一种新产品，除了基本性能之外，外形、色彩、使用舒适，建设和生产过程有利于环境的保护和改善等，也应当列入项目的目标之内。

3. 需求

需求指项目要求达到的目标是根据需求和可能来确定的。一个项目的各种不同干系人有各种不同的需求，有的相去甚远，甚至互相抵触。这就要求项目经理对这些不同的需求加以协调、统筹兼顾，以取得某种平衡，最大限度地调动项目干系人的积极性，减少项目干系人的阻力和消极影响。项目干系人的需求往往是笼统的、含糊的，他们有时缺乏专门知识，难以将需求确切、清晰地表达出来。因此，需要项目管理人员与干系人充分合作，采取一定的步骤和方法将其确定下来，成为项目要求达到的目标。项目干系人在提出需求时，未必充分地考虑了其实现的可能性。项目经理还应协助业主进行可行性研究，评估项目的得失，调整项目的需求，优化项目的目标。有时可引导业主和其他干系人去追求进一步的需求，有时要帮助他们放弃不切实际的需求，有时甚至要否定一个项目，避免不必要的损失。项目干系人的需求在项目进展过程中往往还会发生变化，项目需求的变化将引起项目目标、范围、计划等一系列相应的变化。

4. 资源

资源是完成项目必不可少的。由于项目固有的一次性，项目资源不同于其他组织机构的资源，它多是临时拥有和使用的。资金需要筹集，服务和咨询力量可采购（如招标发包）或招聘，有些资源还可以租赁。项目过程中资源需求变化很大，有些资源用毕后要及时偿还或遣散，任何资源积压、滞留或短缺都会给项目带来损失。资源的合理、高效的使用对项目管理尤为重要。

1.3.3 项目管理知识体系

项目管理知识体系是项目管理的基本理论框架。不同的项目管理机构都制定了不同的项目管理知识体系。国际项目管理协会的项目管理知识体系包含 42 个知识和实践元素，其中核心元素 28 个，增加元素 14 个。目前，影响最大的是美国项目管理协会（PMI，Project Management Institution）推出的项目管理知识体系（PMBOK，Project Management Body Of Knowledge）。它覆盖了项目管理实践中的基本管理过程。PMBOK 把项目管理知识划分为 10 个知识领域（整体、范围、时间、成本、质量、人力资源、沟通、风险、采购和干系人），每个知识领域包括数量不等的项目管理过程。如图 1.3 所示是最新的版本 PMBOK2012。下面将对这 10 个知识领域及每个知识领域中的项目管理过程进行简单介绍。

1）项目整体管理

项目整体管理又称项目综合管理，是指为确保项目各要素之间相互协调而需要付出的努力，包括制订项目章程、制订项目管理计划、指导管理项目执行、监控项目工作、整体变更控制、项目或阶段收尾 6 个过程。项目整体管理从其本质上讲是一个不断整合和平衡的过程，尽管项目整体管理所包含的各知识点看似相对独立，但它们对项目执行的影响彼此间是相互作用的。项目整体管理还体现在如何运用管理技巧手段将企业文化、公司标准融入到项目团队的环境中，真正依靠团队合作精神来实现项目的最终目标。

2）项目范围管理

项目范围管理是确保项目包括成功完成项目所需的全部工作，但又只包括成功完成项目所必需的工作过程，包括规划范围管理收集需求、范围定义、制订工作分解结构、范围核实、范围控制 6 个过程。项目范围管理是解决做什么的问题，目标是不偏离项目的目标，不少做也不多做。“范围”的概念包含产品范围和项目范围两方面。产品范围指的是附属于产品或服务上的属性特征或功能；项目范围指的是为交付项目产品或服务所必须做的工作。

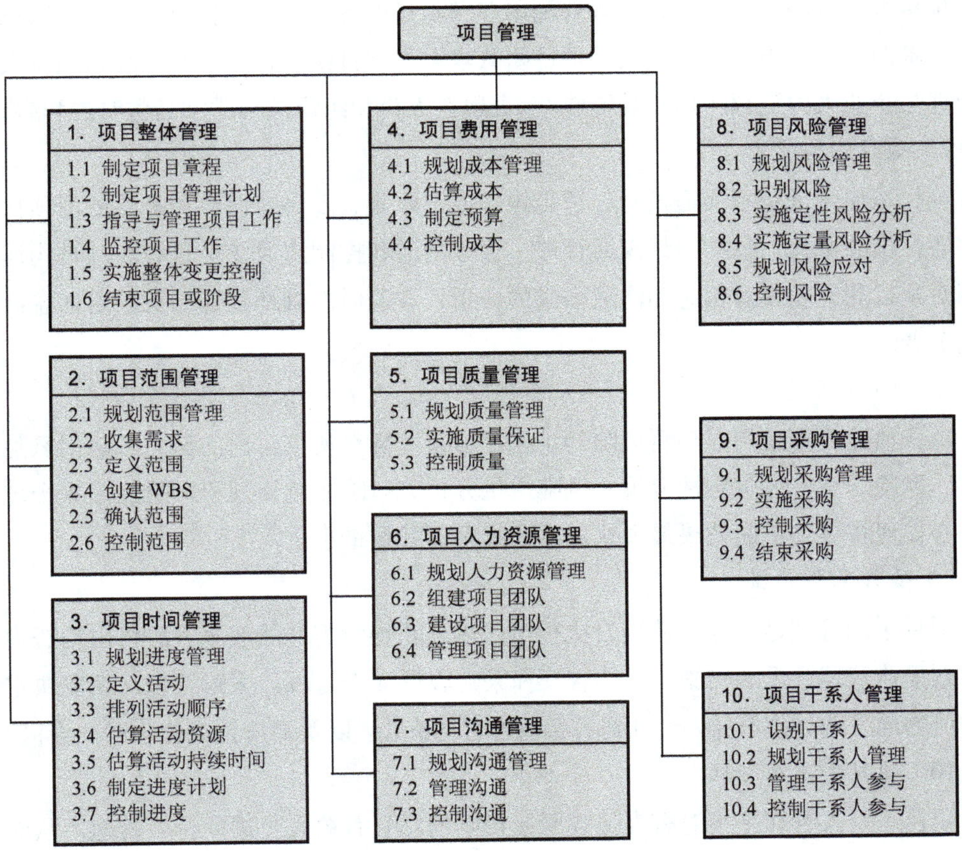

图 1.3　项目管理知识体系（PMBOK2012）

3）项目时间管理

项目时间管理是指为保证项目按时完成所需要的过程，它包括规划进度管理活动的定义、活动的排序、活动资源的估算、活动时间的估算、制订进度计划、进度控制 7 个过程，其中前 6 项属于计划编制的范畴，最后 1 项属于控制范畴。

4）项目成本管理

项目成本管理涉及如何确保在批准的预算内完成项目所需要付出的努力，它包括规划成本管理、成本估算、确定预算、成本控制 4 个过程。成本预算的概念是将总成本估算分配到各单项工作上的过程，由此得出成本基准方案作为成本控制的依据。

5）项目质量管理

与项目范围管理围绕解决做什么的问题相对应，项目质量管理则为如何做才能保证达到预期的质量要求提供保障。项目质量管理包含规划质量管理、实施质量保证和实施质量控制 3 个过程。

6）项目人力资源管理

项目人力资源管理是指为有效地利用涉及项目的各方人员所付出的努力，它包括规划人力资源管理、组建项目团队、项目团队建设和项目团队管理 4 个过程。项目人力资源管理与企业人力资源相比有其特殊性，表现在人员和组织结构通常是暂时的和崭新的。

7）项目沟通管理

项目沟通管理是指保证及时、适当地产生、收集、发布、储存和最终处理项目信息所需要付出的努力，包括规划沟通管理、管理沟通和控制沟通 3 个过程。项目沟通管理强调对项目利益相关者信息和沟通需求的分析，并及时准确地传递相关项目信息给各利益相关者。

8）项目风险管理

项目风险管理是指对项目风险的识别、分析和应对所需付出的努力，包括风险管理计划、风险识别、风险定性分析、风险定量分析、风险应对计划和风险监控 6 个过程。它关心如何将事件正面效果最大化，以及将负面效果最小化。

9）项目采购管理

项目采购管理是指需要从项目执行组织以外获得所需产品或服务所付出的努力，包括规划采购管理、采购实施、采购管理和采购收尾 4 个过程。采购管理从编制决定何时采购何物的采购计划开始，一直到买卖双方合同终止，以及最后正式验收时的合同归档。

10）项目干系人管理

项目干系人管理是指对有直接或间接影响的项目有关人员进行有效管理，从而最大限度地保证不同的项目干系人得到不同程度的满足，包括识别干系人、规划干系人管理、管理干系人参与和控制干系人参与 4 个过程。

1.4　项目管理的发展

项目管理历史悠久，从起源到今天，经历了多个重要的历史发展阶段。在整个发展过程中，项目管理机构和组织起了极其重要的促进作用。项目管理资质认证更好地促进了项目管理在各国各行业的普及。本节在 1.3 节的基础上，对项目管理的历史和发展情况做个基本介绍。

1.4.1　项目管理的历史

项目管理的历史源远流长，不同学者对其发展阶段有不同的划分。但大致可分 4 个阶段：一是项目管理起源，或称古代项目管理；二是传统项目管理阶段，或称近代项目管理阶段；三是现代项目管理阶段；四是 21 世纪的项目管理阶段。

1．项目管理起源

项目管理具有悠久的历史，最早起源于工程管理。古代埃及的金字塔、古罗马的尼姆水道、古代中国的都江堰和万里长城，都是人类祖先开始项目实践的标志。有项目，就必然会存在项目管理问题。因此，可以认为人类最早的项目管理是从埃及的金字塔和中国的万里长城开始的。但那时对项目的管理还只是凭借个人的经验、智慧，依靠个人的才能和天赋的，根本没有科学的标准。20 世纪 40 年代以前，一般都认为是项目管理的起源阶段。

2．传统项目管理

20 世纪 40 年代到 70 年代为传统项目管理时期。在这个时期，项目管理的重点是项目的成本、时间和质量的管理。在这段时间内，比较重要的里程碑事件有：20 世纪 40 年代，美国把研制第一颗原子弹的任务作为一个项目来管理，命名为“曼哈顿计划”；20 世纪 50 年代后期，美国出现了关键路线法（CPM）和计划评审技术（PERT）；20 世纪 60 年代，这类方法在由 42 万人参加，耗资 400 亿美元的“阿波罗”载人登月计划中应用，取得巨大成功。

3．现代项目管理

现代化的项目管理概念起源于美国，美国项目管理协会 1987 年出版“项目管理知识体系指南 PMBOK”为现代项目管理形成的里程碑。在 20 世纪 80 年代之后，以信息系统工程、网络工程等为代表的高科技项目的开展取得了巨大的成功，相应的，项目管理在涉及的领域与方法上也不断发展，带动了项目管理的现代化。在这一阶段，计划和控制技术与系统、组织理论、经济学、管理学、计算机技术等，以及项目管理的实际结合起来，吸收了控制论等学科的发展，项目管理逐渐成为一门较为成熟的学科。这时的项目管理更加重视人力资源、沟通、风险和整体管理。

4．21 世纪的项目管理

进入 21 世纪后，世界范围内又出现了新的形势，项目管理有了新的进展。为了在迅猛变化、急剧竞争的市场中迎接经济全球化、一体化的挑战，项目管理更加注重人的因素、注重顾客、注重柔性管理，力求在变革中生存和发展。21 世纪的项目管理的主要特点具体如下。

1）强调以客户为中心的服务理念

项目管理要满足时间、成本和质量指标，还要得到客户的认可与满意。这意味着从需求分析到最后的项目收尾，都需要站在客户的角度考虑。

2）要求适应现代产品的创新速度

当前的世界经济正在进行全球范围的结构调整，使得各个企业需要重新考虑如何进行业务的开展，如何赢得市场，赢得消费者。为了缩短产品的开发周期，必须围绕产品重新组织人员，将从事产品创新活动、计划、工程、财务、制造、销售等人员组织到一起，从产品开发到市场销售全过程，形成一个项目团队。

3）出现许多组织级和跨国的复杂项目系统

项目管理的吸引力在于，它使企业能处理需要跨领域解决方案的复杂问题，并能实现更好的运营效果。现今的很多项目都是大型、复杂和资金密集型项目。项目管理的目标是将完成项目所需的资源在适当的时候按适当的量进行合理分配，并且力求这些资源的最优利用。

4）强调项目管理方法论

这不但要求成功完成一个项目，而且要求在一个成功项目上的经验可以复制和转移到另一个项目上，强调有一套项目管理方法论作为指导，使之能在最快的时间内完成项目。

此外，目前项目管理还呈现出全球化、多元化和专业化的趋势。针对这些新的发展趋势，项目管理机构与专家又做了大量的研究和实践探索。例如，许多项目管理专家探索项目管理在各国应用中的适应性问题，如项目过程中的思维、行为、情感、适应性、跨文化问题、项目经理的领导艺术等。通过这些努力，极大地促进了项目管理学科的发展。

1.4.2 项目管理机构

项目管理之所以能这样迅速的发展，离不开各类项目管理机构及成员的推广。下面介绍几个主要的项目管理推广机构。

1. 国际项目管理协会

国际项目管理协会（IPMA，International Project Management Association）始创于 1965 年，是国际上成立最早的项目管理专业组织，网站为 http://www.ipma.ch。其目的是促进国际项目管理的交流，为国际项目领域的项目经理提供一个交流各自经验的论坛。IMPA 最突出的特点就是与国家（地区）协会同步发展，这些协会是为满足各国（地区）特殊的发展要求而设立的，各协会均使用自己的语言。IPMA 现有 41 个成员组织，由各国（地区）最具权威性的项目管理专业组织经申请成为 IPMA 成员代表。为促进世界各国项目管理的发展和经验交流，从 1965 年成立起，IPMA 每两年在不同国家组织召开一次国际会议（自 2002 年起，改为一年一次）。IPMA 在全球推行的国际项目管理专业资质认证（IPMP，International Project Management Professional）对项目管理产生了重要影响。

2. 美国项目管理学会

美国项目管理学会（PMI，Project Management Institute）是成立于 1969 年的一个国际性组织，是项目管理专业领域中最大的、由研究人员、学者、顾问和经理组成的全球性专业组织，学会网站为 http://www.pmi.org。PMI 经过近 10 年的努力，1987 年推出了《项目管理知识体系指南（Project Management Body of Knowledge）》，简称 PMBOK。PMBOK 又分别在 1996 年、2000 年、2004 年、2008 年和 2012 年共进行了 5 次修订，使该体系更加成熟和完整。PMI 组织的项目管理专业资质认证考试（PMP，Project Management Professional）已经成为项目管理领域的权威认证。每年全球都有大量从事项目管理的人员参加 PMP 资格认证。PMI 正成为一个全球性的项目管理知识与智囊中心。

3. 中国项目管理研究委员会

中国项目管理研究委员会（PMRC，Project Management Research Committee China）成立于 1991 年 6 月，是我国唯一的跨行业、跨地区、非营利性的项目管理专业组织，并作为中国项目管理专业组织的代表加入了国际项目管理协会（IPMA），成为 IPMA 的成员组织，网站为 http://www.pm.org.cn。其上级组织是由我国著名数学家华罗庚教授组建的中国优选法统筹法与经济数学研究会。PMRC 的宗旨是致力于推进我国项目管理学科建设和项目管理专业化发展，推进我国项目管理与国际项目管理专业领域的交流与合作，使我国项目管理水平尽早与国际接轨。中国项目管理研究委员会推出了适合我国国情的《中国项目管理知识体系（C-PMBOK）》，引进并推行“国际项目管理专业资质认证（IPMP)”，基于国际项目管理协会推出的认证标准 ICB（IPMA Competence Baseline）建立了既能适合我国国情又能得到国际认可的“国际项目管理专业资质认证中国标准（C-NCB)”。

上述组织都推出了不同的知识体系和认证体系，如表 1.3 所示。

表 1.3　各项目管理机构的知识体系和认证体系

项目管理机构	英文简称	知识体系	认证体系
国际项目管理协会	IPMA	ICB	IPMP
美国项目管理学会	PMI	PMBOK	PMP
中国项目管理研究委员会	PMRC	C-PMBOK	C-NCB

1.4.3　项目管理资质认证

项目管理资质认证对项目管理的普及与发展起了极大的推动作用，同时也促进了项目管理在各应用领域水平的提升。下面介绍国内外主要的项目管理资质认证。

1．国际项目管理专业资质认证

国际项目管理专业资质认证（IPMP，International Project Management Professional）是国际项目管理协会（IPMA，International Project Management Association）在全球推行的四级项目管理专业资质认证体系的总称。IPMP 是对项目管理人员知识、经验和能力水平的综合评估证明，根据 IPMP 认证等级划分获得 IPMP 各级项目管理认证的人员，将分别具有负责大型国际项目、大型复杂项目、一般复杂项目或具有从事项目管理专业工作的能力。IPMA 依据国际项目管理专业资质标准（ICB，IPMA Competence Baseline），针对项目管理人员专业水平的不同将项目管理专业人员资质认证划分为四个等级，即 A 级、B 级、C 级、D 级，每个等级分别授予不同级别的证书，如图 1.4 所示。

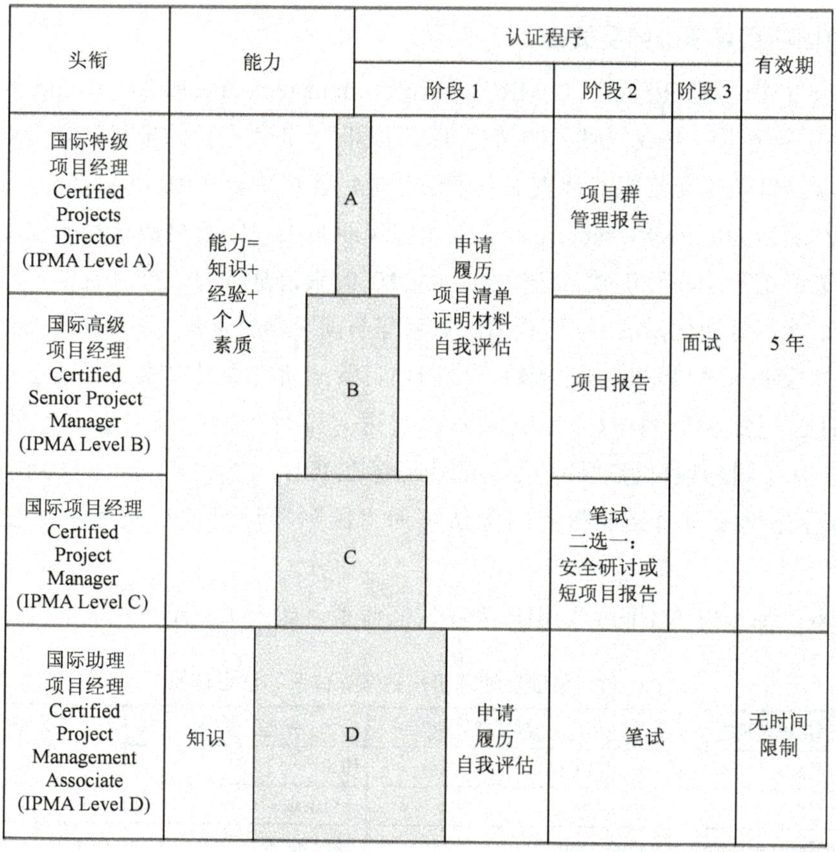

图 1.4　IPMA 全球四级证书体系（IPMP）

A 级（Level A）证书是国际特级项目经理（Certified Projects Director）。获得这一级认证的项目管理人员有能力指导一个公司（或一个分支机构）的包括有诸多项目的复杂规划，有能力管理该组织的所有项目，或者管理一项国际合作的复杂项目。

B 级（Level B）证书是国际高级项目经理（Certified Senior Project Manager）。获得

这一级认证的项目管理人员可以管理大型复杂项目，或者管理一项国际合作项目。

C 级（Level C）证书是国际项目经理（Certified Project Manager）。获得这一级认证的项目管理人员能够管理一般复杂项目，也可以在所在项目中辅助高级项目经理进行管理。

D 级（Level D）证书是国际助理项目经理（Certified Project Management Associate）。获得这一级认证的项目管理人员具有项目管理从业的基本知识，并可以将它们应用于某些领域。

由于各国项目管理发展情况不同，各有各的特点，因此，IPMA 允许各成员国的项目管理专业组织结合本国特点，参照 ICB 制定在本国认证国际项目管理专业资质的国家标准（NCB，National Competence Baseline），这一工作授权于代表本国加入 IPMA 的项目管理专业组织完成。

IPMA 已授权中国项目管理研究委员会（PMRC）在中国进行 IPMP 的认证工作。PMRC 已经根据 IPMA 的要求建立了《中国项目管理知识体系（C-PMBOK）》及“国际项目管理专业资质认证中国标准（C-NCB）”，这些均已得到 IPMA 的支持和认可。

2. 美国项目管理专业资质认证

美国项目管理专业资质认证（PMP，Project Management Professional）是由美国项目管理学会在全球范围内推出的针对项目经理的资格认证体系，通过该认证的项目经理称为“PMP”，即“项目管理专业人员”。自从 1984 年以来，美国项目管理学会（PMI）就一直致力于全面发展，并保持一种严格的、以考试为依据的专家资质认证项目，以便推进项目管理行业和确认个人在项目管理方面所取得的成就。我国自 1999 年开始推行 PMP 认证，由 PMI 授权国家外国专家局培训中心负责在国内进行 PMP 认证的报名和考试组织，通过对报名申请者进行考核，以决定是否颁发 PMP 证书。

3. 中国项目管理师

中国项目管理师（CPMP，China Project Management Professional）国家职业资格认证是中华人民共和国劳动和社会保障部在全国范围内推行的项目管理专业人员资质认证体系的总称。拥有项目管理师证书将会为个人执业、求职、任职和发展带来更多的机遇。中国项目管理师（CPMP）共分为 4 个等级：高级项目管理师（一级）、项目管理师（二级）、助理项目管理师（三级）、项目管理员（四级），每级都有严格的报名条件。每级认证不但对项目管理的基础知识、基本技能进行严格的考试，而且严格地考察项目管理者的学历、实践经验、职业道德，以及对相关法律法规的了解。

思考题

（1）什么是项目？项目有哪些特点？试列举你身边的几个项目实例，并说明其特点。

（2）信息系统项目是如何规划出来的？

（3）简要叙述组织信息化成熟度模型，并说明它有何作用？

（4）企业的信息化模式有哪几种方式，各有什么优缺点？

（5）信息系统项目与其他项目相比有哪些特点，它对信息系统的项目管理有何挑战？

（6）谈谈你对项目管理的理解，它和企业管理有什么区别与联系。

（7）项目管理对哪些企业更具有意义，有什么意义？

（8）有人认为，“我以后又不准备做项目经理，所以学习项目管理对我没有意义”，你对此是怎么看的？

（9）简要叙述项目管理的历史及发展过程。

（10）目前主要有哪些项目管理研究机构，有哪些项目管理资质认证？

第2章 信息系统项目管理组织与方法

合理的项目管理组织与正确的项目管理方法是信息系统项目管理成功的关键。为保证项目的成功，任何信息系统项目首先都要有一个明确的目标，然后项目团队为之奋斗努力。项目目标的内涵随着社会发展也在不断地发展变化，形成一个多层次的项目目标体系。为达到项目目标，必须具备3个条件：一是要有一套科学的项目管理方法论来指导，二是要有一个合理的项目组织结构做基础；三是要有先进的项目管理工具与技术做支撑。

本章第1节先理解什么是项目的目标，项目的目标与企业战略目标是一个什么样的关系，理解项目目标的多层次结构。第2节将介绍项目管理的方法论，包括项目管理方法论的意义、内涵，以及如何根据企业的实际情况对项目管理方法论进行裁剪与集成。第3节将介绍项目管理的组织结构，各种类型组织结构的优点和缺点，以及适应性。最后1节将总体介绍项目管理有哪些工具和技术，并重点介绍项目管理软件。

2.1 项目管理的目标

项目管理有两个维度，第一个维度是过程管理，强调通过规范工作过程保证项目质量；第二个维度是目标管理，以是否完成项目目标作为衡量项目成功的重要标准。项目管理的这两个维度实际上表明项目管理既要采用过程管理的思想，也要注重项目目标管理，项目管理是过程管理与目标管理的集成与统一。项目的过程管理将在第 3 章介绍，本节将介绍项目的目标管理。首先讨论项目管理的目标是什么，怎样才算是成功的项目管理，接下来讨论信息系统项目管理成功与失败的关键因素，以及如何衡量一个组织的项目管理成熟度。

2.1.1 项目管理的成功标准

1. 项目的目标管理

在第 1 章中已讲过，项目管理与目标管理是不相同的两种管理思路。项目管理强调项目管理的过程，通过过程保证目标。尽管项目管理与目标管理是两个不完全相同的管理模式，但目标管理仍然是项目管理的重要思想。首先，从总体来看，所有项目都要支持组织的战略目标，项目的最终目标要与组织的目标保持一致；其次，从微观来看一个具体的项目，也处处渗透着目标管理的思想，具体表现如下。

（1）整个项目是以目标为导向的。最后向客户提交的可交付物就是整个项目团队的工作目标。一般提倡既不要少做，也不要多做，一律以项目章程规定的可交付物为标准，并全面满足质量、进度和成本的要求。

（2）项目组内部各专业是按目标管理的。在项目内部，每个项目小组都是按目标进行管理的，只有每个项目组按时按质完成任务，才能保证整个项目目标的完成。

2. 项目管理的成功标准

项目管理的一个重要问题是如何衡量项目管理是成功还是失败。在不同社会历史时期，评判项目管理成功的标准不完全一样。在帝皇时代，项目团队只要把工程做好，基本上没有时间和费用方面的严格限制，如修建长城，它持续两千多年，从公年前七世纪楚国筑方城开始，一直到明代共有 20 多个诸侯和封建王朝修筑过长城，据说秦始皇曾动用了 30 万人。也就是说，在那时，项目成功的标准就是看是否把任务完成了，评价标准是只要实现项目范围，这也是对项目管理最基本的考核。

在官僚时代，又多了一个评价标准，除了有项目范围外，还要求在规定的时间把事做完，但钱用完可以再申请，只要按时完工，也没有清晰的质量要求，所以导致出现许多形象工程和献礼工程，甚至因为许多桥梁倒塌等工程事故导致出现人间悲剧。

在市场经济时代，随着法律和责任意识的增强，项目管理更加重视项目监理和审计，项目不但要在一定经费下按时完成规定的任务，还要求满足一定的质量标准，这时就出现了项目管理的铁三角（或称项目管理的三约束）。项目成功与否要从进度、成本和质量 3 个方面进行评估。但实际上，项目的进度、成本和质量三者是相互制约的。一般来讲，如果进度要加快，费用就要增加，否则就可能要导致项目质量下降；项目成本要压缩，资金不足，势必要影响项目的质量，同时还可能导致项目延期。所以项目的甲方和乙方要商定一个双方都可以接受的标准，在项目进度、成本和质量之间寻求一种平衡（参见图 2.1）。

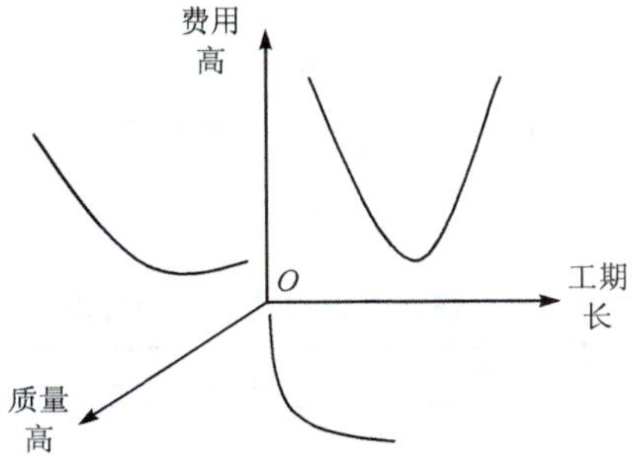

图 2.1　项目进度、成本和质量间的关系

在市场经济竞争日益剧烈的今天，企业要生存，项目组还要采取各种先进的技术及管理方法，在保证范围、时间、成本和质量等目标的前提下，为项目成员带来更多的经济收入和心情愉悦，从而使项目团队满意。在进入 21 世纪之后，项目管理的一个突出特点就是更加强调以客户为中心的理念，这就要求项目不但要在既定的成本下，按时按质完成规定的任务，完成合同书规定的范围，为项目团队带来较好的经济收入，还要更加注意客户对项目的认同感觉，包括考虑客户对项目的接受程度。也就是说，满足范围、成本、质量、进度等要求，以及实现团队满意、客户满意就构成了项目成功标准的金字塔结构，如图 2.2 所示。

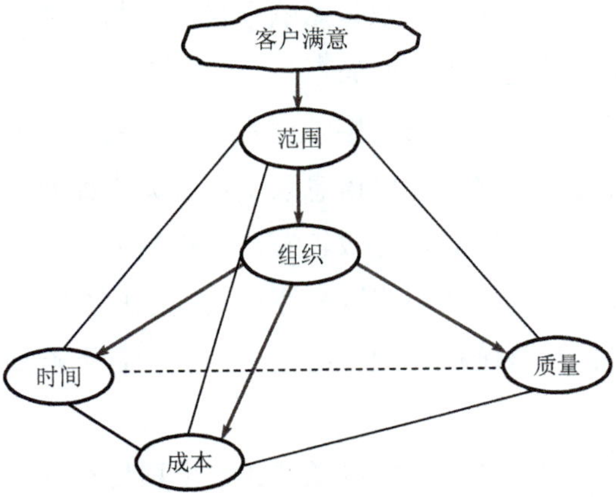

图 2.2　项目成功标准的金字塔

具体来讲，项目的成功可在六层面进行评估，如表 2.1 所示。首先，范围是项目管理成功的最低层面，这意味着，项目要成功，首先要完成应该完成的事情。其次，要在一定成本约束下完成项目，不允许超成本完成。在此基础上，项目成果还应该符合一定的质量标准，这种质量标准一般来自项目合同的规定，也可能是行业一般质量标准。第四个层强调还要在既定的时间内完成，不能延期完成。一般来讲，如果能在第四个层面成功，即可以认为项目是成功的，从理性的角度来讲，项目是符合甲方的要求的。但从更高标准来讲，即使是在既定时间内和成本约束下完成了项目工作且达到一定的质量标准，如果客户不满意，项目也是完成的。这是由于客户不但有理性的一面，通常还有感性的一面，从这个层面来讲，还要求项目组和客户进行交流沟通时，注意客户的心理变化和情绪因素，让客户从理性和感性两方面都得到满意。最后，成功的项目还需要让项目团队成员满意。

表 2.1　项目管理成功的层次标准

层　次	成 功 标 准
第 1 层	范围
第 2 层	范围、成本
第 3 层	范围、成本、质量
第 4 层	范围、成本、质量、进度
第 5 层	范围、成本、质量、进度、客户满意
第 6 层	范围、成本、质量、进度、客户、团队满意

2.1.2　项目管理成功与失败的关键因素

1. 项目管理成功的关键因素

项目管理的成功取决于许多因素，从宏观上来讲，项目的组织结构、项目管理的方法和项目管理所采用的工具与技术，包括项目所处社会环境和经济环境变化都会对项目管理的成功产生影响。但这些不一定都是影响项目成功与否的根本原因或关键因素。一般认为，保证项目成功的关键因素主要如下。

（1）得到管理高层的支持，并与高层管理者进行有效的沟通。高层领导的支持是影响项目成功与否的最关键因素之一，对信息系统项目尤为如此。相对其他项目来说，信息系统项目具有投入成本相对较高、见效较慢、维护周期长、后期维护成本大等特点。项目组首先要让高层领导客观地认识到这些特点，并让高层对 IT 项目的效益有一个合理的期望，不能过高估计信息系统项目的作用，否则，一旦不能如愿实现，则会失去高层的信任和支持。

（2）选择一位优秀的项目经理。项目经理在整个项目管理过程起核心作用，项目经理的能力、品质和个人魅力等直接影响项目团队的战斗力，并最终影响项目的成功。一般来讲，优秀的项目经理应该具有优秀的领导能力、快速的应变和反应能力、良好的人际交往能力、高效的时间管理能力、非凡的沟通能力、高效的激励能力和运用项目管理知识和技术的能力。

（3）具有明确的目标和范围。明确项目的目标和范围，并以项目章程的形式固定下来，可以保证项目团队朝着一个既定的方向努力，这在 IT 项目中尤其重要，很多 IT 项目在实施过程中，因为客户人为的需求变化或项目成员对需求的镀金（即增加多余的功能或性能），项目范围无限漫延，导致项目无法完成。

（4）保证客户的全程参与。让客户全程参与项目管理过程，一方面可以使客户对整个项目进展有一个清楚的认识，对项目的结果有一个合理的预期，另一方面可以防止因需求变更而导致项目的重大返工。

（5）严密而有效的项目管理。严格按项目管理的理论方法和步骤管理项目是项目成功的必要条件。在整个项目管理过程中，要尽量减少人为管理，严格遵循项目管理过程，每个项目阶段结束后，进行严格审查和把关。

（6）采用正确而适合的技术。项目管理中的许多技术，如工作分解结构、鱼刺图、关键路径法，以及项目管理信息系统，这些技术和软件如果能被恰当地运用，将为项目管理提供有效的支持。

除上面这些成功的关键因素外，在具体实施信息系统项目时，还应注意一些具体细节，如不要将没有经验的人放到关键的岗位上；不要随意压缩人员培训的费用，事实上，培训费用要比忽视培训将要付出的代价小得多；不要把手工系统的工作方式全盘照搬到信息系统中；树立全员参与意识等。

2．项目管理失败的关键因素

失败的信息系统项目屡见不鲜。美国 Standish 集团公司 1994 年对超过 8 400 个 IT 项目的研究表明，只有 16%的项目实现其目标，50%的项目需要补救，34%的项目彻底失败。一个 IT 项目失败的原因多种多样：市场或业务要求改变、新技术的出现、法律法规的变化等。但如果对失败的项目进一步分析，总会发现有如下一些失败的关键原因。

（1）计划不够充分。计划不充分、不到位是项目管理最致命的失败因素，它表现为多种形式，第一种是对计划的作用理解不到位，认为做计划是浪费时间，还不如把做计划的时间应用于项目的工作；第二种是计划流于形式，计划可能只是为应对检查，而自己执行却是另一套；第三种是计划缺乏更新，没有反映当前项目管理的实际情况，这样的计划在客观上没有实际作用。

（2）项目经理失职。虽然有项目经理，但他没有完全履行项目经理的职责。项目经理失职一般有两种情况：一种是项目经理不称职，没有尽到项目经理的责任，没有充分发挥项目经理的作用；另一种是项目经理可能是某个领导兼任的，并不能全身心投入到项目管理中来。

（3）对需求缺乏正确的了解。对需求缺乏正确了解表现在两个方面：一是客户的需求模糊，而导致在项目过程中不断变化，项目范围不断变化，导致项目无法完成；二是项目组对客户的需求理解不正确，这些在信息系统项目中表现尤其明显，许多技术人员闭门造车，没有做系统的需求调研，想当然地理解客户需求，导致最后项目不符合客户需求，最后返工。

（4）人事方面的原因。人事方面的原因包括多方面，如项目团队成员职责不清，或因为某几个核心骨干的突然跳槽而导致项目无法进行下去，或者因为缺乏相应的激励措施，项目成员缺乏工作的积极性和主动性，影响项目的工作效率。

（5）沟通方面的原因。沟通是项目管理最重要的因素之一，有效合理的沟通可以减少冲突，提高项目团队的工作效率。项目组与客户的沟通可以增加客户对项目的了解程度，增强对需求理解的一致程度。项目组与高层领导的沟通可以获得领导的重视和支持。

上述内容分析了项目管理成功的关键因素和失败的关键因素，为了保证项目管理的成功，项目组除了要尽可能注意这些关键因素外，还应对照项目管理成熟度模型，检查本组织项目管理水平所处的阶段。

2.1.3　项目管理成熟度模型

项目管理成熟度模型刻画了如何评估一个企业或组织的项目管理水平。项目管理成熟度模型一般包括改进的内容和改进的步骤，使用该模型时，用户需要知道自己现在所处的状态，还必须知道实现改进的路线图。

1．组织项目管理成熟度模型（OPM3）

组织项目管理成熟度模型（Organizational Project Management Maturity Model）OPM3是美国项目管理协会 PMI 发布的标准。PMI 对 OPM3 的定义是：评估组织通过管理单个项目和项目组合来实施自己战略目标的能力的方法，是帮助组织提高市场竞争力的方法。OPM3 的目标是“帮助组织通过开发其能力，成功地、可靠地、按计划地选择并交付项目而实现其战略”。OPM3 模型的基本构成要素有以下几个。

（1）“最佳实践”（Best Practices）：组织项目管理的一套“最佳实践”是指经实践证明和得到广泛认同的比较成熟的做法。

（2）能力组成（Constituent Capabilities）：能力是“最佳实践”的前提条件，或者说，能力集合成“最佳实践”，具备了某些能力组成就预示着对应的“最佳实践”可以实现。

（3）路径（Pathways）：识别能力整合成“最佳实践”的路径，包括一个“最佳实践”内部的和不同“最佳实践”之间的各种能力的相互关系。

（4）可见的结果（Observable Outcomes）：这些结果和组织的种种能力之间有确定的关系，可见的结果意味着组织存在或达到了某种特定的能力。

（5）主要绩效指标（Key Performance Indicators）：能测定每个结果的一个或多个主要绩效指标。

（6）模型的范畴（Model Context）：包括组织项目管理的过程和改进的步骤和梯级。

这些“最佳实践”、能力、结果和绩效指标，同一些叙述性的说明、指导手册、自我评估模板和组织项目管理过程的描述一同构成了 PMI 的组织项目管理成熟度模型。

事实上，OPM3 模型是一个三维模型，第一维是成熟度的四个梯级，第二维是项目管理的九个领域和五个基本过程，第三维是组织项目管理的三个版图层次。其中成熟度的四个梯级分别是：

（1）标准化的（Standardizing）；

（2）可测量的（Measuring）；

（3）可控制的（Controlling）；

（4）持续改进的（Continuously Improving）。

2. Kerzner 项目管理成熟度模型

除 OPM3 外，目前还有多种项目管理成熟度模型，比较有影响是著名项目管理专家 Kerzner 提出的项目成熟度模型，它分为 5 个级别（参见图 2.3）。

（1）通用术语（Common Language）：在组织的各层次、各部门使用共同的管理术语。

（2）通用过程（Common Processes）：在一个项目上成功应用的管理过程，可重复用于其他项目。

（3）单一方法（Singular Methodology）：用项目管理来综合全面质量管理（TQM，Total Quality Management）、风险管理、变革管理、协调设计等管理方法。

（4）基准比较（Benchmarking）：将自己与其他企业及其管理因素进行比较，提取比较信息，用项目办公室来支持这些工作。

（5）持续改进（Continuous Improvement）：以从基准比较中获得的信息建立经验学习文档，组织经验交流，在项目办公室的指导下改进项目管理的战略规划。

科兹纳博士为每个层次的测量都提供了一套评估题和评估方法，并给出了每个层次的升级标准。相关组织可以根据汇总信息评估本组织现处的成熟度，分析不足和制定改进措施，确定如何进入下一梯级。

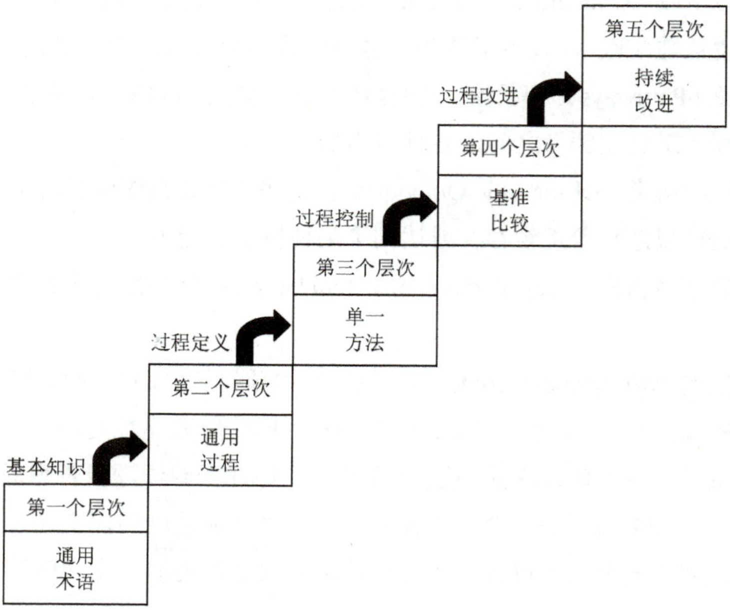

图 2.3　Kerzner 提出的项目管理成熟度模型

2.2　项目管理方法论

在确定了项目目标后，很重要的就是要采用正确的方法去实现项目的目标。项目管理方法论就是有关项目管理方法的各种理论知识的总和，具体包括项目管理模板、项目管理表格、项目管理制度、项目管理流程和项目管理工具等。在实际的项目管理中，还需要根据项目的实际情况对项目管理方法论进行裁剪与集成。

2.2.1　项目管理方法论的主要内容

项目管理方法论就是使成功的项目管理经验能够在另一项目中复制，尽可能使项目管理变得规范化，使项目实施的过程是可以复制的，项目实施的结果是可以预见的，从而提高项目的成功率。这就是说，不但要做好项目，取得好的项目效果，而且要通过采用正确的项目管理方法提高项目实施的效率，寻求一个好的投入产出比。要强调“不但要抓到老鼠，而且要用正确的方法抓到老鼠”的思想。

项目管理方法论具体包括项目管理流程、项目管理制度、项目管理模板、项目管理表格、项目管理工具和项目管理技巧，是对项目进行管理的一系列方法体系的简称。

1．项目管理流程

项目管理流程强调任何项目都需要根据本身的规律进行管理。事实上，在制定好项目管理制度后，接下来就需要按一定的项目管理流程实施。制度一方面表现在文字上，一方面需要将它流程化，能够变成一套流程，让项目成员一目了然地看清楚项目是如何一步步推进的。例如，有的企业在实施 ERP（企业资源计划，Enterprise Resources Planning）系统时，将实施流程分为启动、培训、定义、数据准备、切换和运行维护等六个阶段，每个阶段又可以进行细化。

2. 项目管理制度

严格的项目管理制度是项目成功实施的保证。没有制度，许多项目管理工具就会成为摆设。例如，有的企业明确在项目管理制度上规定，做进度计划时要用 Project 软件来进行进度管理，要用工作分解结构（WBS）来分解项目，要用前导图来画网络图，要用甘特图来制订计划，计划出来后要让客户审查和确认，等等。将这些规范都明确在制度中，才有可能从制度上保证项目管理的成功。表 2.2 所示的是项目进度管理制度，它对项目执行过程中可能会影响进度的影响因素都给出了明确、具体的规定，根据此制度，可以最大限度地保证项目的进度不延误。

表 2.2　项目进度管理制度

制度编号	制度细则
1	项目管理班子应与用户（客户）一同审查项目的活动定义，以确保其正常运行
2	项目网络图必须得到用户（客户）的认可
3	项目进度计划制订完毕之后，项目经理应及时提交用户（客户）审查确认，并在公司主管副总处备案
4	进度偏差超过 15%时应向用户（客户）及公司管理层领导汇报情况，提出解决项目进度滞后的方案
5	进度偏差超过 25%时应启动项目中止程序，对项目的工作进行全面评价

有了项目管理制度，还必须严格执行，才能真正发挥制度的作用。有些项目经理学了很多的经验和技巧，但在单位中推行不起来，很重要的原因就是单位没有一套行之有效的制度。要建立项目管理制度，一定要得到企业领导层的认可。也就是说，要让企业领导层认识到建立项目管理制度的意义，才能真正推行项目管理制度。

3. 项目管理模板

项目管理模板通过一种直观的方式展示各类项目活动的工作流程或其所包含的内容。模板有助于项目的可视化，使项目管理变得更易于操作，也使客户等项目干系人更容易理解其工作流程。一般来说，项目管理模板有以下几方面的作用。

（1）冲突的可视化，绘制模板时，需要不断地对各种可能的方案进行讨论甚至争论，这样可将项目进展中的各种可能的冲突可视化、纸面化，并且将工作过程中的冲突提前化，从而更好地避免工作中的冲突和返工过程。

（2）知识的沉淀和转移，通过项目管理模板，可以把一个项目的成功经验转移到另一个项目中，项目管理知识就能得到沉淀和转移。

（3）便于项目干系人沟通，由于模板把管理过程以一种直观的方式形式化了，这样便于与项目干系人相互理解和沟通，同时也可以很好地和客户沟通、和项目新成员沟通，实现项目的可视化。

常用的项目管理模板有项目需求建议书、项目授权书、项目计划文件、项目需求文件、项目范围说明书、工作分解结构（WBS，Work Breakdown Structure）、项目资源计划表、项目成本估算表、项目质量计划、项目变更申请书、项目阶段性评审报告、项目会议纪要、项目自我评价表、项目总结报告等文档。一个好的项目团队应该有丰富的项目管理模板。

表 2.3 所示是一个需求变更申请模板。对于客户提出的需求变更，让其填写需求变更申请，可以有效地减少一些客户思考不成熟的需求变更。

表 2.3　需求变更申请模板

<table>
<tr><th colspan="7">变更申请</th></tr>
<tr><td colspan="2">项目名称</td><td colspan="3"></td><td>变更编号</td><td></td></tr>
<tr><td colspan="2">申请人／部门</td><td colspan="3">联系方法</td><td>处理部门</td><td></td></tr>
<tr><td colspan="2">变更提出日期</td><td></td><td>建议完成时间</td><td></td><td>紧急程度</td><td></td></tr>
<tr><td rowspan="2">变更内容</td><td>现状</td><td colspan="2"></td><td>目标要求</td><td colspan="2"></td></tr>
<tr><td>变更内容</td><td colspan="2"></td><td>变更理由</td><td colspan="2"></td></tr>
<tr><td>变更分析与估算</td><td>影响内容</td><td colspan="2"></td><td>解决方案</td><td colspan="2"></td></tr>
<tr><th colspan="7">变更评审</th></tr>
<tr><td colspan="2">评审组成员</td><td colspan="2"></td><td>项目负责人</td><td colspan="2"></td></tr>
<tr><td colspan="2">评审结果</td><td colspan="2"></td><td>客户负责人</td><td colspan="2"></td></tr>
</table>

4．项目管理表格

要对项目进行监控和管理，离不开对项目执行信息的收集与处理。对于项目管理来讲，就需要设计一系列的表格收集信息和发布信息。通过项目管理表格中的信息，项目经理可以很快地知道哪个工作包做得好，哪个工作包做得不好，可以有效地监控项目的进展情况。如表 2.4 所示是一张多项目绩效监控表。通过该表格，项目经理和企业领导可以随时掌握项目的进展情况。

表 2.4　多项目绩效监控表

	合同工期	合同金额	累计预算	实际成本	挣值	SPI	CPI	预计完工工期	预计完工成本	进度加快	成本节约
P1	10	80	30	28	32	1.07	1.14	9.38	70.00	0.07	0.13
P2	18	100	45	50	48	1.07	0.96	16.88	104.17	0.07	–0.04
P3	14	120	80	90	75	0.94	0.83	14.93	144.00	–0.06	–0.19
P4	6	30	10	12	8	0.80	0.67	7.50	45.00	–0.20	–0.40
P5	9	50	18	22	21	1.17	0.95	7.71	52.38	0.17	–0.06
P6	16	90	70	68	66	0.94	0.97	16.97	92.73	–0.06	–0.03

但是，好的表格是从哪里来的呢？是谁设计的呢？好的表格一定是来源于工作实践、来源于一线，这样的表格才能真正提高项目管理的工作效率，并且容易为项目成员所接受。

5. 项目管理工具

先进的项目管理理念和方法需要项目管理工具作为支撑。项目管理的工具也有很多，既包括各种项目管理信息系统，也包括项目管理过程中所使用的技术工具，如挣值（Earned Value）分析法、网络图、甘特图、控制图、因果图、帕累托图，等等。具体我们将会在本章的第四节介绍。

6. 项目管理技巧

除上项目管理制度、流程等关键因素外，为保证项目的成功，必须以项目管理基本理论和方法为指导，在此基础上，在许多管理细节上，还要强调依赖管理者的工作技巧。尽管一些零散的工作技艺可能无法上升到理论和方法，对项目的成功却是非常重要的。事实上，如果技巧越来越多，并逐步形成体系，就可以上升为最佳实践甚至理论。在某种程度上，这些工作技巧就可以成为企业或组织在项目管理方面的核心竞争力。

2.2.2 项目管理方法论的裁剪与集成

1. 项目管理方法论的裁剪

项目管理既是一门科学，也是一门艺术。科学的项目管理需要项目管理表格、流程、制度等一套规范的项目管理方法，艺术的项目管理需要按照项目管理理论的要求，根据企业或项目规模、类型的实际情况量身订制，这就是方法论的裁剪。

例如，一个单位制定了一套重型的方法论，有 100 余张项目管理的表格，有 40 多个项目管理的流程，对于大型项目是适用的；但是在中型规模的项目中不一定都要，如可以从中抽取 50 张表格和 20 个流程组成中型方法论；对于小型项目可能只需要 10 张表格和 5 个流程组成轻型方法论。所以，项目管理办公室的成员或项目经理需要有对方法论进行裁剪的能力，只有这样，才能避免不同项目使用同一套的方法论，才能减少中小项目的成员认为公司里表格或流程太多了、太烦了的抱怨。

2. 项目管理方法论的集成

在对方法论进行一定的裁剪之后，接下来就要把各种项目管理表格和方法进行集成，使之成为一个相互联系、结构完整的整体，这就是方法论的集成。

在通用的方法论基础上进行裁剪和集成后，企业就可得到中型和轻型的方法论，并对应不同类型的项目。对于一个小项目，可能需要几个主要的项目管理表格就可以了，但是对于大型的项目则需要重型的方法论。例如，有一个专门做系统集成的 IT 企业规定，合同金额大于等于 1 000 万的项目采用重型方法论、合同金额大于等于 200 万小于 1 000 万的项目采用中型方法论、合同金额小于 200 万的项目采用轻型方法论。

2.2.3　项目管理的系统观

项目管理的系统观就是要求用系统思维和系统方法对项目进行系统分析和管理。系统思维要求以整体的视角看待项目和项目运营的组织环境。系统方法是解决复杂问题的一种整体分析方法。系统分析是一种问题的解决方法，它是通过确定问题的研究范围，将其分解为各个组成要素，然后识别和评价各要素存在的问题、机会、约束和需要。分析人员要找到一个最优的或者是满意的解决方案或行动计划，并将其放在系统中考察其可行性。具体来说，项目管理的系统观包含以下要点。

1．目标的整合

目标的整合包含以下两个方面。

（1）各方干系人需求整合。项目的各方干系人通常有不同的，甚至互相冲突的需求，项目经理要做出权衡，整合他们的需求，使项目目标被所有的干系人赞同或接受，至少缓解他们的强烈反对。

（2）目标三要素的整合。项目质量、进度和成本三个目标既互相关联，又互相矛盾。项目管理需要整合三者的关系。例如，在达到规定质量标准的前提下，在进度和成本目标之间做出权衡；或在达到规定进度要求的前提下，在质量和成本目标之间做出权衡；或在成本一定的前提下，在质量和进度目标之间做出权衡，这可称作目标三要素的整合。

2．方案的融合

不同的技术和管理方案，对不同的项目干系人和不同的项目目标会有不同的影响。例如，方案甲对干系人 A 更为有利，而对干系人 B 却略有不利，对质量目标更为有利，而对实现进度要求略显不利；而方案乙则反之。这种情况下，项目管理就要对各种方案加以整合，权衡各方面的利弊找出可接受的方案，或取长补短找出折中方案，尽可能地满足各方干系人的需求。

3．过程一体化

项目管理是一个整体化过程。各组管理过程与项目生命期的各个阶段有紧密的联系，每组管理过程在每个阶段中至少发生一次，必要时会循环多次。项目阶段的整合需要通过可交付成果的交接来实现。

在各组管理过程中有 3 个关键性的过程组需要做的整合工作最多，它们是项目计划、项目执行和整体变更控制。项目计划过程要求把各个知识领域的计划过程的成果整合起来，包括范围规划、质量规划、组织计划、人力资源计划、采购计划等，形成一个首尾连贯、协调一致、条理清晰的文件。项目执行过程要求对项目中各个分项、各种技术和各个部门之间的界面进行管理，这些界面往往存在较多的矛盾和冲突需要协调和整合，使计划得以较顺利地实施。整体变更控制过程是处理项目计划执行中产生的或多或少的偏离，为了控制和纠正这些偏离，需要采取变更措施。评价变更是否必要和合理，预测变更带来的影响和后果，都具有很强的综合性和整体性。例如，项目范围的任何变更都会引起成果（如产品或服务）的技术要求说明的变更，同时会影响成本、进度及风险程度等的变化，需要在这些方面做出相应的变更。所以，任何变更都要求多方面的整合。

4．人与工具的集成

项目管理离不开人，如项目经理负责整个项目，由项目团队全体成员的努力完成。项目管理的关键之一是要充分调动项目成员的积极性。但是，仅有项目成员的积极性是不够的，对于许多项目，特别是大型项目和复杂项目，除了人之外，项目管理工具也是项目得以顺利完成的必备条件，没有项目管理信息系统等项目管理软件和工具的支持，难以进行进度管理、成本管理和风险管理等。所以，项目管理一定是通过人与工具的集成，一定是一位优秀的项目经理带领一个具有战斗力的项目团队，并拥有先进的项目管理工具才得以完成的。

5．理论与实践的统一

项目管理既是一门管理理论，但同时也是一门实践性很强的学科，项目管理理论指导项目管理实践，但也来自于最佳实践，是理论与实践的统一。项目管理知识体系为项目管理提供了一套规范化的项目管理理论与方法，但并不意味着掌握了 PMBOK 的基本知识就可以很好地管理项目了。实际上，项目管理知识体系只是一些基本的框架，而每个项目所处环境、行业特点都不相同，所遇到的问题也不完全一样，这就需要项目管理人员在掌握基本项目管理理论后，根据实际情况下，灵活艺术地应用和指导项目管理实践，需要在实践中不断总结项目管理经验，并把项目管理经验上升为项目管理方法。例如，工期紧的项目不要轻易采用新的、陌生的方法；系统界面的风格应该在项目初始就规定，而不是在过程中重来等。所以说，项目管理一定要在理论上调动起工作中的体验，在实践中升华学到的理论。

6．一切活动都是受控的

受控是项目管理的精髓之一。在所有项目管理的过程组中，控制是最重要的过程之一，它跨越整个项目管理的生命期。在项目管理中，要始终树立一切活动都是受控制的观点，只有这样才能最大限度地减少各种变更发生，它具体包含以下 3 层含义。

（1）尽管控制是一件很难的事，但控制比不控制好，对所有活动都要进行控制。

（2）早控制比晚控制好，越早控制越能在问题出现的早期就发现并采取有效措施。

（3）多控制比少控制好，最好做到对项目管理的各个环节都能监控。

2.2.4 项目管理的工作原则

项目管理除了要有正确的方法论和系统观的指导外，在具体执行和实施时，还应注意工作原则，包括组织原则和实施原则。

1. 项目管理的组织原则

项目管理的组织原则说明了在制度、人事等组织方面必须遵循的规律，至少以下几点是必须注意的。

（1）要制定项目管理流程、制度和方法。任何一个项目开始前都要制定项目管理流程、制度和方法，这些流程、制度和方法是适应于所有项目的，或至少是某类项目的。一般项目管理成熟度比较高的企业都已经形成自己固定的一套流程、制度和方法了。

（2）成立一个项目管理机构如项目管理办公室，并配置相应的资源。

（3）给项目经理合理的授权。在动态组织的项目组中很容易出现的问题是项目经理的权力不够或者项目经理的权威不够，所以一定要合理授权。

2. 项目经理的实施原则

（1）强调项目计划的作用。项目计划是项目实施的关键和基础，对于项目成败起到至关重要的作用，它可以用于指导项目的实施、进行项目的控制。要注意的是，项目计划的制订应该不只是在项目初期，在项目的实施阶段也会根据项目的执行情况和项目控制的措施对项目的计划进行更新。项目计划应该包括项目基准计划和项目实施计划。项目基准计划是进行项目评价和项目控制的依据，不能随意变动，只有在项目范围发生变更时才可能进行变动，最终对于项目执行情况的评价，就是将项目基准计划和项目执行情况进行比较的结果。而项目实施计划会根据项目执行情况，进行相应的调整，控制权限在于项目经理，但执行结果应该通知相关的项目关系人。

（2）树立整体观和全局观。项目的成败关系到组织、项目团队、项目客户的整体利益，项目经理应该有大局观，不能将项目成败仅看成一方的成败。

（3）以实现项目的预期目标为依据。不要期望项目实现更多的功能，达到更高的质量要求。因为这些工作结果的形成，是以项目成本的增加作为代价的，而衡量一个项目成功与否的依据是是否达到了项目的综合目标（成本、时间、范围、质量）。

（4）注重沟通和协调。人的因素是项目成败的关键，项目客户、发起人、项目实施组织、项目团队等项目干系人对于项目的实施都很重要，如何与项目干系人进行良好的沟通，平衡他们的利益，把握他们的期望值，对于项目的成功至关重要。

（5）重视项目的总结和项目经验的积累。项目总结应该包括技术经验总结、管理经验总结和人员评价等多方面内容。

2.3　项目管理的组织结构

项目管理的成功还必须依赖一个合理的项目管理组织。常见的项目组织结构主要有职能型组织、项目型组织和矩阵型组织。

2.3.1　项目管理组织结构概述

1．项目管理组织

项目失败经常是因为组织、人、管理等“软”的原因，其中项目管理组织结构选择不当也是一个重要原因。项目管理组织与一般的企业组织或部门组织不一样，其特点是专为项目任务而设，不同的项目成员拥有不同的技能，项目成员参与到项目中的动机各异，对项目的忠诚度也不一样。另外，项目管理的组织结构形式依赖于企业的组织结构形式、企业模型，以及项目本身的复杂度等。所以，企业必须考虑这些实际情况后建立相应的项目管理组织。

2．项目经理

项目经理，也称项目主管，在项目管理中起着关键性的作用，是决定项目成败的关键角色，也是任何一种形式的项目管理组织所不可或缺的。充分认识项目经理的职责与角色，选择称职的项目经理是项目管理的关键。总体来讲，项目经理的职责主要可以分为以下 3 类。

（1）计划。项目经理要负责整个项目计划的制订，包括范围界定、进度计划、成本计划、质量计划等的制订。制订计划时要协调各方的关系，与项目团队、高层领导、客户进行充分有效的沟通。

（2）组织。项目经理要充分调动各方面的资源，其中最重要的是人力资源，要合理分配项目成员的工作，并有效地授权，同时还要制定相应的激励措施，最大限度地发挥项目成员的潜能。

（3）控制。项目经理的控制包括项目范围、进度、成本、质量、风险的控制，此外对因缺乏控制而导致的各种变更还要进行有效管理。

为履行好上述职责，项目经理在项目管理中通常扮演多种角色，如项目的整合者（整合各方资源）、决策者和良好氛围的营造者等。要成功扮演这多种角色，就要求项目经理具备多方面的能力，具体包括以下几方面。

（1）领导能力。项目经理要进行有效的沟通和有效的激励，要使项目团队成员齐心协力地工作，实现项目目标。他（她）需要采取有效的领导方式，具有凝聚和维系团队的能力，要使项目组成员了解项目结果和利益的蓝图，使他们热情地投入工作，能够在成员之间建立一种同志式的友谊与忠诚等。

（2）沟通能力。一个项目经理，一定要是一个良好的沟通者。只有通过有效的沟通，才能了解各方面的情况，及时地发现潜在的问题，征求到改进工作的建议，协调好各方面的关系。

（3）处理矛盾冲突的能力。项目管理中自始至终存在着矛盾冲突，在项目的各层次和全过程中都会产生矛盾冲突。项目经理经常要处理项目运行中产生的各种矛盾冲突，特别是在多个项目都在争取共享有限资源的情况下，矛盾冲突尤为突出。

（4）分析解决问题的能力。在项目实施的过程中，总会遇到各种问题。项目经理能否有效解决问题会影响和决定项目成败。

（5）应变和控制项目的能力。从项目角度看，变化的因素太多，突发的事情也很多，如果没有应变能力，将可能导致项目陷入困境。同时，项目经理也应该具有敏锐的反应能力，能够从细微的先兆去感知未来的变化，做到对变化的预先准备，确保变化对项目的影响最小。

3. 项目管理办公室

项目管理办公室（PMO，Project Management Office）出现于 20 世纪 90 年代初期。当时 PMO 仅提供了很少的服务和支持工作，而且更多地被企业用来“管制”项目经理，而不是为他们提供项目管理的方向和指导。在 20 世纪 90 年代后期，越来越多的企业领导认识到项目管理办公室应该发挥其协调和组织作用，建立项目管理办公室最主要的作用应该是合理配置资源。

建立项目管理办公室，可以持续地对每个项目的变化进行监控，为各种项目经理和项目团队提供所需要的支持与服务。因为 PMO 是在整个企业层面运作，而不仅是针对单个项目的，可以在整个企业层面对有限的资源进行合理分配，同时为项目经理和项目团队提供各种支持，确保符合企业战略的项目成功实施。

项目管理办公室通常具有如下的责任与功能。

（1）为项目经理和项目团队提供行政支援，如建立各种项目报表。

（2）最大限度地集中项目管理专家，提供项目管理的咨询与顾问服务。

（3）将企业的项目管理实践和专家知识整理成适合于本企业的一套方法论，在企业内传播和重用。

（4）在企业内提供项目管理相关技能的培训。

（5）可以配置部分项目经理，有需要时，可以直接参与具体项目，对重点项目给予重点支持。

2.3.2　职能型组织

职能型组织按功能组织人员，把具有相同职业特点的专业人员组织在一起，具有专业化的好处，通过内部管理流程确保部门之间相互协调完成工作，并且能减少大量的重复性工作。具有相同专业背景的专业人员处在同一个部门，为他们相互之间进行职业知识与技能上的交流提供了便利，有利于技术人员专业技能的成长与提高。获得项目后，组织从各个相应的职能部门选出人员，组织多职能的项目团队完成项目任务，如图 2.4 所示，其中员工 A、B、C、D 是挑选参加项目的成员，部门经理 A 为项目负责人或兼任项目经理。

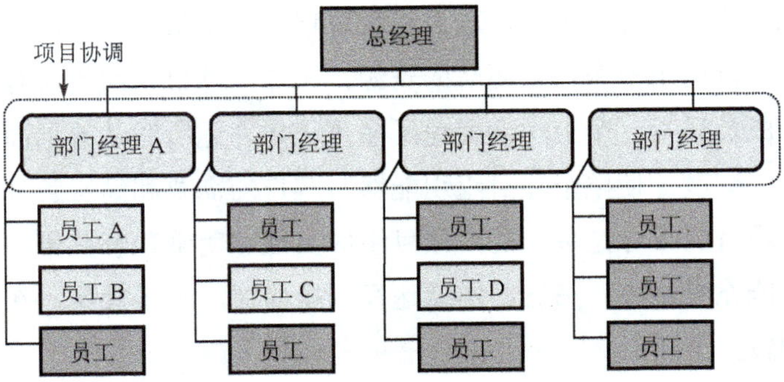

图 2.4　职能型组织形式

职能型项目组织形式的优点：第一，来自同一部门的项目成员可以将项目中出现的问题带回团队一起商讨解决，从而可以提高专业化解决问题的质量，可以集中力量解决某个专业方面的问题；第二，由于协调层是各职能部门的经理，同一部门内的专业人员具有相同专业知识，可以互相替代，在人员使用上具有较大灵活性，且易于交流知识和经验，有助于促进技术的积累和提升；第三，每个成员在固定的部门，项目成员事业上具有连续性和保障性；第四，有清楚的报告关系，成员向部门经理负责。

职能型项目组织形式的缺点：第一，员工可能将精力集中于本职能部门的活动，部门利益置于项目目标之上；第二，职能部门有它自己的日常工作，当职能部门工作与项目冲突时，项目及客户的利益往往得不到优先考虑；第三，项目负责人（可能没有明确的项目经理）只起协调作用，没有足够的权力控制项目，没人对项目的最终成果负责。

2.3.3　项目型组织

在项目型组织里，每个项目就如同一个微型公司那样运作，如图 2.5 所示。完成每个项目目标所需的所有资源完全分配给这个项目，专门为这个项目服务。专职的项目经理对项目团队拥有完全的项目权力和行政权力。由于每个项目团队严格致力于一个项目，所以，项目型组织的设置完全是为了有效地对项目目标和客户的需要做出反应。

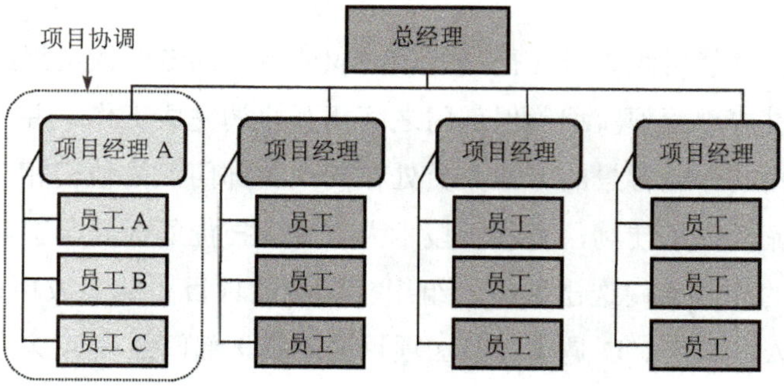

图 2.5　项目型组织形式

项目型组织形式的优点：第一，项目经理对项目全权负责，因此，可以全身心地投入到项目中去，可以调用整个项目团队的资源；第二，项目组织的所有成员直接对项目经理负责，每个成员只有一个上司，避免了多重领导、无所适从的局面；第三，权力的集中加快了决策的速度，使整个项目组织能够对客户的需要和高层管理的意图做出更快的响应；第四，项目的目标是单一的，项目组成员能够明确理解并集中精力于这个单一目标，团队精神能充分发挥；第五，沟通途径变得简捷，易于操作，在进度、成本和质量等方面的控制较为灵活。

项目型组织形式的缺点：第一，当一个公司有多个项目时，每个项目有自己一套独立的班子，这会造成人员、设施、技术及设备等资源的重复配置，而且为了保证在项目需要时能马上得到所需的专业技术人员及设备等，项目经理往往会将这些关键资源储备起来，使得具有关键技术的人员聘用的时间比项目需要他们的时间更长；第二，当项目具有高科技特征时，其他项目团队对于不属于本团队的项目成员不直接开放，因而调用某些专业领域有较深造诣的人员阻力较多；第三，对项目组成员来说，缺乏一种事业的连续性和保障，项目一旦结束，项目组成员就会失去他们的“家”。

2.3.4　矩阵型组织

矩阵型组织是一种混合体，是职能型组织形式和项目型组织形式的混合，如图 2.6 所示。矩阵型组织形式比较适用于复杂程度较高、分布地点较广、专业跨度较大的项目。

项目型组织与职能部门同时存在，既发挥职能部门的优势，又发挥项目型组织的优势。专业的职能部门是永久性的，而项目型组织是临时性的。职能经理对参与项目组织的人员有组织调配和业务指导的责任，项目经理将参与项目组织的职能人员有效地组织在一起。项目经理对项目的结果负责，而职能经理则负责为项目的成功提供所需资源。

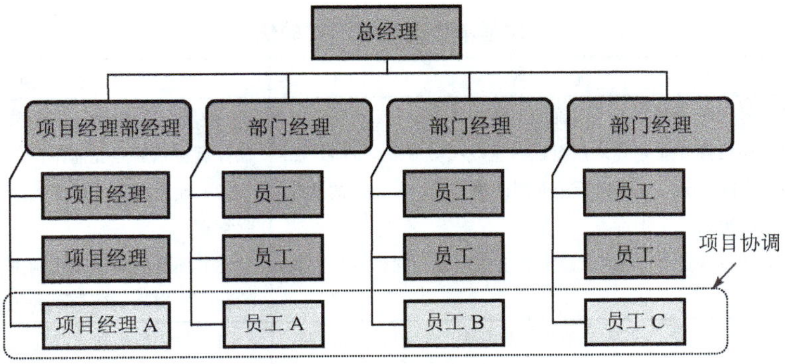

图 2.6　矩阵型组织形式

矩阵型组织形式里的项目团队成员有两个汇报关系：一是有关项目的临时情况他们向项目经理汇报；二是在行政管理方面，仍要向他们的职能经理汇报。另外，某个成员可能同时被分配在几个项目中工作，这个成员就会有好几个经理。这时，可能会由于工作的优先次序而产生冲突。因此，应用矩阵型组织形式，公司一定要明确好责权利，保证在项目经理和职能经理之间有恰当的权力平衡。

2.3.5　复合型组织

除了以上职能型、项目型和矩阵型 3 种基本组织形式外，还可能在一个公司中同时存在职能型、项目型或矩阵型的项目，这就是复合型组织结构，如图 2.7 所示。图中项目 A 为职能型组织，部门经理 A 为项目负责人，成员有员工 A1 和员工 AB；项目 B 为矩阵型组织，项目经理 B 为项目负责人，成员有员工 B1、员工 B2 和员工 AB。这种混合式组织结构使公司在建立项目组织时具有较大的灵活性，但也有一定的风险。同一公司的若干项目采取不同的组织形式，由于利益分配上可能存在不一致性，容易产生矛盾。

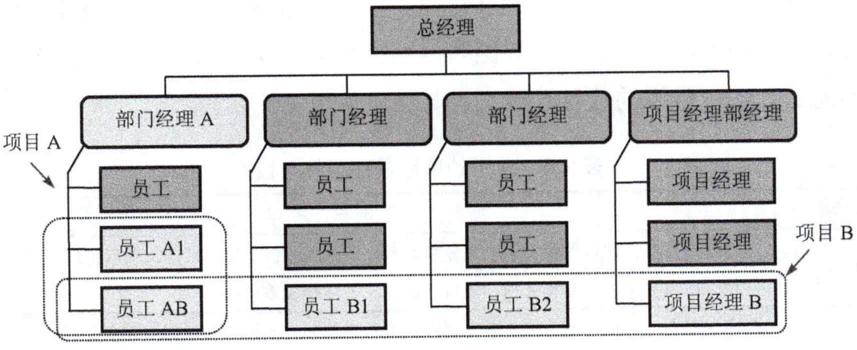

图 2.7　复合型组织形式

3 种基本项目组织形式的优缺点比较如表 2.5 所示。

表 2.5　3 种基本项目组织形式的优缺点比较

组织形式	优　点	缺　点
职能型组织	（1）每个雇员都有一个明确的上级； （2）雇员按专业划分，在组织内组成相对专业化的部门； （3）项目成员可以得到所在部门的技术支持，成员的技能可以不断提高； （4）项目成员有“家”（稳定的工作位置）的感觉，有安全感	（1）部门职能利益高于项目利益，部门更加强调技术的专业而不是项目目标； （2）缺乏明确的责任人，客户可能找不到联络点； （3）项目的沟通比较困难，职能部门之间的利益冲突会妨碍信息的流动
项目型组织	（1）项目经理有相当大的独立性和权限，对项目尽心尽职； （2）组织简单，项目内的人员职责清晰、沟通容易、反应速度快； （3）团队意识很好，客户满意度较高	（1）组织结构缺乏稳定性，项目团队成员没有“家”（稳定的工作位置）的感觉； （2）项目资源配置效率较低； （3）不利于知识和经验在团队间的分享
矩阵型组织	（1）最大限度地使用公司资源，几个项目可以分享组织的稀有资源； （2）横向、纵向的沟通比较充分； （3）改善了跨职能部门的协调； （4）项目经理责任制，项目目标明确	（1）项目成员面对双重/多重领导； （2）当多个项目一起争资源时，分享稀缺资源会造成较多的冲突； （3）沟通途径比较多，对于涉及很多成员的项目，反应速度较慢； （4）管理成本较高

2.4　项目管理工具与技术

项目管理一定是人与工具的结合。项目管理除了有目标、方法论和人员外，还必须借助于一定的项目管理工具与技术的支持，尤其是对于大型项目和复杂项目的管理。本节将从总体上介绍项目管理的常见工具与技术，并重点介绍项目管理软件。

2.4.1　常用项目管理工具与技术

在项目管理中需要用许多工具与技术来帮助项目经理和项目团队有效地工作。例如，在进行项目进度管理时，就需要用到甘特图、项目网络图，以及关键路径分析等。在质量管理时，需要用到石川图、帕累托图和六西格玛等方法。每个项目管理的知识领域都会用到不同的方法，常用的项目管理工具与技术如表 2.5 所示。

表 2.5　常用的项目管理工具与技术

知 识 领 域	工具与技术
整体管理	项目选择方法，项目管理方法学，专家判断，干系人分析，项目章程，项目管理计划，项目管理软件，项目变更委员会，配置管理，项目评审会，工作授权系统等
范围管理	范围说明书，工作分解结构，专家判断，工作说明书，范围管理计划，需求分析，变更控制系统，偏差分析等

续表

知 识 领 域	工具与技术
时间管理	甘特图，项目网络图，关键路径分析，计划评审技术，关键链调度，起工，快速跟进，里程碑评审，类比估算，参数估算，进度压缩，资源平衡等
成本管理	净现值，挣值法，投资回报率，项目组合管理，成本估算，成本管理计划，财务软件，类比估算，参数估算，储备金分析等
质量管理	石川图，帕累托图，六西格玛，质量控制图，质量审计，成熟度模型，统计方法，过程分析，软件能力成熟度模型等
人力资源管理	激励技术，共鸣式聆听，团队心理契约，职责分配矩阵，资源直方图，资源平衡，团队建设训练等
沟通管理	沟通管理计划，冲突管理，沟通介质选择，沟通基础架构，状态报告，虚拟沟通，模板，项目 Web 站点等
风险管理	风险管理计划，风险/影响矩阵，风险分级，蒙特卡罗模拟，风险跟踪，风险审计，定量风险分析，风险应对策略等
采购管理	自制或外购分析，合同，建议书或报价邀请函，供方选择，谈判，电子采购等

2.4.2　项目管理软件

1. 项目管理软件概述

项目管理技术的发展与信息技术的发展密不可分，随着计算机性能的迅速提高，涌现出大量的项目管理软件，大大提高了项目管理的工作效率。项目管理软件的大量涌现是在 20 世纪 80 年代，计算机成本下降与性能的迅速提高，加之项目管理技术方法的蓬勃发展，项目管理软件的数量急剧增加。

20 世纪 90 年代初，在软件行业蓬勃发展的大背景下，项目管理软件领域出现了专业化的软件企业，它们提供社会化、专业化、商业化的产品，带来了软件的快速发展。20 世纪 90 年代末以来，项目管理软件产品由只能满足单个功能的单机版转向将项目进展的各个方面综合来管理的网络版，在一定程度上实现了企业内部的数据共享。

项目管理软件是指在项目管理过程中使用的各类软件，这些软件主要用于收集、综合和分发项目管理过程的输入和输出信息。传统的项目管理软件包括进度计划、成本控制、资源调度和图形报表输出等功能模块，但从项目管理的内容出发，项目管理软件还应该包括合同管理、采购管理、风险管理、质量管理、索赔管理和组织管理等功能，如果把这些软件的功能集成、整合在一起，即构成了项目管理信息系统。

目前市场上项目管理软件很多，包括 Primavera 公司的 P3、SureTrak 和 Expedition，微软公司的 Project 系列，Welcom 公司的 OpenPlan，Symantec 公司的 TimeLine，Scitor 公司的 Project Scheduler 等。这些软件中有些属于高端软件，功能复杂，适合专业项目管理人员进行超大型多个项目的管理，价格比较高昂；而有些则适用于中小型项目管理的需要，功能完备，使用方便，价格相对低廉。企业用户在进行软件选型时，应重点考虑自身需要与软件功能的匹配、项目的财务状况和操作人员的熟悉程度等需要参考的因素。

2．项目管理软件的主要功能

一般来讲，项目管理软件应该提供如下功能。

1）进度管理

进度管理是项目管理的核心单元。利用网络技术进行进度计划管理是项目管理软件中开发最早、应用最普遍的、技术上最成熟的功能，它也是目前绝大多数项目管理软件的核心部分。具备该类功能的软件至少应能做到：定义作业（也称为任务、活动），并将这些作业用一系列的逻辑关系连接起来；计算关键路径；时间进度分析；资源平衡；实际的计划执行状况；输出报告，包括甘特图和网络图等。

2）成本管理

最简单的成本管理是用于增强时间计划性能的成本跟踪功能，这类功能往往与时间进度计划功能集成在一起，但难以完成复杂的成本管理工作；高水平的成本管理功能应能够胜任项目生命期内的所有成本单元的分解、分析和管理的工作，包括从项目开始阶段的预算、报价及分析、管理，到中期结算与分析、管理，再到最后的决算和项目完成后的成本分析，这类软件有些是独立使用的系统，有些是与合同事务管理功能集成在一起的。成本管理应提供的功能包括：投标报价、预算管理、成本预测、成本控制、绩效检测和差异分析。

3）资源管理

项目中涉及的资源包括消耗性的材料设备，以及非消耗性的人力机械等。资源管理功能可以为所有资源建立完善数据，对资源状况及资源对作业的贡献进行管理，能够根据作业要求和已有资源自动调配，对资源受限或过剩的情况进行资源均衡。资源管理功能应包括：拥有完善的资源库，能自动调配所有可行的资源，能通过与其他功能的配合提供资源需求，能对资源需求和供给的差异进行分析，能自动或协助用户通过不同途径解决资源冲突问题。

4）沟通管理

沟通与交流是任何项目组织的核心，也是项目管理的重要内容。项目进行过程中，需要不同干系人在不同时间、不同地点进行大量的信息数据交互沟通。实际上，项目管理就是从项目有关各方之间及各方内部的交流开始的，特别是大型项目，各个参与方经常分布在跨地域的多个地点上，大多采用矩阵型的组织形式，这种情况对交流管理提出了更高的要求。信息技术特别是近些年的 Internet 技术的发展为这些要求的实现提供了可能。目前流行的大部分项目管理软件都集成了交流管理的功能，所提供的功能包括进度报告发布、需求文档编制、项目文档管理、项目组成员间及其与外界的通信与交流、公告板和消息触发式的管理交流机制等。

5）风险管理与预测

任何项目都存在风险，包括时间上的风险、成本上的风险（如过低估价），技术上的风险（如设计错误）等。针对这些风险的管理技术已经发展得比较完善了，从简单的风险范围估计方法到复杂的风险模拟分析都在许多项目上得到了一定程度的应用。项目管理软件的风险管理功能大都采用了这些成熟的风险管理技术。风险管理功能中集成的常见风险管理技术包括：综合权重的三点估计法、因果分析法、多分布形式的概率分析法和基于经验的专家系统等。项目管理软件中的风险管理功能应包括：项目风险的文档化管理、进度计划模拟、减少乃至消除风险的计划管理等。

6）项目的跟踪和考核

根据项目基准计划跟踪多种活动的执行情况，如任务的完成情况、成本、消耗的资源、工作分配等，或采集项目成员的工作绩效信息，对照分配的工作任务进行考核，给出相应的奖惩建议。

7）多项目管理

越来越多的项目管理软件给用户提供了可以处理多个项目的功能，并且可以在多个项目间进行资源和数据的共享调配。

8）文档管理

文档管理能够实现项目管理文档的编制与共享，方便项目组成员浏览文档，并且项目管理信息系统在维护文档的一致性和文档的版权控制方面也应该提供支持。

思考题

（1）项目管理是目标管理与过程管理的集成，你对这个观点是如何看的？

（2）你认为项目管理成功的标准是什么？

（3）项目管理成功的关键因素和失败的关键因素分别是什么？如何创造成功的关键因素，避免失败的关键因素？

（4）简述典型的项目管理成熟度模型，它有何意义？

（5）简述项目管理方法论的主要内容。你认为项目管理方法论还应该包括哪些内容？

（6）为什么要对项目管理方法进行裁剪？

（7）项目管理的系统观包含哪些内容，对项目管理有何启示？

（8）如何理解项目管理是人与工具的集成，试举例说明。

（9）项目经理需要具备哪些素质？如何才能成为一位出色的项目经理？

（10）项目管理组织主要有哪几种形式，各有何优缺点？

第3章

信息系统项目生命期管理

项目管理有两个角度：第一个是从横向的角度，对项目管理各知识领域进行管理，之后几章将分别给予介绍；第二个是从时间纵向的角度，对项目生命期进行管理。项目生命期描绘的是一个项目从开始到结束所经历的阶段序列，包括启动阶段、计划阶段、实施阶段和收尾阶段。项目生命期管理是一种分阶段控制的思想，每个阶段结束都要进行严格的阶段评估。项目生命期管理对于防范项目风险，重视过程管理具有重要意义。

在本章，先讲解项目生命期的基本概念和特点，然后介绍项目生命期与项目管理过程的关系，之后分4节分别介绍项目的启动阶段、计划阶段、实施阶段和收尾阶段，对每个阶段，重点介绍各阶段的工作内容、流程、方法和工具。

3.1　项目生命期概述

项目生命期描绘的是一个项目从开始到结束所经历的阶段序列。项目生命期有通用生命期和专用生命期之分。项目生命期由项目阶段组成，不同项目阶段的风险、投入和工作水平都有不同的特点。项目阶段与项目管理过程既有关联，但又是两个不同的概念。

3.1.1　项目生命期

1．项目生命期的相关概念

一般来讲，在一个项目中，特别是一个大项目中，会出现很多问题和风险，但人识别和控制风险的能力是非常有限的。有研究表明，同时关注的问题一般不超过九个，即超过九个就难以识别和控制，从而把项目分成若干阶段，有利于风险控制。项目从启动开始到结束的各阶段的集合就是项目的生命期。具体说来，项目生命期就是总体上连续的各个项目阶段的全体，或者说是按一定的逻辑与顺序方式组织的一系列阶段的全集。界定项目生命期可以为项目组提供更好的管理控制，并与项目执行组织的持续运作之间建立恰当的联系。项目生命期中有三个与时间相关的重要概念：检查点（Check Point）、阶段（Phase）、里程碑（Mile Stone）和基线（Base Line）。

（1）检查点：指在规定的时间间隔内对项目进行检查，比较实际与计划之间的差异，并根据差异进行调整。可将检查点看作一个固定“采样”时点，而时间间隔根据项目周期长短不同而不同，频度过小会失去意义，频度过大会增加管理成本。常见的间隔是每周一次，项目经理需要召开例会并上交周报。

（2）阶段：阶段是项目生命期的构成单元。不同项目阶段的结束通常以对关键可交付成果和迄今的项目实施情况的审查为标志，这样做的目的是：① 确定项目是否应当继续实施，并进入下一阶段；② 以最低的成本纠正错误与偏差；③ 总结经验教训。项目阶段末的审查往往称为：阶段放行口（Phase Exit）、阶段关卡（Stage Gates）、验收站（Kill Points）。

（3）里程碑：通常把完成项目阶段性工作的时间点设立为里程碑。注意，里程碑不是任务，在项目过程中不占用资源，它只是一个时间点，通常指一个可交付成果的完成时间。里程碑既是划分项目生命期的重要参考标准，也是项目监控的主要对象。编制里程碑计划对项目的目标和范围的管理很重要，好的里程碑计划就像一张地图，为项目进展指明了方向。

（4）基线：指一个（或一组）配置项在项目生命周期的不同时间点上通过正式评审而进入正式受控的一种状态。基线其实是一些重要的里程碑，但相关交付物要通过正式评审并作为后续工作的基准和出发点。基线一旦建立，变化就需要受控制。

2．通用生命期与专用生命期

尽管每个项目的生命期不完全一样，但一般来说，不管什么项目总是可以抽象地分为以下 4 个阶段：启动阶段、计划阶段、实施阶段和收尾阶段。

（1）启动阶段（概念阶段）：选择并定义需要解答的项目概念，确定项目的目标、范围和约束条件。

（2）计划阶段（开发阶段）：检验概念并由此开发出一个切实可行的项目实施计划。

（3）实施阶段：将实施计划付诸实施，并对项目的执行情况进行监控。

（4）收尾阶段：项目过程完成并归档，最终产品交付业主管理、保管与控制。

上述 4 个阶段的全体也称为项目的通用生命期，任何一个项目都可以此来认识其生命期。但具体到某一类或某一个项目时，它除了有通用生命期外，还可以有自己的专用生命期，专用生命期是根据项目的行业特征所划分的项目阶段，它一般带有明显的项目行业特征。每一行业项目的专用生命期基本是一样的。如建筑项目的生命期可以由以下阶段组成。

（1）可行性分析阶段，包含项目陈述、可行性研究、策略规划及许可的申请；

（2）规划和设计阶段，包含基础设计、成本和进度、合同条款和详细设计；

（3）实施阶段，包含制造、运输、辅助机件、安装、测试，在该阶段完成全部安装工作；

（4）启用和运转阶段，包含最后测试和维修，在该阶段末全面运行该项设施。

3．典型信息系统项目生命期模型

信息系统项目生命期模型反映信息系统项目开发过程中各个阶段的工作如何组织、衔接，与信息系统的开发直接相关。基于信息系统的开发，常用信息系统项目的生命期模型主要有瀑布模型、原型模型、螺旋模型、增量模型等，如表 3.1 所示。

其中，最为常见的瀑布模型，其生命期可以由一般六个阶段组成，分别如下。

（1）前期准备阶段：定义系统，确定客户的要求或总目标，进行可行性研究，提出可行的方案，包括资源、成本、效益、进度等，并制订粗略的实施计划。

（2）需求分析阶段：确定软件功能、性能、可靠性、接口标准等要求，根据功能要求进行数据流程分析，提出初步的系统逻辑模型，并据此修改项目实施计划。

（3）软件设计阶段：包括系统概要设计和详细设计。在概要设计中，要建立系统整体结构，进行模块划分，根据要求确定接口。在详细设计中，要建立算法、数据结构和流程图。

（4）编码阶段：根据流程图编写程序，并对程序进行调试。

（5）测试阶段：单元测试，检验模块内部的结构和功能；集成测试，把模块连接成系统，重点找接口上的问题；确认测试，按照需求的内容逐项进行测试；系统测试，即在实际的使用环境中进行测试。以上 4 种测试中，单元测试和集成测试是由开发者自己完成的，而确认测试和系统测试则是由客户参与完成的。测试阶段是软件质量保证的重要一环。

（6）运行维护阶段：一般包括 3 类工作：一是为了修改错误而做的改正性维护；二是为了适应环境变化而做的适应性维护；三是为了适应客户新的需求而做的完善性维护。这 3 类工作有时会成为二次开发的需求，进入一个新的生命期，再从前期准备阶段开始。可见，维护的工作是软件生命期中重要的一环，通过良好的运行维护工作，可以延长软件的生命期，甚至为软件带来新的生命。

表 3.1　典型信息系统项目生命期模型

生命周期模型	优　点	缺　点	适用范围
瀑布模型	为项目提供了按阶段划分的检查点，当前一阶段完成后，只需要去关注后续阶段	在项目各个阶段之间极少有反馈，只有在项目生命周期的后期才能看到结果，通过过多的强制完成日期和里程碑来跟踪各个项目阶段	对于经常变化的项目而言，瀑布模型不适用
快速原型模型	克服瀑布模型的缺点，减少软件需求不明确带来的开发风险	所选用的开发技术和工具不一定符合主流发展趋势，快速建立起来的系统结构加上连续的修改可能会导致产品质量低下	迅速确定系统的基本需求，发现问题、消除误解、开发者与用户充分协调的一个步骤
螺旋模型	设计上的灵活性,可以在项目的各个阶段进行变更，以小的分段来构建大型系统，使成本计算变得简单容易，客户始终参与每个阶段的开发，保证了项目不偏离正确方向及项目的可控性	建设周期长，而软件技术发展比较快，所以经常出现软件开发完毕后和当前的技术水平有了较大差距的情况，无法满足当前用户需求	特别适合于大型、复杂的系统，对于新近开发，在需求不明确的情况下，便于风险控制和需求变更
增量模型	增大投资的早期回报	要求开放的结构，可能退化为建造-修补模型	增量包足够小，其影响对整个项目来说是可以承受的，不容易破坏整体结构

3.1.2　项目生命期的特点

划分项目生命期主要是为了对项目进行有效的控制，及早地发现问题。这主要是因为任何一个项目生命期一般都有以下特点（参见表 3.2）。

表 3.2　项目生命期的特点

	启　动	计划、实施	收　尾
人力、成本投入	较低	逐渐升高	迅速下降
成功完成项目的可能性	最低	逐渐升高	最高
风险发生概率、不确定性	最高	逐渐下降	最低
风险发生造成的影响	最小	逐渐升高	最大
项目干系人的影响	最大	逐渐下降	最小

（1）在项目开始时，项目干系人对项目的影响最大，然后影响力逐渐下降。这要求项目组在项目初期要加强与项目干系人的沟通和交流，真正理解客户的需求。

（2）项目的成本和人力投入开始时比较低，然后逐渐升高。在项目的实施控制阶段达到最高峰，此后逐渐下降，直到项目的终止。这要求在项目实施控制前要做充分的计划和准备，因为在实施时将会投入大量的人力和物力。

（3）项目开始时风险和不确定性最高，随着一项项任务的完成，不确定因素逐渐减少，项目成功完成的概率将会逐渐增加。

（4）随着项目的进行，项目变更和改正错误所需要的花费，将随着项目生命期的推进而激增。

3.1.3　项目管理过程

1. 项目管理过程的定义

过程是产生某些结果的活动的集合，项目本身就由多个过程组成。项目管理过程就是根据项目的目标要求，制订计划，然后按照计划去执行，随时控制项目进展，并实现项目目标的过程。项目管理过程可以分为以下 5 部分。

（1）启动过程：确定一个项目或一个阶段可以开始了，并要求着手制订工作计划。

（2）计划过程：进行计划并且保持一份可操作的进度安排，确保实现项目或阶段的既定商业目标。

（3）执行过程：协调人力和其他资源，执行计划。

（4）控制过程：通过监督和检测过程确保项目或阶段达到目标，必要时采取一些修正措施。

（5）收尾过程：完成项目或阶段的交付物并且有序地结束该项目或阶段。

2．项目管理过程与项目生命期的关系

项目管理过程与项目生命期是两个不同的概念。项目生命期是从时间角度来说的，把整个项目周期从时间的角度分为若干个不重叠的阶段。而项目管理过程可以看作项目管理的基本管理单元，项目管理过程在时间上有重叠。项目管理过程与项目生命期的关系可以从两方面来看。

首先，任何一个项目阶段都应该包含了 5 个上述的项目管理过程（参见图 3.1），都是先从启动过程开始，然后是计划和执行，在执行过程中还要控制，控制的结果可能反过来还要影响详细计划或下一轮计划。也就是说，计划过程、执行过程和控制过程可能要反复迭代交织在一起的（参见图 3.2），最后是收尾，收尾就意味着项目阶段的结束。所以在理论上每个项目阶段都要有上述 5 个过程。但在实际中，每个项目阶段的这 5 个过程的工作量大小、重要程度不是完全一样的，关注的重点也不一样。相对来说，计划、执行和控制是项目的主体，所以也称这 3 个过程为核心过程。但是，不能认为启动过程和收尾过程就不重要了。

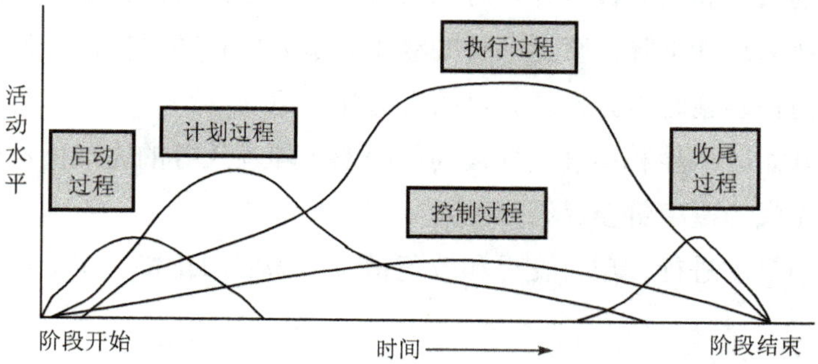

图 3.1　同一阶段内各项目管理过程的活动水平

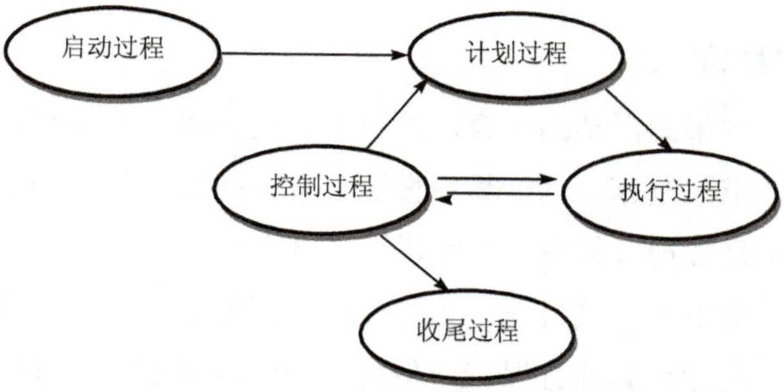

图 3.2　在一个阶段内项目管理过程的关系

其次，阶段内过程组的相互作用是可跨越阶段的，每个阶段结束会成为下一阶段启动的前提条件，甚至是必要的条件。例如，一个信息系统集成项目，需求分析阶段收尾时，需要客户对需求分析说明书给予确认，认可的需求分析说明书又作为系统设计阶段启动的依据。图 3.3 表示这种相互的作用。

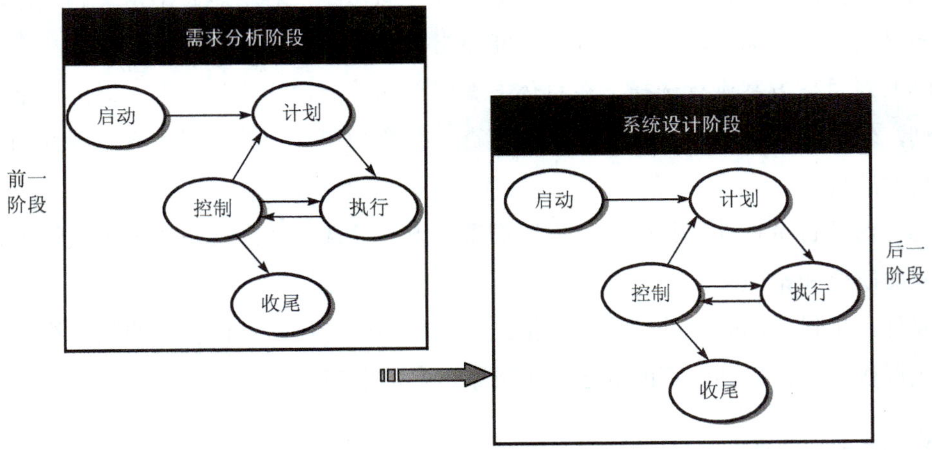

图 3.3　不同项目阶段间项目管理过程的关系

3.2　项目的启动阶段

项目启动工作先要从项目识别开始，作为项目承建方来讲，就是去找项目；作为项目投资方来讲，就是要去适时启动一个合适的项目。项目识别后就要对候选项目进行可行性分析，如果有多个项目都通过了可行性分析，还要采用一定的方法去选择并确定最终的项目。

3.2.1　项目启动阶段的主要工作

项目启动是一个客户方（或投资方）主导的项目过程，客户（或投资方）通过市场行为，如市场调研，发现（或寻找）商业机会，提出实现商业机会的需求，并向选定的相关承建商提交需求建议书，承建商根据需求与客户交流并完成需求分析，提交需求分析说明书和技术解决方案，客户会根据承建方的方案加以可行性分析，最终选定理想的承建商，启动项目。

项目启动阶段的主要工作包括以下内容。

（1）项目需求与目标分析。通过认真分析项目需求，确定项目需要达到的目标（包括总体目标、子目标）及确定在总体目标指导下的项目方案。项目需求与目标分析必须达到具体的技术指标。

（2）总体方案设想。总体方案设想是通过概念创新，看是否有更好的方式和更好的渠道来实现目标。

（3）总体方案规划。总体方案规划就是把创新引发的项目设计变成一个总体方案，并根据总体方案进行规划。

（4）方案的功能设计。确定每个方案各部分的功能，对功能做出定义和设定，如方案需要采用的技术标准、应该达到的性能和指标等。

（5）对总体方案进行选择。在总体方案规划和功能设计的基础上，提出多个方案设想计划，然后进行初步经济技术指标的调查、研究和指导，并且用多方案评选的方法进行方案的选优。

（6）对项目可行性进行研究。通过周密的方案评选，确定其中的一个或两个方案进行深入的研究和论证。

此外，项目启动阶段的工作还包括组建项目团队，任命一位合格的项目经理，并获取正式授权。项目启动结束的标志是项目章程书的发布。

3.2.2　项目的识别

项目识别就是要去发现项目。这包含两方面的含义：一是从项目承接方来讲，如何去发现哪里有项目；二是从作为客户方的企业自身来讲，如何根据企业的信息化要求，或针对企业存在的某个问题，或是客户竞争的需要，适时启动新项目。对这两者来说，如果有多个可供选择的项目，还要从中选择一个或多个优先实施的项目。

1．发起一个新项目的动因

企业发起新项目的动因主要如下。

（1）市场需求：某软件公司针对市场上病毒猖獗现象，批准了一个项目，即研制杀毒效果更好的杀毒软件。

（2）客户需求：某电力集团公司批准一个项目，即建立新的管理信息系统来集成管理下属分公司的各类信息。

（3）技术进步：一家电子公司在计算机内存不断增加的情况下，批准开发一个新的视频游戏机。

（4）法律要求：一家软件企业发起一项正版软件促销的方案。

（5）社会需求：一个发展中国家的某民间组织批准一个项目，向疾病高发的低收入社区提供疾病监测信息系统。

（6）联盟企业要求：企业供应商或销售商对企业提出某种要求，导致企业启动一个信息系统项目。

（7）行业协会要求：系统集成行业对项目经理的资质做出某种规定，可能导致系统集成企业要启动一个新的培训项目来满足项目经理资质的要求。

2．项目识别方法

项目的识别方法主要指如何根据企业的实际情况启动项目。常用的方法是“问题—

目标分析法”。该方法总体思路是从目前存在的问题出发，找出导致该问题的主要原因，然后针对其原因提出解决问题的办法和措施，最后为了支持某些目标的实现而启动某个项目。

3.2.3　项目可行性研究

在项目正式启动之前，都必须从业务上、技术上、经济上等进行可行性分析，经过可行性分析论证的项目可以最大限度地避免各种项目风险。在进行可行性分析前，先要按照 SMART 原则制定一个合理的项目目标。

1. 项目目标制定的 SMART 原则

在进行项目可行性研究之前，首先要检查项目的目标是否制定好了。检查项目是否有一个好目标，可按以下的 SMART 原则对照检查。

（1）具体的（Specific）：用具体的语言清楚地说明要达成的行为标准。很多团队不成功的重要原因之一就是目标定得模棱两可，或没有将目标有效地传达给相关成员。例如，假设有项目目标为“增强客户意识”。这种对目标的描述就很不明确，因为增强客户意识有许多具体做法，如减少客户投诉（过去客户投诉率是 3%，现在把它降低到 1.5% 或 1%）、提升服务质量、使用规范礼貌的用语、采用规范的服务流程等。

（2）可衡量的（Measurable）：目标最好能用数量、质量和影响等标准来衡量。如果制定的目标没有办法衡量，就无法判断这个目标是否实现。目标的衡量标准遵循“能量化的量化，不能量化的质化”。使制定人与考核人有一个统一的、标准的、清晰的可度量的标尺，杜绝在目标设置中使用形容词等概念模糊、无法衡量的描述。对于目标的可衡量性应该首先从数量、质量、成本、时间、上级或客户的满意程度五个方面来进行，如果仍不能进行衡量，可考虑将目标细化，细化成分目标后再从以上五个方面衡量，如果仍不能衡量，还可以将完成目标的工作进行流程化，通过流程化使目标可衡量。

（3）可实现的（Attainable）：设定的目标是可以实现、达到的，最好是相关干系人都能接受的。项目目标设定需要项目相关干系人参与，特别是企业领导与项目经理和成员，使拟定的项目目标在组织及个人之间达成一致。既要使工作内容饱满，又要具有可达性。

（4）相关的（Relevant）：实现此目标与其他目标的关联情况，包括与工作单位的需要和员工前程相关的。如果实现了这个目标，但对其他目标完全不相关，或者相关度很低，那这个目标即使达到了，其意义也大打折扣。

（5）有时间约束的（Timely）：目标中包含一个合理的时间约束，预计届时可以出现相应的结果。目标设置要具有时间限制，根据工作任务的权重、事情的轻重缓急，拟订出完成目标项目的时间要求，定期检查项目进度，及时掌握项目进展的变化情况，以方便及时对下属进行工作指导，以及根据工作计划的异常情况变化及时调整工作计划。

总之，无论是制定团队的工作目标，还是员工的绩效目标，都必须符合上述原则，五个原则缺一不可。项目组在制定项目时，可针对上面的原则设计问卷和问题，以此来确定项目的目标是否是合理、科学的。

2. 项目可行性分析

可行性研究是一个综合的概念，它是以市场为前提，以技术为手段，以经济效益为最终目标，对拟建的项目进行调查研究和综合论证的，为项目建设的决策提供科学依据。项目可行性分析的内容如下。

1）业务可行性

业务可行性分析主要是从产品策略、市场营销策略、竞争对手情况等方面来分析项目是否可行的。业务可行性一般采用 SWOT 分析方法（参见表 3.3），它是从组织内部的优势与劣势、组织外部的机会与威胁着手，来分析项目的可行性，以便在立项时扬长避短，利用机会，回避威胁。

表 3.3 SWOT 分析表

优势分析（Strength）		劣势分析（Weakness）	
列出实施项目的优势	如何充分发挥这些优势	列出实施项目的劣势	怎样将影响降到最小
机会分析（Opportunity）		**威胁分析（Threat）**	
该项目提供了什么机会	如何充分利用这些机会	列出可能影响项目成功的威胁	如何有效处理这些威胁

2）经济可行性

经济可行性分析主要从财务的角度分析项目是否能达到预期的经济目标，主要的方法有成本/效益分析。成本/效益分析法即分析项目的成本支出与实际或潜在收益。先列出成本的种类，如人工费、材料、设备、厂房等，然后将这些类别的费用进一步细化，初步估算各自成本。效益包括看得见和看不见的收益，如降低成本、增加收益等。也可能是负面的，如项目不能完成将带来哪些影响。

3）技术可行性

技术可行性分析是考察项目在技术上是否可行。在信息系统项目中，要注意先进技术与成熟技术的取舍。

4）生态和社会因素分析

生态方面是指一个组织的现在和潜在客户宁愿购买对环境无害的产品而不是有害产品，如节能、环保的考虑。社会因素指项目对员工和用户健康、安全、民族文化、伦理道德的影响。

5）进度安排可行性

从时间进度安排上来讲，是否是可行的。进度可行性分析要结合项目团队的规模来分析。

6）规章制度可行性

例如土地使用和规划法规环境卫生安全标准、国家人力资源政策规定，或者营业许可著作权等方面的规章制度。

7）运营可行性

要分析项目的实施是否会给公司带来负面影响。

从实际操作的角度，项目的可行性分析可通过问卷调查的方式来进行，常见的项目可行性分析问题如表 3.4 所示。

表 3.4　项目可行性分析问题

序　号	需要回答的问题
（1）	有没有必要开展项目
（2）	项目需要多长时间才能完成
（3）	需要投入多少人力、物力 项目产出必须大于项目投入，如果产出不能大于投入，这个项目就不具备价值
（4）	在财务上是不是有价值
（5）	在技术和经济上是不是合理、可行 项目可行性研究还包括更广泛的经济评价，包括一些隐性的效果、无形的效果
（6）	项目的组织能力如何 因为项目需要有人来实施，实施人的能力和组织能力对项目是否成功具有非常重要的作用，需要对组织能力做一个评价
（7）	实施项目有哪些制约因素
（8）	项目是不是支持公司的战略
（9）	能不能给企业带来竞争优势，能带来多少效益
（10）	细节方面是不是比较清楚，有没有一些替代方案，项目是否存在技术风险或财务风险

可行性分析的结果主要包括 3 种：可行、不可行和满足一定条件可行。可行则意味着按目前的情况可以启动；不可行就有可能要修改项目目标或取消项目；满足一定条件可行是项目在满足一定的附加条件下是可行的，如增加资金、延长时间等。

3.2.4　项目的选择

在进行项目可行性分析之后，可能会有多个候选项目都通过了可行性分析，接下来就要在符合可行性的项目中选定项目。选定项目的方法有德尔菲法、头脑风暴法、要素加权分析法、决策树法、净现值、内部收益率法、投资回收期法等多种方式，下面分别予以简单的阐述。

1. 德尔菲法

德尔菲法，又称专家意见法，它是依据系统的程序，采用匿名发表意见的方式，即专家之间不得互相讨论，不发生横向联系，只能与调查人员发生关系，通过多轮次调查专家对问卷所提问题的看法，经过反复征询、归纳、修改，最后汇总成专家基本一致的看法，作为选定的结果。这种方法具有广泛的代表性，较为可靠，尤其在处理复杂定性问题时优点更为明显，可以充分利用专家的意见。德尔菲法的具体实施步骤如下。

（1）组成专家小组。按照课题所需要的知识范围，确定专家。专家人数的多少，可根据课题的大小和涉及面的宽窄而定，一般不超过 20 人。

（2）向所有专家提出所要商讨的问题及有关要求，并附上有关这个问题的所有背景材料，同时请专家提出还需要什么材料。然后，由专家做书面答复。

（3）各个专家根据他们所收到的材料，提出自己的看法和意见，并说明自己是怎样利用这些材料并得出结论的。

（4）将各位专家第一次判断意见汇总，列成图表，进行对比，再分发给各位专家，让专家比较自己同他人的不同意见，修改自己的意见和判断。也可以把各位专家的意见加以整理，或请身份更高的其他专家加以评论，然后把这些意见再分送给各位专家，以便他们参考后修改自己的意见。

（5）将所有专家的修改意见收集起来、汇总，再次分发给各位专家，以便做第二次修改。逐轮收集意见并为专家反馈信息是德尔菲法的主要环节。收集意见和信息反馈一般要经过三、四轮。在向专家进行反馈时，只给出各种意见，但并不说明发表各种意见的专家的具体姓名。这一过程重复进行，直到每一个专家不再改变自己的意见为止。

（6）对专家的意见进行综合处理。

德尔菲法能发挥专家会议法的优点：① 能充分发挥各位专家的作用，集思广益，准确性高；② 能把各位专家意见的分歧点表达出来，取各家之长，避各家之短。同时，德尔菲法又能避免专家会议法的缺点：① 避免权威人士的意见影响他人的意见；② 避免有些专家碍于情面，不愿意发表与其他人不同的意见；③ 避免出于自尊心而不愿意修改自己原来不全面的意见。德尔菲法的主要缺点是过程比较复杂，花费时间较长。

可以把各候选项目的详细情况发给专家，然后采用德尔菲法请专家确定拟建设的项目。实际上，德尔菲法也可以和 IT 项目规划结合起来，让专家对拟建的 IT 项目做一个优先级的排序。

2. 头脑风暴法

头脑风暴法（Brain Storming）的发明者是现代创造学的创始人美国学者阿历克斯 • 奥斯本于 1938 年首次提出的。头脑风暴的特点是让与会者敞开思想，使各种设想在相互碰撞中激起脑海的创造性风暴，其可分为“直接头脑风暴法”和“质疑头脑风暴法”。前者是在专家群体决策基础上尽可能激发创造性，产生尽可能多的设想的方法；后者则是对前者提出的设想、方案逐一质疑，发现其现实可行性的方法，是一种集体开发创造性思维的方法。

头脑风暴法力图通过一定的讨论程序与规则来保证创造性讨论的有效性。从程序上来说，组织头脑风暴法关键在于以下几个环节。

（1）确定议题。主持人必须在会前确定一个目标，使与会者明确通过这次会议需要解决什么问题，同时不要限制可能的解决方案的范围。

（2）会前准备。为了使头脑风暴畅谈会的效率高、效果好，还需要会前做相应的准备工作，如收集一些资料预先给与会者参考，以便与会者了解与议题有关的背景材料和外界动态，还包括对会场做适当布置，如座位排成圆环形以便与会者充分交流。

（3）确定人选。一般以 8～12 人为宜，也可略有增减（5～15 人）。与会者人数太少不利于交流信息，激发思维；人数太多则每个人发言的机会相对减少，也会影响会场气氛。

（4）明确分工。要推定一名主持人，1～2 名记录员（秘书）。主持人的作用是在头脑风暴畅谈会开始时重申讨论的议题和纪律，在会议进程中启发引导，掌握进程，如通报会议进展情况，归纳某些发言的核心内容，提出自己的设想，活跃会场气氛等。

（5）规定纪律。根据头脑风暴法的原则，可规定几条纪律，要求与会者遵守，如要集中注意力积极发言，不要私下议论等。

（6）掌握时间。会议时间由主持人掌握，一般来说，以几十分钟为宜。时间太短与会者难以畅所欲言，太长则容易产生疲劳感，影响会议效果。

为保证头脑风暴法成功，尤其注意以下几方面：① 自由畅谈，参加者不应该受任何条框的限制，放松思想；② 延迟评判，主持人不要评判与会者的观点；③ 禁止批评，与会专家和主持人不得对别人的设想提出批评意见；④ 将头脑风暴的中心议题写在白板上，确保每个人都充分理解中心议题的含义；⑤ 轮流发言，任何意见都会得到肯定，有人如果没想好可以随时跳过；⑥ 将每条意见用大号字写在白板上，用原话记录每条意见，不做任何解释；⑦ 复查意见记录，去除完全重复条目；⑧ 小心识别用词上有极细微差别的意见。

主持人可以把各候选项目的背景情况告知与会者，然后采用“质疑头脑风暴法”请与会者发表每个候选项目的风险，建设成功的利益和失败的损失。在此基础上，基本能够确定拟建的项目名称和内容。

3．净现值法

净现值法（NPV，Net Present Value）：是评价投资方案的一种方法，该方法利用净现值的大小来评价投资方案。判断一个项目是否可行，要看它的净现值是不是大于零，净现值大于零，意味着项目能够取得收益，它的净收益是正的。也就是说，项目的净收益大于净支出，这个项目应该入选，反之不然。具体净现值的计算公式如下：

$$\text{NPV}=\sum_{t=0}^{n}(\text{CI}-\text{CO})_t(1+i_c)^{-t}$$

式中，CI 为现金流入量，CO 为现金流出量，$(\text{CI}-\text{CO})_t$ 为第 t 年的净现金流量，i_c 为折现率。

净现值法是一种比较科学也比较简便的投资方案评价方法。净现值法的缺点是需要预先设定贴现率，给项目决策带来了一定的困难。

【例】某公司正考虑一项新设备投资项目，该项目初始投资为 40 000 元，每年的税后现金流如表 3.5 所示。假设该公司要求的收益率为 13%。

表 3.5　税后现金流

初始投资	第 1 年	第 2 年	第 3 年	第 4 年	第 5 年
–40 000	10 000	12 000	15 000	10 000	7000

根据上述公式，可得到该项目的净现值为

$$\begin{aligned}\text{NPV}&=\frac{10\,000}{1.13}+\frac{12\,000}{1.13^2}+\frac{15\,000}{1.13^3}+\frac{10\,000}{1.13^4}+\frac{7000}{1.13^5}-40\,000\\&=-1428\end{aligned}$$

所得净现值为负数，证明此方案不可行。

4．内部收益率法

与净现值比较相似的另一个经济评价指标是内部收益率，也就是投资收益率。净现值是给定一个利率，把全部现金流收益的成本折到现在，得出一个现在价值。内部收益率是在整个生命期内的收益和支出正好相抵时求得一个利率，这个利率就称为项目的投资收益率或内部收益率。可以用内部收益率是否大于期望的标准收益率或基本收益率（行业投资平均收益率）来判断这个项目是否能够入选。

内部收益率法是指项目在计算期内各年净现金流量现值累计（NPV）等于零时的折现率（i）。计算公式如下：

$$\text{NPV}=\sum_{t=0}^{n}(\text{CI}-\text{CO})_t(1+i)^{-t}$$

式中，CI 为现金流入量，CO 为现金流出量，$(\text{CI}-\text{CO})_t$ 为第 t 年的净现金流量。

如果项目内部收益率 i 大于或等于基准收益率，则可行。两个项目比较，则内部收益率 i 大的优先。

5. 投资回收期法

投资回收期法（Payback Period Method）是通过计算项目从投产年算起，用每年的净收益将初始投资全部收回的时间来决定项目从经济上是否可行。投资回收期法分静态投资回收期和动态投资回收期两种。前者不考虑折现率，后者则考虑。

静态投资回收期（Pt）可通过下列公式计算：

$$\sum_{t=0}^{Pt}(CI-CO)_t = 0 \tag{3.3}$$

式中，CI 为现金流入量；CO 为现金流出量；Pt 为投资回收期。

静态投资回收期（Pt）也可按如下简便公式计算：

静态投资回收期（年）=[累计净现金流量开始出现正值的年份数]–1+[上年累计净现金流量的绝对值/当年净现金流量]

动态投资回收期 T 可通过下面公式计算：

$$\sum_{t=0}^{T}(CI-CO)_t(1+i)^{-t} = 0 \tag{3.4}$$

式中，$(CI-CO)_t$ 为第 t 年的净现金流量；i 为折现率。

直观来讲，动态投资回收期（T）也可按如下简便公式计算：

动态投资回收期（年）=[累计净现金流量现值开始出现正值年份数]–1+[上年累计净现金流量现值的绝对值/当年净现金流量现值]

例如，某项目现金流量数据如表 3.6 所示，基准折现率为 10%，试计算该项目的静态投资回收期和动态投资回收期。

表 3.6　投资回收期的计算

年　份	1	2	3	4	5	6	7
净现金流量	–2 400	–1 800	584	584	606	658	698
累计净现金流量	–2 400	–4 200	–3 616	–3 032	–2 426	–1 768	–1 070
净现金流量现值	–2 400	–1 636.2	482.38	438.58	413.90	390.19	393.67
累计净现金流量现值	–2 400	–4 036.2	–3 553.82	–3 115.24	–2 701.34	–2 311.15	–1 917.48
年　份	8	9	10	11	12	13	14
净现金流量	728	798	798	798	798	769	769
累计净现金流量	–342	456	1 254	2 052	2 850	3 619	4 388
净现金流量现值	373.46	372.67	338.35	308.03	379.30	245.31	223.01
累计净现金流量现值	–1 544.02	–1 171.35	–833	–52.97	–245.67	–0.36	222.65

上面例子通过利用简便公式可分别得到静态和动态投资回收期为

静态投资回收期 $=9-1+342/798\approx 8.43$（年）

动态投资回收期 $=14-1+0.36/223.01\approx 13$（年）

投资回收期法的优点是：易于理解，计算简便，只要算得的投资回收期短于行业基准投资回收期，就可考虑接受这个项目。两个项目进行比较时，投资回收期短的优先建设。

6．综合评分法

上述三个指标从不同角度反映项目，在实际项目选择时，往往需要综合考虑多个因素，也就是说，一些难以量化的战略方面的因素、一些无形的交易和其他间接的影响是很难用经济效益来分析的，需要最后综合起来进行评估，这时就可以利用综合形成模型进行综合评判，最后选择一个符合企业战略目标、符合项目干系人利益的项目。

例如，有 A、B、C、D 四个备选项目，在对这四个项目进行选择时，第一件要做的事情就是确定评价的准则，也就是说，哪些因素需要在项目选择当中考虑，如是不是符合商务目标、战略目标及企业的业务目标，有没有客户支持，这个项目的技术水平怎么样，工期的长短，财务收益的大小，风险大小。这些不同考虑准则或考虑因素，可以给出一个权重。

如果关注风险，那么风险方面的权重可以大一点；如果战略目标更重要，则战略目标的权重更大一点，然后就 A、B、C、D 四个方案，在每个选择下、每个因素下给出一个分值，可以是百分制、十分制，打分之后，最后计算出综合评分，根据综合评分就可以确定项目的优先顺序，为项目的决策和项目选择提供支持，这是关于项目选择的方法（见表 3.7）。

表 3.7　项目选择综合评分模型

因　素	权　重	A	B	C	D
符合业务目标	0.25	90	90	50	20
有实力的发起人	0.15	70	90	50	20
强有力的客户支持	0.15	50	90	50	20
技术水平	0.1	25	90	50	70
工期	0.05	20	20	50	90
财务收益	0.2	50	70	50	50
风险大小	0.1	20	50	50	90
综合评分	1.00	56	78.5	50	41.5

B 方案的综合评分最高，所以 B 方案就是最佳投资项目。

7．决策树法

与多因素综合评价相似的方法还有决策树法。该方法利用了概率论的原理，并且利用一种树形图作为分析工具。其基本原理是用决策点代表决策问题，用方案分支代表可供选择的方案，用概率分支代表方案可能出现的各种结果，经过对各种方案在各种结果条件下损益值的计算和比较，为决策者提供依据。

假设某企业对产品更新换代，做出决策，现拟定 3 个方案。

（1）第一种方案是研制新产品，需追加投资 200 万元，若销路很好，可获利 800 万元；若销路较好，可获利 500 万元；若销路不太好，将会亏 400 万元；若销路很不好，则亏损 800 万元。假设销路很好、较好、不太好、很不好的概率分别为 0.4、0.3、0.2、0.1。

（2）第二种方案是推广旧产品，只需投资 30 万元，若销路很好，可获利 500 万元；若销路较好，可获利 300 万元；若销路不太好，将会亏 250 万元；若销路很不好，则亏损 450 万元。假设销路很好、较好、不太好、很不好的概率分别为 0.5、0.2、0.2、0.1。

（3）第三种方案是降低旧产品成本，需要投资 100 万元改造设备，若销路很好，可获利 600 万元；若销路较好，可获利 400 万元；若销路不太好，将会亏 100 万元；若销路很不好，则亏损 300 万元。假设销路很好、较好、不太好、很不好的概率分别为 0.3、0.5、0.1、0.1，如图 3.4 所示。

采用决策树法，需要先计算每种方案的期望收益，第一种方案的期望收益为 $0.4\times800+0.3\times500+0.2\times(-400)+0.1\times(-800)=310$ 万元，类似地可计算第二种方案和第三种方案的期望收益为 215 万元和 340 万元。每种方案的期望利润应分别为期望收益减去相应的投资，所以第一种方案的期望利润为 110 万元，第二种方案的期望利润为 185 万元，第三种方案的期望利润为 240 万元。假设期望利润最大的方案是可选方案，那么应该选择第三种方案。

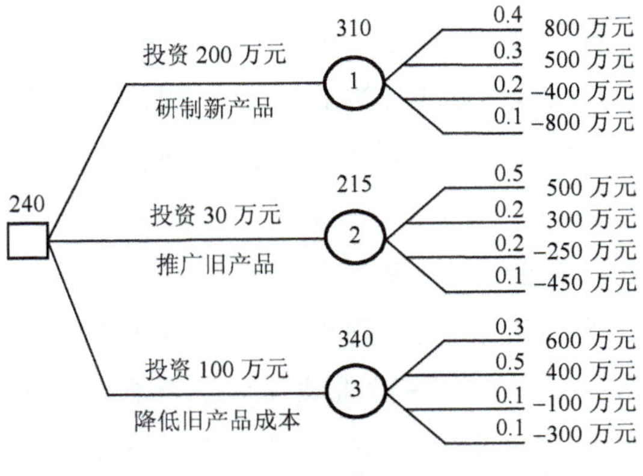

图 3.4　企业产品更新换代决策树

3.3　项目的计划阶段

“凡事预则立，不预则废”，这句老话说明了计划的重要性。就项目管理而言，项目计划就是项目实施的指南，并且这种指南要随着项目的不断进展而不断更新和细化。本节将先介绍项目计划的内容和作用，然后讲解如何编制计划。

3.3.1 项目计划的内容

计划工作是项目管理中最为重要的一环，因此项目管理中有很多计划工作。项目计划分两种：一是项目的领域计划（或称分计划或专项计划），每个项目管理知识领域都有一个分计划，如进度计划、成本计划等；二是项目的总计划，它是通过使用项目专项计划过程所生成的结果，即项目的各种专项计划，运用整体和综合平衡的方法所制定出的，用于指导项目实施和管理的整体性、综合性、全局性、协调统一的整体计划文件。一般先对项目管理的每个知识领域做计划，然后综合汇总得到项目的总计划。

一般来说，项目总体计划包含以下内容。

（1）项目范围计划。项目范围计划说明了项目的目标，以及达到这些目标所要完成的可交付物，并作为项目评估的依据。项目的范围计划可以作为项目整个生命期监控和考核项目实施情况的基础，以及项目其他相关计划的基础。

（2）项目进度计划。项目进度计划是说明项目中各项工作的开展顺序、开始时间、完成时间及相互依赖衔接关系的计划。进度计划是进度控制和管理的依据。

（3）项目成本计划。项目成本计划就是决定在项目中的每一项工作中用什么样的资源（人、材料、设备、信息、资金等），在各个阶段使用多少资源，成本是多少。项目成本计划包括资源计划、成本估算、成本预算。

（4）项目质量计划。项目质量计划针对具体待定的项目，安排质量监控人员及相关资源，规定使用哪些制度、规范、程序、标准。项目质量计划应当包括与保证和控制项目质量有关的所有活动。质量计划的目的是确保项目的质量目标都能达到。

（5）项目人力资源计划。人力资源计划就是要明确项目不同阶段对人员数量、质量及结构的要求。

（6）项目沟通计划。沟通计划就是要明确项目过程中项目干系人之间信息交流的内容、人员范围、沟通方式、沟通时间或频率等沟通要求的约定。

（7）项目风险管理计划。项目风险管理计划是为了降低项目风险的损害而分析风险、制定风险应对策略方案的过程，包括识别风险、量化风险、编制风险应对策略方案等过程。

（8）项目采购计划。项目采购计划过程就是识别哪些项目需求应该通过从本企业外部采购产品或设备来得到满足。如果是软件开发工作的采购，也就是外包，应当同时制定对外包的进度监控和质量控制的计划。

（9）变更控制、配置管理计划。项目变更控制计划主要是规定变更的步骤、程序。配置管理计划就是确定项目的配置项和基线，控制配置项的变更，维护基线的完整性，向项目干系人提供配置项的准确状态和当前配置数据。

3.3.2　项目计划的作用

一般来说，项目总体计划有以下几方面的作用。

1）指导项目的执行

项目计划是项目组织为了达到项目的各种目标，用于指导项目实施和管理的整体性、综合性、全局性、协调统一的整体计划文件。

2）激励和鼓舞项目团队的士气

项目计划中包括：项目的目标、项目的任务和工作范围、项目的进度安排和质量要求、项目的成本预算要求、项目的风险控制和变动控制要求与措施、项目的各种应急计划等。这些不但对项目组织的工作做出了规定，而且对项目团队也有一定的激励和鼓舞士气的作用。例如，项目的目标就有较大的激励作用，而项目进度安排中的各个里程碑对于项目团队的士气也有很大的鼓舞作用。

3）明确项目目标与基线要求

项目计划中最主要的内容是项目的各种目标和计划要求，这些计划指标和要求是人们制定绩效考核和管理控制标准的出发点和基准。通常，项目控制工作都需要根据项目计划去建立各种控制和考核标准。这包括两方面标准：一是考核项目工作成果的标准；二是项目产出物的管理与控制标准。这两方面的管理与控制标准都是根据项目计划制订的。

4）促进项目干系人之间的沟通

项目计划也是项目相关利益者之间进行有效沟通的基础，项目计划使全体项目相关利益者具备了沟通的平台。

5）统一和协调项目工作的指导文件

项目计划是对于项目各个部分或群体的工作进行统一和协调的指导文件，又是对于项目各个专项管理工作进行统一和协调的指导文件。项目计划是通过对项目各种专项计划的综合与整合而形成的一份协调和统一项目工作的文件。这一文件规定出了协调和统一项目各种工作的目标、任务、时间、范围、工作流程等，因此，它可以指导对于项目工作的协调和统一。这种指导作用十分有利于整个项目工作的顺利进行，特别是有利于在项目实施中避免多头的、矛盾的指挥和命令，防止项目组织或项目团队中不同群体“各自为政”。

3.3.3　项目计划的编制

项目计划的编制是从收集项目信息开始，然后确定项目所需完成的任务和所花时间，得到项目进度计划。再以进度计划为基础，得到成本计划、资源计划等。项目计划编制不是一次性的，应该是一个动态的编制过程，了解编制计划的策略对编制一个实用的项目计划非常重要。

1．项目计划的编制过程

由于项目计划是一个综合计划，在实际编制时需要分步骤进行。一般情况下，先编制依赖性领域（包括范围、进步和成本等）的子计划，在此基础上编制保证性领域的子计划。项目计划编制过程如图 3.5 所示。

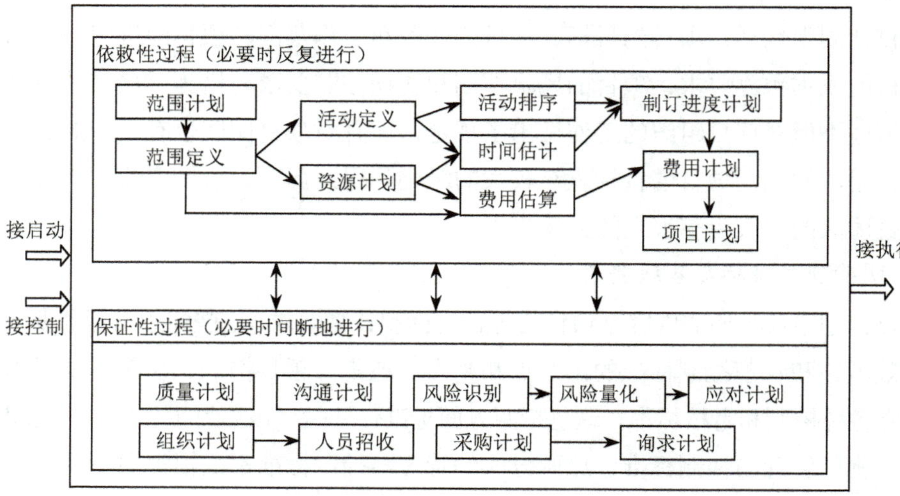

图 3.5　项目计划编制过程

具体来说，项目计划的制订要经过以下步骤。

（1）收集项目信息。通过收集与项目相关的信息，可以为项目计划的制订提供参考。收集的信息要尽可能地全面，既要有社会经济方面的信息，也要有具体项目的信息。特别与本项目类似的信息，可为本项目的进度、成本计划等提供参考。

（2）确定项目的应交付成果。项目的应交付成果不仅是指项目的最终产品，也包括项目的中间产品。如对于信息系统项目其交付成果可能包括：需求规格说明书、概要设计说明书、详细设计说明书、数据库设计说明书、项目阶段计划、项目阶段报告、程序维护说明书、测试计划、测试报告、程序代码与程序文件、程序安装文件、用户手册、验收报告和项目总结报告等。

（3）分解任务并确定各任务间的依赖关系。从项目目标开始，从上到下，层层分解，确定实现项目目标必须要做的各项工作，并画出完整的工作分解结构图（WBS，Work Breakdown Structure），得到项目的范围计划。确定各个任务之间的相互依赖关系，获得项目各工作任务之间动态的工作流程。

（4）确定每个任务所需的时间和团队成员可支配的时间。根据经验或应用相关方法给定每项任务需要耗费的时间；确定每个任务所需的人力资源要求，如需要什么技术、技能、知识、经验、熟练程度等。确定项目团队成员可以支配的时间，即每个项目成员具体花在项目中的确切时间；确定每个项目团队成员的角色构成、职责、相互关系、沟通方式，得到项目的人力资源计划和沟通计划。

（5）确定管理工作。项目中有两种工作：一是直接与产品的完成相关的活动；二是管理工作，如项目管理、项目会议、编写阶段报告等。这些工作在计划中都应当充分地被考虑进去，这样项目计划会更加合理，更有效地减少因为计划的不合理而导致的项目进度延期。

（6）根据以上计划制订项目的进度计划。进度计划应当体现任务名称、责任人、开始时间、结束时间、应提交的可检查的工作成果。

（7）在进度计划基础上考虑项目的成本预算、质量要求、可能的风险分析及其对策，需要公司内部或客户或其他方面协调或支持的事宜，制订项目的成本计划、质量计划、风险计划和采购计划等其他领域计划。

（8）项目总体计划的整合、评审、批准。得到各分项的计划之后，需要集成为项目的总体计划，简称项目计划。项目计划书评审、批准是为了使相关人员达成共识、减少不必要的错误，使项目计划更合理、更有效。

项目计划编制过程的结束以项目计划的确认为标志。项目组在项目计划制订完成后，应该对项目计划予以确认，只有确认的项目计划才能作为项目实施和控制的现实性指导文件。项目计划的确认，应该包含 3 个方面：一是项目管理团队对计划的认可，保证项目团队成员都对其有充分的理解和认可；二是组织管理层和项目涉及的相关职能部门对计划的认可，只有他们认可了，才可能为项目实施提供资源基础和行政保障；三是项目客户和最终用户对项目计划的认可，他们的认可可以明确项目管理及其实施的分工界面、明确项目的具体目标、清楚界定双方责任，从而增强了项目的透明度、提供客户满意程度。只有经过上面 3 个层次的确认，计划才能付诸行动，才是指导项目实施的基准计划。

2. 项目计划的编制策略

项目计划的编制是一项很有挑战性的任务，在编写时特别需要注意以下策略。

1）项目计划的编制是一个滚动的过程

由于项目的独特性，项目计划不可能是一个静态的计划，不是在项目计划阶段一次就可以制订的。一般可以先制订一个颗粒度相对比较粗的项目计划，确定项目高层活动和预期里程碑，然后根据项目的执行情况及外界环境的变化等因素不断地更新和调整项目计划。只有经过不断的计划制订、调整、修订等工作，项目计划才会从最初的粗粒度变得非常详细，这样的项目计划不但具有指导性，还具有可操作性。实际上，编制项目计划的过程就是一个对项目逐渐了解和掌握的过程，通过认真地编制计划，项目组可以知道哪些要素是明确的，哪些要素是要逐渐明确的，通过渐近的明细不断完善项目计划。

2）注重项目计划的层次性

对于大型项目，其中可能又包含多个小项目。这样就有了大项目计划和小项目计划，形成项目计划的层次关系。

3）重视与客户的沟通

与客户进行充分的交流与沟通是保证项目计划实施的必要条件。项目计划取得双方签字认可是一种好的习惯。客户签字意味着双方有了一个约定，既让客户感觉心里踏实，也让自己的项目组有了责任感，有一种督促和促进的作用。

4）编制的项目计划要现实

制订项目计划仅靠“个人经验”是不够的，要充分鼓励、积极接纳项目干系人（包括客户、公司高层领导、项目组成员）来参与项目计划的制订。此外，编制项目计划时要充分利用一些历史数据，如项目计划的模板等。

5）尽量利用成熟的项目管理工具

利用现有的项目管理工具，可以极大地提高项目计划的编制效率。许多项目管理工具都带有项目计划模板，编制项目计划只要选择一个模板大纲，然后在此基础上再做细节方面的修改就可以了。

3.4 项目的实施阶段

随着项目生命期进入了实施阶段，资源利用也随之增加，控制力度也就不断加强。项目实施的过程虽然是执行项目计划的过程，但同时也是检验项目计划的一个过程，更何况是面临更多实际的情况，因此就需要控制调整，保证项目不偏离目标。

3.4.1 项目实施阶段的主要工作

根据项目生命期的特点，在项目实施阶段，项目的投入最多，跨越时间也最长。项目实施阶段是项目生命期的主体。在这一阶段，主要工作包括两部分：一是项目的执行工作，主要是执行项目进度中规定的各项工作；二是项目的控制工作，防止变更和处理变更。具体来讲，项目实施阶段工作包括：

（1）执行项目 WBS 中的各项工作；

（2）跟踪、记录项目执行中的进度、成本及范围变更等信息；

（3）将收集到的信息与项目最初原定计划进行比较；

（4）对项目的偏差和变更进行控制。

项目实施的流程如图 3.6 所示。项目实施根据项目总体计划，在一个报告期结束后，根据执行报告得到的实际执行信息与基准计划进行比较，并交给上层领导审查，如果发现有重要变更，则应调整计划，并采取相应措施，如果没有则顺利进入下一个报告期。

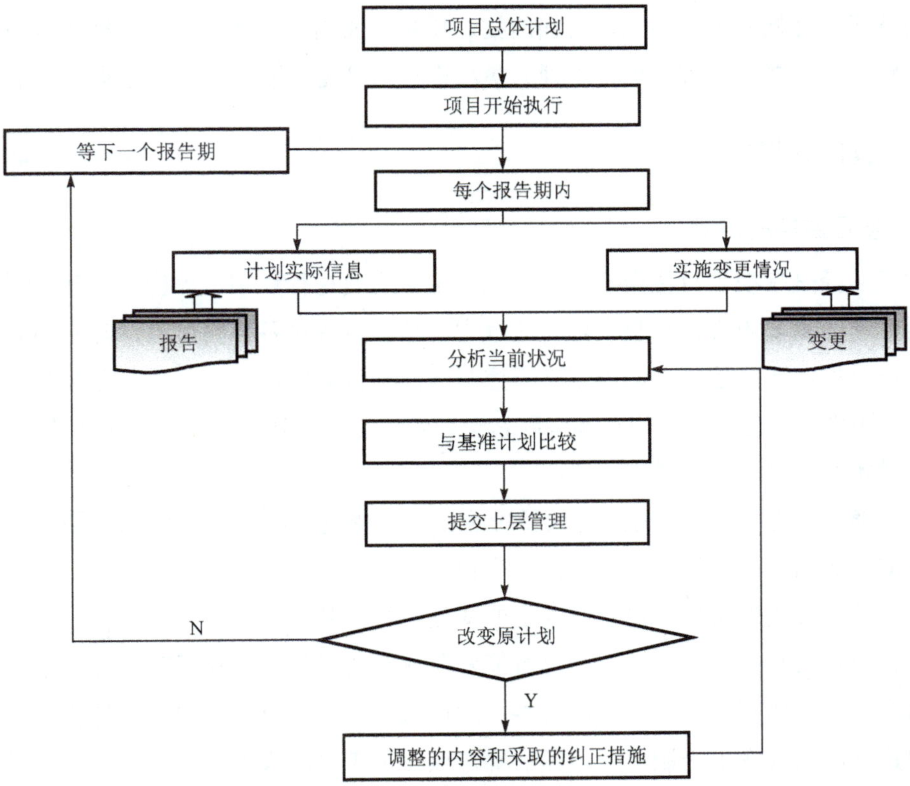

图 3.6　项目实施的流程

3.4.2　项目的执行

项目的执行是为了实现项目目标，完成项目规定的最终交付成果所开展的一系列具体、实际的活动，是准确、及时完成项目中的各项工作，并得到客户满意和认可的过程。在这阶段，大部分的工作都是与项目最终成果相关的专业性活动。从项目管理角度来讲，项目执行的主要任务包括项目团队的建设和发展、项目沟通管理、项目按计划的执行过程及项目的采购管理等典型活动。

项目团队的建设和发展是项目执行时的重要任务，高效的项目团队能保证整个团队是富有战斗力的，为项目执行提供人力资源保证。高效项目团队的标志是团队成员有明确的目标和共同的价值观、高昂的士气，并且有融洽的关系和平常的交流、有效的激励机制。另外，在项目执行过程中，要做好项目团队成员的沟通，要建立一个顺畅的信息沟通渠道。一般来讲，项目团队的沟通包含正式的沟通和非正式的沟通。正式的沟通是项目正式的报告，如进度执行报告、成本执行报告、质量监测报告，以及工作周报、月报等。非正式的沟通包括各种碰头会、聚餐会等。

在项目执行时，还要做好项目的文档管理。为了保证文档版本的一致性，在项目执行之前就要对文档的输出格式、文档的描述质量、文档的具体内容、文档的可用性进行明文规定，并且要求所有的项目管理人员严格按照规定的要求输出、记录、提交文档。

3.4.3　项目的监控

1．项目监控的内容

项目监控是指在项目生命期的整个过程中对变更进行识别、评价和管理。项目监控是项目管理的重要内容，在整个项目过程中，总会有各种各样的风险，时刻都有变更发生，所以早控制比晚控制好，控制比不控制好。项目监控包含以下 3 个方面的内容。

（1）识别变更的发生。识别哪些因素会导致变更，并分析变更对项目的范围、质量、进度、成本等关键目标所带来的影响。

（2）确认变更的发生。有些对项目影响较大的变更，要交给变更控制委员会（CCB，Change Control Board）进行审批，确认变更已经发生。

（3）管理变更的发生。对已经发生的变更进行控制和管理。

项目监控的目的有两个：一是尽可能避免变更的发生，为此要确保客户充分参与，及时组织评审，倾听客户意见，保持客户沟通渠道畅通，及时反馈；二是要控制变更，为此要建立严格的变更控制流程，评估确定该变化带来的成本和时间的代价，再由客户判断是否接受这个代价。这里强调一点，变更控制不是推卸责任的工具，有些变更是由于设计缺陷造成的，这样的变更开发方应该承担责任。

2．变更控制系统

项目的监控需要一整套变更控制系统。变更控制系统是一系列正式的、文档式的程序，它定义了正式的项目变更的步骤。变更控制系统包括文档工作、跟踪系统和用于授权变更的批准层次。

许多变更控制系统包含变更控制委员会（CCB），负责批准或否决项目变更请求。变更控制委员会的权利和责任需要明确定义，并应征求主要项目干系人的同意。对于大型、复杂的项目，可能会有多个不同职能的变更控制委员会。

变更控制系统应该包括某些程序，用来处理无须审查而批准的变更。例如，由于紧急原因，典型的变更控制系统会允许对某些确定类型变更的“自动”确认，当然，这些变更事后仍需进行文档整理并归档，以保证不在后续的项目管理中引起麻烦。

3.5　项目的收尾阶段

项目收尾是项目生命期的最后一个阶段。项目结束阶段，项目组要移交工作成果，帮助客户实现商务目标；系统交接给维护人员；结清各种款项。项目完成一段时间后，一般还应进行项目后评估。

3.5.1　项目收尾阶段的主要工作

1. 项目收尾的类型

项目收尾：结束所有项目管理过程组完成的所有活动，正式结束项目，移交已完成或取消的项目。项目收尾包含以下两种类型。

1）合同收尾

合同收尾主要是针对项目组的外部来讲，是指为完成与结算签订的合同所必需的过程，包括解决所有遗留问题并结束每一项与本项目或项目阶段有关的合同。合同收尾包括结清与了结项目的所有合同协议，以及确定配合项目正式行政收尾的有关活动时需要的所有活动与配合关系。

2）管理收尾

管理收尾也叫行政收尾，是对项目内部来讲的，管理收尾包括一系列零碎、烦琐的工作，如收集、整理项目文件；对外宣称项目已经结束；进行经验教训总结，发布项目信息，重新安排项目人员，庆祝项目结束，总结经验教训等。

2. 项目收尾阶段的主要工作

具体来说，项目收尾阶段的主要工作包括以下内容。

（1）对项目产生的结果进行验收评估。当项目组完成项目的所有任务后，应该协助相关方面对项目进行验收，以确保项目事先规定的工作范围都得到了圆满完成，同时检查项目完成的任务是否符合客户的要求，确保客户在合同中的要求都得到了满足。

（2）将项目结果移交给客户。对于信息系统项目而言，移交既包括软件及其文档的移交、硬件的安排，也包括对客户员工进行相应的培训。

（3）总结经验教训，形成案例。分析项目成败的原因，收集吸取的教训，以及将项目信息写成案例供本组织将来使用。

（4）项目团队解散，项目人员安置。

3.5.2　项目移交与总结

一个成功的项目，不但要保证生产合格的项目产品，高质量地完成项目章程中规定的可交付物，还要重视项目移交和项目总结。

1．项目移交

在 IT 行业，特别是信息系统用户的业务经常是在不断变化的，软件要进行维护和升级，这也是软件企业的收益增长点。良好的客户关系，可以使软件企业和客户保持合作关系，为今后的软件项目带来生机。为保持一个长久持续的客户关系，项目移交时的态度和表现就尤为重要，它会直接影响客户对最终产品的态度，也最终影响对项目的评价，以及客户对软件企业的认可。良好、顺利、友好地完成移交，将消除客户对产品产生的许多顾虑，有利于树立软件企业的良好形象。

2．项目总结

对 IT 企业自身来讲，项目结束后还应对项目进行总结，并形成一个项目总结报告。项目总结报告与交给客户的移交报告不同，是作为企业内部审核项目的执行是否达到预期目标的依据，为今后项目的计划和执行提供历史资料和经验教训。项目执行完毕，每个项目成员都应该总结一下项目执行的得与失、成与败。这样有两个作用：一是为员工个人的成长积累经验；二是为将来的项目提供借鉴，特别是对类似的项目，在管理上、技术上、开发过程上都是一笔财富。一些好的做法可以成为今后类似项目的模板，项目管理方法论来自于最佳实践，是由实践上升为理论的。认真撰写的项目总结，既是项目可持续发展的必要，也是对项目和项目组成员的尊重。

3.5.3　项目后评估

项目后评估主要是针对项目发起方来讲的。所谓项目后评估，就是在项目完成并投入使用一段时间后，对项目的运行及其所产生效益进行全面评价、审计，将项目决策初期效果与项目实施后的终期实际结果进行全面、科学、综合的对比考核，对项目投资产生的财务、经济、社会和环境等方面的效益与影响进行客观、科学、公正的评估。

从评估方法来讲，项目后评估的方法主要有前后对比法和有无对比法。前后对比法对项目实施前后的情况进行比较，属于一种静态评估方法；有无对比法对有项目时的效益和无项目时的效益进行比较，属于动态评估方法。前者的缺点是没有考虑项目的变化趋势，未能排除其他因素对项目的影响；后者的缺点是需要对无项目时的变化趋势进行预测，但这往往比较难。

通过项目后评估，可以验证该项目能否支持企业战略，可以检验项目立项评估的理论和方法是否合理，决策是否科学，从中借鉴成功的经验，吸取失败的教训，为今后同类项目的评估和决策提供参照和分析依据。

思考题

（1）什么是项目生命期，有何特点？通用生命期与专用生命期的区别是什么？做此区分有何意义？

（2）项目启动阶段的主要工作有哪些？

（3）简述项目可行性研究的意义，如何进行可行性研究？

（4）请列出项目选择的方法并对每一种方法做简要解释。

（5）有人说，计划不如变化快，还有人说，做计划太浪费时间，还不如用在实际工作上，你对这两个观点是怎么看的？

（6）如何编制项目计划？

（7）项目实施阶段的主要工作有哪些？

（8）项目收尾阶段的主要工作有哪些？

（9）为什么要进行项目后评估？项目后评估的方法主要有哪些？

第4章

信息系统项目范围与采购管理

项目范围管理是项目管理中至关重要的一个内容，这是因为，只有项目的范围即项目的边界确定了，才能在此基础上开始编制其他的计划。否则项目要完成哪些内容都不清楚，根本谈不上项目的进度计划、成本计划、质量计划，人力资源计划也就无的放矢了。对于信息系统项目来说，范围管理尤为重要。这是因为信息系统项目最常见的问题之一就是需求不断扩大，边界不够清晰。确定了项目的范围之后，还要明确哪些是项目团队要自己去完成的，哪些是需要采购或外包的。

本章首先介绍项目合同的签订，然后阐述需求调研的内容，在此基础上，分别讲解项目的范围管理和采购管理的内容。

4.1　信息系统项目的合同签订

信息系统项目的建设方选定之后，项目的用户方就必须尽快和建设方签订合同，并且尽快启动项目。一份完善的合同对信息系统项目的成功至关重要。合同应当保障实现用户方和建设方两者的目标，对待双方都应公平合理。合同的内容要清楚明了，应使双方及第三方（法庭）都对合同能够有一个清晰的理解。

合同必须是用户方和建设方双赢的结果，双方达成共识的层面必须是全面的，从而具有一致的商业含义，但又必须有一定的柔性，以涵盖业务中的变化，使双方不必再次回到谈判桌前。

4.1.1　合同的一般格式与主要内容

合同是交易双方签订的法律文件，是双方产生争议时协调、仲裁或诉讼的基点，所以合同应该尽可能完备，虽然合同不可能涵盖所有的不确定性，但是合同应该制定处理变更和争议的方法。

信息系统项目建设合同一般格式包括：合同的名称（如××公司信息系统委托建设合同），甲方（用户）、乙方（建设方）、合同的主要条款、甲乙双方的签字盖章、合同的签订日期。

合同中一般应该包括如下的语句：甲乙双方经过协商和谈判达成了本协议，并经双方协商一致制定如下条款。合同的条款应该包括如下主要内容。

（1）标定的范围，即开发的信息系统的目标和功能描述。信息系统的需求应该明确并可以度量，不能采用含糊的词语。

（2）合同期限。双方协议的起止日期。

（3）费用。该条款约定双方的合同价格。按照酬金的计算方式，可以划分为固定价格合同和成本补偿合同等多种方式。

（4）进度和质量。规定信息系统项目的进度和检验标准。以什么样的进度递交原形和中间结果、采用什么样的测试方法和测试环境、验收测试的方法和程序及每一测试阶段的验收标准、总体的资料要求及培训，以及对双方的准备、标准、时间表和责任都应做出规定。

（5）争议的解决。争议的解决方式包括协商、调解、仲裁和诉讼，对此双方需要在合同中进行约定。仲裁或诉讼的适用法律、地点、费用的承担都应该做出约定。

（6）保证和责任的限定。约定双方的承诺和保证内容，如建设方关于该项合同的订立不与建设方作为一方的与其他方签订的任何合同相抵触；建设方是一家具有正式组织、有效存在并严守国家法律的公司等。用户方也应该做同样或类似的承诺。

（7）合同到期和终止。一旦合同的有效期限届满，建设方和用户方应按照“合同到期和终止程序”部分的约定履行。

（8）其他条款。包括变更、知识产权、分包、保密、不可抗力等条款。

4.1.2　合同的类型

合同的签订涉及合同的谈判、计价的原则、条款的设计及具体的格式等问题，本节仅对合同的类型做一些简单的讨论。

用户方与建设方之间必须签订合同，因为合同是一种工具，是用户方与建设方之间的协议，是双方确保项目成功的共识与期望。建设方同意提供产品或服务（交付物），用户方则同意作为回报付给建设方一定的酬金。按照酬金的计算方式，可以分为两个基本的合同类型：固定价格合同和成本补偿合同。

1. 固定价格合同

固定价格合同又称为固定总价合同或总价合同。在固定价格合同中，用户方与建设方对所约定的工作达成一致价格。价格保持不变，除非用户方与建设方均同意改变。这种类型的合同对于用户方来说是低风险的，因为不管项目实际耗费了建设方多少成本，用户方都不必付出多于固定价格的部分。然而，对于建设方来说，固定价格合同是高风险的，因为如果完成项目后的成本高于原计划成本，建设方将只能赚到比预计要低的利润，甚至会亏损。

投标于一个固定价格项目的建设方必须建立一种精确的、完善的成本预算，并把所有的偶然性成本都计算在内。然而，建设方又必须小心，以免过高估计申请项目价格，否则别的竞争性建设方将会以低价格竞标而被选中。

2. 成本补偿合同

在成本补偿合同中，用户企业同意付给建设方所有实际花费的成本加上一定的协商利润，而不规定数额。这种类型的合同对用户来说是高风险的，因为建设方的花费很有可能会超过预计价格。在成本补偿合同中，用户企业通常会要求建设方在项目整个过程中，定期地将实际费用与原始预算做比较并向用户通报，并通过与原始价格相比，再预测成本的补充部分。这样，一旦项目出现超过原始预算成本的迹象，用户企业就可以采取纠正措施。这种合同对于建设方来说是低风险的，因为全部成本都会由用户补偿。建设方在这种合同中不可能会出现亏损。然而，如果建设方的成本确实超过了原始预算，建设方的名誉就会受到影响，从而又会使建设方在未来赢得合同的机会降低。

可以根据用户方与建设方对于相关合同类型的风险程度制作一个简表(参见表 4.1)。一般来讲，固定价格合同对于一个仔细界定过的低风险的项目是最合适的，成本补偿合同对于风险高的项目是合适的。

表 4.1　不同合同方式的风险比较

合同方式	用户企业	建设方
固定价格合同	风险低	风险高
成本补偿合同	风险高	风险低

当然，许多用户方认为自己相对于建设方而言，风险更不容易辨识和控制，于是用户方一般都会强烈要求采用固定价格合同，将风险控制在设定的合同价格之内。这种情况下，建设方应该尽量争取用户签订一个灵活的合同，维护阶段开始之前采用固定价格方式，而维护阶段则采用成本补偿方式。其实，维护阶段风险已经降低了许多，更适合采用固定价格合同，但由于用户对服务的价值认识不足，所以在现阶段还是推荐采用成本补偿合同。两种合同方式结合使用的难点在于维护阶段开始时间的确定。

除上述两种合同方式外，还有一种合同方式，即“单价合同”。所谓单价合同，是指给出了所用产品的数量和型号要求，只需就不同型号产品的单价签订合同的方式。这种合同，在信息系统项目的计算机硬件或网络设备的采购过程中可能会用到，一般不适用于软件开发合同。

4.1.3　合同条款中需要注意的问题

信息系统项目建设合同与其他合同一样，必须以可计量或可测试的方式规定项目的范围、质量、进度和成本等目标，同时还要规定双方的权利和义务。除此之外，根据经验，签订信息系统项目合同时除要注意前面说到的一般格式外，还必须注意以下问题。

1．应有成本超支或进度计划延迟的通知条款

因为成本超支或进度延迟不通报，很有可能造成建设方通过简化功能模块、忽略系统优化等手段控制成本、加快进度，从而使用户企业蒙受损失。所以，一旦出现实际成本或预期成本将超支或进度计划将延迟的迹象，项目的建设方必须及时通知用户企业，并提交书面的原因及纠正措施计划，以使成本回到预算内来或进度计划回到正常轨道上来。

2．分包商的限制条款

建设方在雇用分包商执行项目任务之前，必须通知用户企业，并要提前征求用户企业的同意。如果层层转包，那么项目建设费用扣除层层转包利润，可能已经不足以建设整个项目了，所以，这样的项目大多数会失败。

3. 明确用户承担配合义务的条款

对于用户企业来讲，建设一个信息系统应尽的义务不只是向建设方付款，很重要的一点是要进行业务流程的规范化和数据的标准化，并且在用户方中推行。同时，用户方需要提供与待建设信息系统有关的文件、资料和商定的设备，以及用户方交给建设方的日期。这项条款保护了建设方的利益，避免由于用户方配合不到位，而导致进度计划中时间的推后，这种情况一旦发生，责任应由用户方负责。如有必要，还可以在合同中规定用户如果签收了建设方的阶段性成果，但没有在规定的时间（如一周或两周）内反馈意见，则视同甲方（用户）已经同意并接受乙方（建设方）的成果，这样才不至于造成无休止的等待从而延误建设方的开发进度。

4. 有关知识产权的条款

这涉及在建设信息系统过程中产生的知识或软件的所有权问题。软件的版权比较好理解，而知识的所有权则常被用户方忽略。例如，铁路货车维修行业的故障编码，由于车型的不同涉及的故障非常多，好的编码需要做详细的调查分析，投入大量的人力、物力，工作量比较浩大，这样的编码一旦形成，即具有知识产权的性质，甚至可以申请专利。

在合同里，需要明确上述知识产权的归属，如果归双方共有，还应明确各自所占的比例。要强调的是，不同的知识产权安排将导致项目建设费用的不同，对于可推广的项目有时甚至是数量级的差别。

5. 有关保密协定的条款

出于商业竞争的考虑，可以在合同中规定任何一方向其他方透露有关该信息系统项目的情况，或把项目有关机密信息、技术或该项目中另一方的工作过程用作其他用途时必须征得另一方的书面同意或授权，否则视为侵权。

6. 有关付款方式的条款

在合同中应明确付款方式。这里很重要的一点是在付款方式条款中要相应界定一些里程碑，在这些里程碑上的可交付物（如详细设计报告）提交之后，按一定百分比付款。

7. 有关奖罚的条款

对于信息系统的使用将严重影响用户方在日常经营中与同行竞争的项目，用户方应该在合同中规定奖罚条款，以确保项目的质量和进度能按期实现。一方面，如果建设方提前或高于用户方要求标准完成项目，用户方将付给建设方奖金。另一方面，如果项目到期没有完成或没有满足用户方要求，用户方将减少付给建设方的最终款额，甚至处以罚款。例如，如果超过了要求的项目完成日期，每周甚至罚合同总额的 1%，最大数额可达 10%。迟于计划 10 周就可能会使建设方的利润消失，导致亏损。

8．有关需求变更或追加的条款

用户方如果在信息系统项目实施过程中有较大的需求变更或较大的需求追加，而导致项目不能顺利进行或延迟完成，所产生的后果应由用户方承担，并相应追加建设经费。要提及的是，在不同阶段提出的追加需求导致的追加费用大体是差不多的，但是不同阶段提出的需求变更导致的追加费用可能是成倍数增长的。

此外，如果建设方调整信息系统的功能，从而将变更用户方需求，那么建设方必须书面通知用户方并征得同意，否则用户方可以据此索赔。不管是哪方对需求进行了变更，都应该填写规范的需求变更申请书。需求变更申请书的表格应作为合同的附件存在。

9．有关纠纷的解决条款

如何处置合同纠纷对双方当事人都极为重要，项目开始时由于双方都很友好，对此条一般都没有给予重视。但作为一个完备的合同，此条款也应该认真商定。处置合同纠纷的主要方式有：协商解决、调解解决、仲裁解决和诉讼解决。项目进行过程中填写的变更申请书、双方签字确认过的各类文书是处理纠纷的重要依据，平时需要妥善分类保管。

协商解决的优点在于：无须经过仲裁或司法程序，省去仲裁和诉讼的麻烦和费用，气氛比较友好，而且双方协商的灵活性较大，更重要的是协商解决可以给双方留下很大的余地。

调解解决是由第三者从中调停，促使双方当事人和解。调解可以在交付仲裁和诉讼前进行，也可以在仲裁和诉讼过程中进行。通过调解达成和解后，即可不再求助于仲裁或诉讼。

仲裁解决，也称“公断”，是指双方当事人根据双方达成的书面协议自愿把争议提交给双方同意的仲裁机构进行裁决，由其依照一定的程序做出裁决。对仲裁机构的仲裁裁决，当事人应当履行。如果当事人一方在规定的期限内不履行仲裁机构的仲裁裁决，则另一方可以申请法院强制执行。

诉讼解决，是指司法机关和案件当事人在其他诉讼参与人的配合下为解决案件依法定诉讼程序所进行的全部活动。当事人在提起诉讼前应该充分做好准备，收集有关对方违约的各类证据，进行必要的取证工作，整理双方往来的所有财务凭证、信函、电报等；同时，向律师咨询或聘请律师处理案件。

要注意的是，在合同中只能选择仲裁或诉讼一种方式，如果选择诉讼，当事人在采取诉讼前，还应注意诉讼管辖地和诉讼时效问题。

4.2　信息系统项目的需求调研

需求调研会发生在两个重要时期，一是合同签订之前，二是合同签订之后。合同签订之前主要为了大致地确定项目的需求和边界，以及为了用户方进行可行性分析的需要，一般来说这个时期的需求调研相对合同签订之后的调研来说要粗略得多，主要是用户方发起或主导的。合同签订之后，建设方需要进一步细化需求，与用户方进一步明确项目的边界，对项目的需求进行优先级的划分，这个时期的需求调研非常具体和深入，一般是由建设方主导的。以下讲述的内容主要是针对合同签订之后的调研，当然，合同签订之前的调研也可以参考使用。

4.2.1　信息系统项目的需求分析

为了确定项目的范围和详细内容，要对信息系统的需求进行分析。要确定对目标系统的综合要求，并提出这些需求的实现条件，以及需求应达到的标准，也就是解决要求所开发信息系统做什么，做到什么程度。

1．功能需求与非功能需求

（1）功能需求：列举出所开发信息系统在功能上应做什么，这是最主要的需求。其中，功能性需求又应该根据对用户方的重要程度和迫切程度分为以下 3 类。

A 类：必须做什么（need），这一部分需求是一个信息系统的核心需求，一般也是立项的初衷，是必须要实现的，如果这部分需求不实现，用户方绝对不会满意。

B 类：应该做什么（want），大部分的需求都属于这一类。

C 类：可以做什么（wish），这一部分需求实现的功能对用户方目前来讲不是很急迫，但一般都采用了比较新的技术或新的方法，所以，尽管这部分的需求不多，但会花掉很大的一笔预算。

（2）性能需求：给出所开发信息系统的技术性能指标，包括存储容量限制、运行时间限制、传输速度要求和安全保密性等。

（3）资源和环境需求：这是对信息系统运行时所处环境和资源的要求。例如，在硬件方面，采用什么机型、有什么外部设备及数据通信接口等；在软件方面，采用什么支持系统运行的系统软件，如采用什么操作系统、什么网络软件和什么数据库管理系统等；在使用方面，需要使用部门在制度上或者操作人员的技术水平上应具备什么样的条件等。

（4）可靠性需求：信息系统在运行时，各子系统失效的影响各不相同。在需求分析时，应对所建设系统在投入运行后不发生故障的概率，按实际的运行环境提出要求。对于那些重要的子系统，或是运行失效会造成严重后果的模块，应当提出较高的可靠性要求，以期在开发的过程中采取必要的措施，使信息系统能够高度可靠地稳定运行，避免因运行事故而带来的损失。

（5）安全保密要求：工作在不同环境的信息系统对其安全、保密的要求显然是不同的。应当给这方面的需求恰当地做出规定，以便对所开发的信息系统给予特殊的设计，使其在运行中安全保密方面的性能得到必要的保证。

（6）用户界面需求：信息系统与用户界面的友好性是用户能够方便、有效、愉快地使用该系统的关键之一。从市场角度来看，具有友好用户界面的信息系统有很强的竞争力。因此，必须在需求分析时，为用户界面细致地规定达到的要求。

（7）成本消耗与开发进度需求：对信息系统项目建设的进度和各步骤的费用提出要求，作为对建设过程进行管理的依据。

（8）预先估计的可扩展性需求：在项目实施过程中，可对系统将来可能的扩充与修改做准备。一旦需要时，就比较容易进行补充和修改。

功能性需求是人们普遍关注的，但却常常忽视对非功能性需求的分析。其实非功能性的需求并不是无关紧要的，它们涉及的方面多而广，因而容易被忽略。一般来讲，建设信息系统的软件费用在很大程度上取决于功能性需求，而硬件和网络费用则在很大程度上取决于非功能性需求。通常来说，功能需求会成为界定项目范围的基础，而非功能需求则会表现为项目质量目标、进度目标或成本目标的一部分。

2．明确需求的方法

怎样明确上述所列的信息系统需求呢？一般来说可以从以下 3 方面去考虑。

（1）从含糊的要求中抽象出对信息和信息处理的要求。初始要求中，用户方常常把对人员、制度、物资设备的要求和对信息的要求混在一起提出来。在考虑信息系统时，应先把其他内容去掉，只留下对信息的要求。如果有的要求中既有对信息的要求，又有对其他方面的要求，则应该用抽象的语言把信息要求表达出来。

（2）对各种要求确定定量的标准。对于速度、时间等数量指标，必须经过调查研究确定具体的定量标准；对于质量等定性指标，也应该制定能够检查得比较具体的指标，如能够画出哪几种图表等。

（3）对于罗列出来的各种问题及要求，应认真分析它们之间的相互关系，根据实际情况抓住其中的实质需求。一般来说，这些罗列出来的问题之间有 3 种关系。第一种是因果关系，某一问题是另一问题的原因，只要前者解决了，后者就自然解决了，对于这类问题，说明目标时，只要抓住原因就可以了，结果不必再提。第二种是主次关系，若干问题都需要解决，然而，在实际工作中，绝对平列的问题是没有的，在一定的条件下，总有一方面是当时的主要矛盾，必须根据实际情况，切实抓住使用者目前最急需解决的问题，作为主要目标。第三种是权衡关系，某两项需求在实际工作中是矛盾的，此长彼消，此消彼长。这时使用者心目中往往有一方面是主要关心的，而另一方面则成为一种制约条件，要求保持在一定的可接受范围之内。哪一方面是主要的，在权衡中，双方可以接受的最低标准是什么，这都需要明确。当然，要从以上 3 方面去明确问题就必须进行调查研究。

4.2.2　信息系统项目需求调研的方法与步骤

上面对信息系统项目的需求做了一般分析，那么，信息系统项目的需求是如何得来的呢？是调查和收集来的。信息系统项目的需求调查过程实际上是各类原始素材的收集过程，相应的需求调研方法和步骤包括如下几个方面。

1. 阅读文献

在可能的情况下，对所有数据载体（即各类表格、记录、报告、手册等），以及岗位责任制、职责范围、规程手册、业务书籍等都要进行收集。弄清它们的来龙去脉、作用范围。这里要特别强调的是要阅读规程手册和与该用户单位业务有关的相关业务书籍，通过认真阅读，掌握该组织的基本业务术语和主要业务流程，以减少有关术语的歧义性，增加需求分析的准确度。

2. 实地考察

实地考察又称直接观察法。实地考察的目的之一就是尽可能接近事件发生地去研究真实的业务运作情况。作为观察者要遵守一定的规则，在观察时尽可能多听、少说或不说；尤其是要注意那些一闪即逝的有用信息。观察内容包括现行系统的实际布局、人员的安排、各项活动及业务流转情况。通过实地考察，可以增加系统开发人员的感性认识，有助于加快对组织业务流程和业务活动的理解。

3. 用户访谈

在采用上述两种方法进行调研之后，调研人员应该能够初步发现用户方旧系统（含人工系统）的问题所在，在此基础上，可以起草有针对性的访谈提纲。用户访谈可以采用多种形式，如一对一的访谈，专门针对一个部门的访谈，以及举行会议等形式都可以考虑。

面对面交谈，有机会采用各种灵活的方式收集信息，主要用于两个方面，一是获得信息；二是对书面资料、观察而获得的信息进行验证。面谈可以从上而下，从概括到细微，先由企业的领导开始，然后经中层至下层管理人员，甚至还可以扩大到全体职工。这样不仅能了解战略信息需要，而且能了解具体任务的信息需要。这种方法的成功与否主要依赖于信息分析员的提问水平。进行面谈时要注意以下几点。

第一，时间、地点、顺序要事先安排好，以保证有个安静的环境，且不易被打断。

第二，最好准备一个面谈提纲或问卷。要从系统目标出发，加上主观判断，规定调查的思路。带着主观偏见去收集信息是不对的，但无主观思路规定数据的范围，以相等的权重看待所有信息，则只能是眉毛胡子一把抓，丢了西瓜，拣了芝麻。在面谈开始时应该首先交代清楚面谈的目的和内容，然后作为一位聆听者而不是答辩者来开展具体的谈话，面谈时既要把握重点，又要注意提纲上未出现但可能很重要的信息。

第三，问题应该提得明确简洁。注意问题的提法和问题的提出顺序。

第四，提问时尽量采用开放性问题，让用户充分地阐述他们的需求。必要时还要追问，以使问题进一步深入和具体化。用户回答时要认真听，避免争论。

第五，建立友好的关系和气氛。

第六，应进行采访纪要整理，如果访谈前能够征得受访者同意，对访谈过程录音，那就更有利于访谈纪要的整理。访谈纪要应该返回给受访者修改完善。

4. 发放调查问卷

凡是要人们单独答卷的各种方法，几乎都属于问卷这一范畴。调查问卷方式的优点：比面谈节省时间，执行起来需要较少的技巧，答卷者有时间思考、计算、查阅资料，提供的信息更准确等。

发放调查问卷还有一个很重要的优点，就是用户可以将自己的各种需求，如初级的或高级的；眼前的或长远的；难以启齿的或可以公之于众的全部列在问卷上，显然，这需要一个前提，就是调查问卷不要求署名或签字。这种轻松的方式常常可以得到面谈预想不到的需求。因为在面谈的情况下，由于可能有其他人在场，并且需要确认签字，或由于各种难以明说的原因，需求可能是不完整的。

调查问卷可以得到全面的需求，当然，全面的需求并不是在一期项目中都需要实现的，调研人员可以与用户一起对这些需求进行分类，既可以分成ABC 3类，也可以分为第一期工程、第二期工程和后续工程等。这样，调研人员就能从一定程度上预测未来用户需求可能的变化。

调查问卷的缺点：回收率可能较低，许多人不能很好地表达自己的思想，尤其是回答发挥式问题时，许多人不愿动笔。另外，很重要的一点是设计一个好的调查问卷并不容易。

5. 业务专题报告

对于某些需要信息系统重点支持的业务需求或比较复杂的业务需求，最好能请用户的高层或有关业务的骨干为信息系统调研人员做专题报告。专题报告由于经过报告人的认真准备，所以系统性、逻辑性、完整性、准确性都较强，是提高调研效率的一个好办法。

要注意的是，在采用上述各种调研方法收集到所需信息后，应该将其记录下来，作为可行性分析报告的一部分。并且，做记录时应该尽量注意叙述的完整性、正确性、可检验等特征。下面有两个从实际的工程中选出的需求，叙述得就很不好。

【例 1】“系统应在不少于每 60 秒的正常周期内提供状态信息”

评述：这个需求是不完整的：状态信息是什么，如何显示给用户。这个需求有几处含糊。我们在谈论系统的哪部分？状态信息间隔真的假定为不少于 60 秒？甚至每 10 年显示一条新的状态信息也可以？问题的后果，就是需求的不可检验。

【例 2】“系统应瞬间在显示和隐藏不可打印字符间切换”

评述：瞬间是多长时间？计算机在瞬间能做什么？所以这个需求不清晰不完整。它的不完整性表现在没有声明触发状态切换的条件。而且，在文档中改变显示的范围是多大：是选中的文本还是整个文档？这也是个模糊的问题。不可打印字符和隐藏字符的含义一样吗？或者是一些属性标志或一些控制字符？问题的后果，也是需求的不可检验。像这样编写需求也许更好一些：“用户能够在一个由特定触发条件激活处于编辑的文档中在显示和隐藏所有 HTML 标记间切换”。现在就很清楚，不可打印字符是 HTML 标记。由于没有定义触发条件，需求对设计没有约束力。只有分析人员选定了触发条件后，才能编写测试验证触发的正确操作。

对待建设的信息系统项目进行认真的需求调研是确定项目范围与任务，编制项目计划的基础，一定要加以重视，只有这样，才能在一开始就为信息系统项目的成功创造好的前提。

4.3　信息系统项目的范围管理

用户方的需求调研结束以后，需要将用户的需求转化为信息系统项目的范围。在这里，需要强调“有界合理性”的思想。当设定信息系统的目标时，一定要确定一个合理的项目边界，也就是用户需求的范围，否则，承诺得越多，成功的可能性就越小，用户的失望就会越大。这就是有界合理性的思想。当然，范围不是不可以变更的，可以在范围基本稳定的情况下，将偶尔的范围变更纳入范围变更管理系统中，按照一定的程序或流程实施信息系统的范围变更。

4.3.1　采用价值工程方法确定项目范围

价值工程（VE，Value Engineering）又称价值分析（VA，Value Analysis），起源于 20 世纪 40 年代的美国。20 世纪 70 年代末被引入我国，在企业中迅速推广应用，取得了显著的效果。

价值工程中的价值是指对象（产品或劳务）具有的必要功能与取得该功能的总成本的比值，即效用（或功能）与成本之比，是对研究对象功能和成本的综合评价。其表达式为

$$V = F/C \tag{4.1}$$

式中，V 为价值（Value）；F 为功能（Function）；C 为成本（Cost）。

价值工程的原理说明，企业要提高产品价值，有以下 5 种思路。

（1）$F\uparrow$，$C\downarrow$：即功能提高，成本降低。这种途径当然很好，但由于两者反方向变化，一般很难实现。

（2）$F\rightarrow$，$C\downarrow$：即功能不变，成本降低。如过去的主流 PC 机型，在功能不变的情况下，市场价格持续下降，对于客户来讲，价值 V 在提升。

（3）$F\uparrow$，$C\rightarrow$：即功能提高，成本不变。如北京中关村市场上的主流计算机，这些年来价格变动不大，但功能比以前提高很多。

（4）$F\uparrow\uparrow$，$C\uparrow$：即在成本稍高的情况下，产品功能提高更多。如目前的背投电视、彩信手机等，尽管价格相比以前产品有小幅度提高，但相对于老产品来讲，电视和手机的功能比以前提高很多。

（5）$F\downarrow$，$C\downarrow\downarrow$：即在功能简化的同时，成本下降更多。如移动 PC（外观像笔记本电脑，但用的是 PC 的 CPU，没有内置电源），尽管比一般的笔记本电脑功能少一点，但价格远低于一般的笔记本电脑。正是由于移动 PC 产品的出现，使市场上笔记本电脑的总体价格拉低到万元以下，甚至是五千元以下。

开展价值工程活动的整个过程主要包括以下 3 个阶段。

（1）确定价值工程的工作对象，找出有待改进的产品或服务，即对象选择，并针对对象收集有关情报资料。

（2）对确定的对象进行功能分析，搞清对象现有哪些功能，相互之间的关系及这些功能是否都是必要的。

（3）制定改进方案，针对上述关键问题，提出改进方案并具体化，即具体改进方案。

同样的，对于已经调研得到的需求，也要结合成本的分析，追求好的功能成本比。事实上对任何一个企业来讲，信息系统不可能完成企业的所有事情，如前面所说，有些功能是必须的（need），而有些是应该有的（want），还有些是可以有的（wish）。换句话说，从需求层次上，信息系统的需求可以分为 A 类、B 类、C 类 3 个层次。A 类是一定要实现的。在经费较充足的情况下，B 类功能也一般需要；但是如果预算不充足的情况下，就可以不考虑 C 类的功能，因为 C 类的功能往往采用比较新的技术，需要更高的成本。按照价值工程的思路，C 类的功能是可以减少的。

基于以上的价值工程分析和用户方的预算安排，就可以确定调研得到的需求中哪些

功能是需要实现的，哪些是暂时不需要实现的，从而明确项目的范围，即项目的边界。到此，就完成了从用户方广泛的需求期望到信息系统项目明确的范围边界的转换。

4.3.2　范围的细化：工作分解结构的编制

项目范围明确以后，应该采用工作分解结构来细化项目的范围，描述每项具体的工作，以增加对项目直观的了解，也有助于工作的分配及进度和成本的估算。

1．工作分解结构的含义

工作分解结构（WBS，Work Breakdown Structure）是将项目逐层分解成一个个可执行的任务单元，这些任务单元既构成了整个项目的工作范围，又是进度计划、人员分配和成本计划的基础。

项目工作范围的结构分解，强调的是结构性和层次性，即按照相关规则将一个项目分解开来，得到不同层次的项目单元，然后对项目单元再做进一步的分解，得到各个层次的活动单元，清晰反映项目实施所涉及的具体工作内容，最终形成工作分解结构（WBS）图，项目干系人通过它可以看到整个项目的工作结构。

通过项目的工作结构分解，可以加强项目组成员对项目的共同认知，保证项目结构的系统性和完整性，还可使项目易于检查和控制。最重要的是，WBS 是制订进度计划、成本计划等其他项目管理计划的基础。

2．工作分解结构的表示形式

常用的工作分解结构表示形式主要有以下两种：树形图和缩进图。

1）树形图

树形结构类似于组织结构图，如图 4.1 所示。树形图的 WBS 层次清晰，非常直观，结构性很强，但由于涉及很多框，在计算机上不是很容易修改。

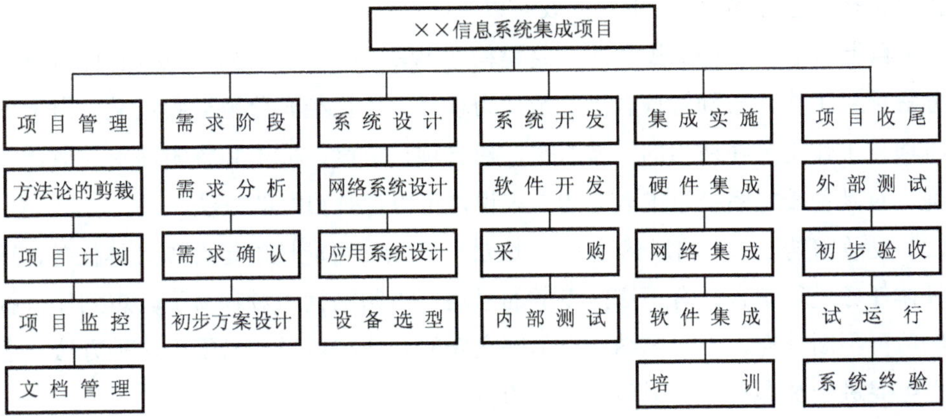

图 4.1　某信息系统集成项目工作分解结构

2）缩进图

缩进图类似于分级的图书目录，如表 4.2 所示。缩进图能够反映出项目所有的工作要素，可是直观性较差。对于一些大的、复杂的项目而言，内容分类较多、容量较大，用缩进图的形式表示比较方便，也可以装订成册，一般称为 WBS 手册或 WBS 字典。

工作分解结构的编码设计与结构设计是有对应关系的。结构的每一层次代表编码的某一位数，有一个分配给它的特定代码数字。如表 4.2 所示，WBS 编码是由 3 位数组成的，第一位数表示整个项目；第二位数表示子项目要素（或子项目）的编码；第三位数是具体活动单元的编码。

编码设计对 WBS 来说很重要，不管是高级管理人员还是其他层次员工，编码对于所有项目组来说都应当有共同的意义。

表 4.2　某信息系统开发项目工作分解结构表

工作分解结构			
工作编号	工作名称	负责人	资源描述
1.1.0	系统分析		
1.1.1	需求分析		
1.1.2	方案设计		
1.2.0	系统设计		
1.2.1	网络系统设计		
1.2.2	数据库设计		
1.3.0	系统开发		
1.3.1	软件开发		
……	……		

3．工作分解结构的创建方法

创建 WBS 是指将复杂的项目分解为一系列明确定义的项目工作并作为随后计划活动的指导文档。创建 WBS 的方法主要有以下 3 种。

（1）自上而下法（系统思考法）。这是构建 WBS 的常规方法，即从项目的目标开始，逐级分解项目工作，直到管理者满意地认为项目工作已经充分地得到定义。由于该方法可以将项目工作定义在适当的细节水平，对于项目进度、成本和资源需求的估计可以比较准确，对具备较好系统思维能力的人来说，可以说是很好的方法。

（2）发散归纳法（头脑风暴法）。让成员一开始尽可能地确定各项具体任务，然后将各项具体任务进行整合，有了这些零散的思路，再归纳就相对容易了。想到什么就记下来，然后再不断补充，不断归纳。对那些全新的系统和项目可以采用这种方法，通过该方法也可促进全员参与，加强项目团队的协作。

（3）模板参照法。如果存在以往项目的 WBS 模版，就会容易得多。可以借鉴别人的模板，如图 4.1 所示就是一个模板，以后其他的信息系统集成项目就可以参考采用了。

创建 WBS 的过程非常重要，因为在项目分解过程中，项目经理、项目成员和所有参与项目的职能经理都必须考虑该项目的所有方面。制定 WBS 的过程具体如下。

（1）得到范围说明书或工作说明书。

（2）召集有关人员，集体讨论所有主要项目工作，确定项目工作分解的方式。

（3）分解项目工作。如果有现成的模板，应该尽量利用。

（4）画出 WBS 的层次结构图。WBS 较高层次上的一些工作可以定义为子项目或子阶段。

（5）将主要项目可交付成果细分为更小的、易于管理的工作包。工作包必须详细到可以对该工作包进行成本和进度估算，能够安排进度、做出预算、分配负责人员。

（6）验证上述分解的正确性。如果发现较低层次的工作项目没有必要，则修改组成成分。

（7）在此基础上，建立一个 WBS 编号系统。

（8）项目 WBS 制定以后，应该组织评审，根据项目各方协调后的意见更新或修正。

分解的时候要注意一点，那就是 WBS 中没有上一层的那些工作（一般是底层），尽可能分解得工作量差不多大或成一定比例，这样便于后续的测算与管理。

4.3.3 信息系统项目的范围变更管理

项目很少会按计划原封不动地实施。预期的范围变更可能会要求对工作分解结构进行修改，或者分析其他替代方案。这时就要求在原来的基准计划基础上，进行修改和完善，得到一个更新后的计划。

范围变更经常发生在信息系统项目中，如果管理不当，可能导致项目无限期拖延。本节首先分析信息系统项目范围变更的原因，然后介绍范围变更控制的主要方法。

1. 信息系统项目范围变更的原因

在实际的信息系统开发中，用户经常提出各种新的需求，有的甚至在项目快接近验收时还在不断地提出新的需要，项目范围经常变更，最终可能导致项目无限期拖延。造成信息系统项目范围变更的原因主要如下。

（1）项目外部环境发生变化，如应用需求随着市场的变化而变化。

（2）项目需求的调研不周密详细，有一定的错误或遗漏，如在设计语音数据处理系统时没有考虑计算机网络的承载流量问题。

（3）国际上出现了或设计人员提出了新技术、新手段或新方案。在项目实施过程中，常常会出现在制订范围管理计划时尚未出现，但可以大幅度降低成本的新技术。

（4）信息系统的用户方本身发生变化。例如，由于项目的使用单位同其他单位合并或出现其他情况，项目的范围发生了变化。

（5）客户对项目、项目产品或服务的要求发生了变化。

范围变更对信息系统项目的成败有重要影响，造成变更的原因是多方面的。如果管理得好，范围变更可能意味着出现了新的利润机会；但管理得不好，可能导致项目的失败。所以，范围变更并不可怕，可怕的是缺乏有效的范围变更管理。因而通常说“不要问客户的范围是否发生了变更，而要问我们是否有效地管理了变更”。范围变更管理最重要的是建立行之有效的变更控制手段。事先要严格定义，事中要严格执行。变更控制流程中有四个关键控制点：授权、审核、评估、确认。在变更过程中要跟踪和验证，确保变更被正确执行。

2．信息系统项目范围变更控制的一般流程

为了更好地执行范围变更控制，建立有效的变更控制系统是变更控制的基础和关键。变更控制系统要求每次变更都必须遵循同样的程序，即相同的文字报告、相同的管理方法、相同的授权过程。具体应该包括：变更的制度、变更的流程、变更的表格、变更的会议等。对于大型项目和重要的项目，还应成立变更控制委员会（CCB，Change Control Board），作为变更控制的最高决策和管理机构，负责变更控制的一切事务。

一般来讲，范围变更的流程应该包括变更的提出、变更的分析、变更的确认和审批、变更的实施，以及变更实施效果评价等环节。

1）变更的提出

首先由提出变更的一方（如用户方、项目团队等）提出变更申请，填写变更申请书（参见表 4.3）。要注意的是，无论变更大小，都应填写书面的变更申请书。

表 4.3　项目范围变更申请书示例

<table>
<tr><td>申请日期</td><td colspan="3"></td><td colspan="2">变更内容的关键词</td><td colspan="2"></td></tr>
<tr><td>申请人</td><td colspan="3"></td><td colspan="2">归属子系统或模块</td><td colspan="2"></td></tr>
<tr><td colspan="8">变更内容：</td></tr>
<tr><td colspan="8">变更理由：</td></tr>
<tr><td colspan="8">对其他子系统的影响及所需资源</td></tr>
<tr><td colspan="3">申请人评估</td><td colspan="3">用户方负责人评估</td><td colspan="2">开发方负责人评估</td></tr>
<tr><td colspan="3"></td><td colspan="3"></td><td colspan="2"></td></tr>
<tr><td rowspan="2">是否
变更</td><td colspan="3">用户方负责人批复意见</td><td colspan="4">开发方负责人批复意见</td></tr>
<tr><td colspan="3"></td><td colspan="4"></td></tr>
<tr><td colspan="8">如果变更，那么</td></tr>
<tr><td>编号</td><td></td><td>优先级</td><td></td><td>执行人</td><td></td><td>结束时间</td><td></td></tr>
<tr><td colspan="4">开发方负责人
签发日期：</td><td colspan="4">用户方负责人
签发日期：</td></tr>
</table>

2）变更的分析

提出变更后，变更方应分析该变更对项目进度和成本的影响，并定位变更的性质，如到底是重大变更，还是一般变更？是索赔类变更，还是风险类变更？

3）变更的确认和审批

提出变更的一方和接受变更的另一方的主管要分别对变更进行确认，如果双方对于是否变更存有争议，必要时，可以提请变更控制委员会确认审批。

4）变更的实施

一旦变更得到双方主管确认和审批，接下来就是对变更进行实施，实施中要确认该变更的负责人，该变更的优先级，以及与该变更有关的项目干系人。

5）变更实施效果的评价

在变更实施后，要对变更的实施效果进行分析，给出相应的评价。到底是对双方都有利的“增值变更”，还是必须有一方要付出代价的“代价变更”呢？

实际上，以上变更管理的流程，不仅对于范围变更是适用的，对于进度变更、成本变更、质量变更、人力资源变更也都是适用的。

有了上述的变更申请书，一般来说，用户方的随意变更会大大减少。因为他要填写类似表 4.3 的表格，其中要填写对其他子系统的影响及所需资源，并且要用户方负责人评估。很可能用户方负责人会批评提出变更的用户方业务人员：“你怎么总是提变更，一开始需求分析怎么做的？”即使真要变更，也会慎重考虑，因为一旦在变更申请书上签字，这些文书将作为结算和索赔的重要依据。

4.4　信息系统项目的采购管理

项目的范围确定以后，还要明确哪些工作项目团队可以做，哪些工作成果可以到外部采购或外包。本节首先介绍采购的含义、流程，特别是供应商的选择方法，最后介绍外包的含义和管理流程。

4.4.1　信息系统项目采购的含义和内容

1. 项目采购的含义和方式

采购是从企业外部或项目团队外部获得产品或服务的完整的购买过程。通过高效、合理的采购可以达到增加公司利润的作用。本书将有效规划、管理和控制项目采购的过程称为项目采购管理的过程。

项目采购管理首先要明确采购的对象及其质量要求。对于项目采购的产品或服务，具体项目会有具体化的定义，但就产品或服务及其质量应该满足产品的 3 个条件。

（1）产品的通用性，项目采购的产品一定要是项目实际需要的，质量符合项目实际要求，不一定就是质量最好的产品，尽量避免使用需要进一步定制的产品。

（2）产品的可获取性，采购的产品必须是在项目要求的数量和工期内可提供的，即在项目实施过程中可及时得到采购的产品和相关人力资源。

（3）产品的经济性，在满足上述两个条件的情况下，在同类产品的供应商中选择成本最低的供应商，以此降低项目的成本。

项目中不同的产品或服务，根据项目执行的不同阶段和具体项目特点，采购的时间和地点应该有所不同，必须考虑每项采购的最佳时机，这样既可避免由于采购过早造成库存成本增加又可防止由采购延迟引起的项目工期延误等。对于采购的时机，不但要考虑项目的实际要求，还要考虑供应商提供产品的到货周期等相关因素。

采购的方式一般可以分为招标采购和非招标采购。招标采购是由投资方提出招标和合同条件，由许多供应商同时投标竞价。通过招标方式投资方一般可以获得很合理的价格和优惠的产品供应条件，同时也可以保证项目竞争的公平性。非招标采购多用于标准规格的产品采购，通过市场多方询价的方式选择供应商。采购方式还应考虑产品采购后的执行方式，如到货方式，是一次性的还是分批次的，是否需要航空运输，具体的交货方式和最终交货地点等。

2．项目采购的内容和数量

自制与外购决策分析是用于决定是在项目团队内部开发某些产品或进行某种服务，还是从团队外部购买这些产品或服务的项目管理技术。该技术利用平衡点分析法，来确定某种产品或服务是否可以由项目团队自己来实施完成，而且成本是很节省的。该技术不但考虑了提供产品或服务的内部成本估算，同时还与采购成本估算做了比较。另外，该分析还必须反映企业未来的发展前景和项目目前需要的关系。表 4.4 列出了选择自制或外购时通常要考虑的因素。

表 4.4　选择自制和外购的依据

对于自制的决策考虑	对于外购的决策考虑
期望成本更低	期望成本更低
业务功能更全面且便于操作	有效利用供应商的技术和能力
利用闲置的现有资源	技术能力有限或匮乏
保守设计/秘密进行	获取最新技术
避免不可靠的供应商	保持多渠道来源（多供应商）
稳定现有的人力资源	增加现有人力

项目所需产品的采购数量一定要根据项目实际情况来确定。对于使用在不同系统中的产品，要根据项目规模、特点，产品特点来衡量产品的使用情况，例如，有些产品是项目中使用的耗材品（或易耗品），就应有些盈余的考虑。当然，考虑采购数量的多少也是为了衡量是否可以通过批量采购得到一些优惠等因素，以此进一步降低采购成本等。

4.4.2 信息系统项目采购的一般流程

1．项目采购计划的编制

项目采购计划是谋划采购的内容、数量、时机和方式等内容，而不是凭空想象出来的。一份合理、详细的采购计划，需要寻找到合理、科学、符合实际情况的立足点来作为编制依据，这样才能保证采购计划的可执行性和有效性。编制采购计划时要在自制和外购分析的基础上，参考项目范围说明书、项目的产品说明书、市场条件等约束和假设条件来进行编制。项目采购计划编制的结果，一经企业管理层确认，将对项目的实际采购活动产生现实性的指导，是项目采购活动的一根基线。除编制采购计划外，还需要编制采购管理计划。采购管理计划应当阐述清楚对具体的采购过程将如何进行管理。

在制订采购计划的过程中，需要对采购的工作内容进行详细描述，得到相应的工作说明书。工作说明书是对采购所要求完成工作的描绘，也可以称为采购要求说明书。工作说明书相当详细地描绘了项目中的采购工作，以便供应商确定他们是否能够提供该采购项目的产品或服务，以及确定一个适当的价格。在一些行业和应用领域中，很多企业使用规定内容和格式的样本或模板来编制工作说明书。例如，表 4.5 所示就是一个工作说明书的模板，从表 4.5 中可以看到，工作说明书应该包括工作范围、工作地点、完成的预定期限、具体的可交付成果、付款方式和期限、相关质量技术指标、验收标准等内容。一份好的工作说明书可以让供应商对买方的需求有较为清晰的了解，便于供应商提供相应的产品或服务。

表 4.5　××项目工作说明书示例

项目采购执行人：	
工作说明书签发时间：	项目总监签字确认：

1．项目的目标详细描述

2．工作范围

—详细描述各个阶段要完成的工作

—详细说明所采用的硬件和软件及其功能、性质

3．工作地点

—工作进行的具体地点

—详细阐明软、硬件所使用的地方

—员工必须在哪里和以什么方式工作

4．产品及服务的供货周期

—详细说明每项工作的预计开始时间、结束时间、工作时间等

—相关的进度信息

5．适用标准

……

6．验收标准

……

7．其他要求

……

2. 项目采购的实施与管理

为了保证项目采购计划的有效性，按时、高质量地获得外部产品或服务资源，必须制定出项目的询价计划，最终形成具体采购文件和供应商评价的具体标准，包括明确何时开始询价、订购产品或服务、签订合同并进行合同管理，以确保采购的各种产品或服务能够在项目进展需求时及时到位。

1）采购文件的类型和编制

采购文件用于向可能的供应商征集建议书。最常见的两种文件类型分别是需求建议书（RFP，Request for Proposal）和报价邀请书（RFQ，Request for Quotation）。需求建议书是一种用于征求潜在供应商建议书的文件。例如，某一个企业想实施 ERP 系统，它可以编写 RFP 使供应商能够提交项目建议书。不同供应商可能会建议集成不同软件、硬件和网络解决方案来满足该企业的需求。报价邀请书则是一种依据价格选择供应商时用于征求潜在供应商报价或标书的文件。例如，一个企业只想采购 10 台具有一定性能要求的微机，采购主体会向可能的供应商发布 RFQ。当然，RFQ 与 RFP 相比较而言，更容易准备，周期也相对较短。

采购文件的结构应该便于供应商做出准确、全面、细致的答复。不但要考虑项目本身的特点需求，还有考虑项目所处环境的因素，如法律及相关政府规定等。采购文件既要保证一定的规范性，以保证供应商反馈的一致性和可比性，又要有一定的灵活性，便于供应商提出满足要求的更好方法。

2）供应商的评价标准

评价标准是项目团队用来对供应商建议书评级和打分的参考依据。它更适合在需求建议书之前产生，其内容可以是客观的，也可以体现项目团队的主观性。在一般情况下对于每项标准都有一定的权重，以此来表示投资方对该项标准的重视程度。例如，一个财务管理软件的开发项目，可能对于供应商的财务软件历史绩效的权重就会达到 30%以上，以表示投资方对于供应商财务知识和开发经验的强调。评价供应商时一般会考虑如下因素。

（1）供应商对需求的理解，这一点应该在供应商的项目建议书中有具体的描述。

（2）采购价格，考察供应商的成本制定依据。

（3）技术水平，考察供应商是否有支持产品或服务的技术能力和相关知识。

（4）管理能力，考察供应商是否有一套合理的、有效的产品及服务的支持的管理方法。

（5）财务能力，供应商现有财务能力是否能够支持正常的生产运作，以便在交付期到来时提供所需的交付物。

表 4.6 是某项目采购过程中评定供应商的评价标准，评审组由 3 位专家组成。实际上，也可以由 5～7 位专家来评估。在采购过程中，信息系统项目的相关干系人最好参与

到供应商的选择当中，加深对供应商及其提供产品或服务的了解。

表 4.6　某信息系统项目采购的供应商评价表

供应商名称：　　　　　　　　　　　　　　　　年　月　日

评价内容	权重比例	评定人 1	评定人 2	评定人 3	平均分	加权分
		分数	分数	分数		
需求分析	15%					
产品价格	30%					
技术水平	25%					
管理能力	15%					
财务能力	15%					
最后得分：						

对于重要产品或服务的采购，还会由几个评价小组分别评价建议书的不同内容，例如，有评价技术部分的，有评价管理部分的等。

3）采购合同的管理

供应商确定以后，就需要签订合同。合同的类型、一般格式和需要注意的问题可以参照 4.1 节的内容，只不过这时的合同双方分别是项目团队所在的建设方和供应商。采购合同签订以后，就需要对采购合同进行管理。采购合同管理的主要目的如下。

（1）采购合同的有效执行。建设方在采购合同签订后，应该定时监督和控制供应商的产品供货和相关的服务情况。要督促供应商按时提供产品和服务，从而保证整个项目预订工期的顺利实现。

（2）采购产品及服务质量的控制。为了保证整个信息系统项目所使用的各项物力、人力资源是符合预计的质量要求和标准的，项目团队应该对来自于供应商的产品及服务进行严格的检查和验收工作，如可以在项目团队中设立质量小组或质量工程师，完成质量的控制工作。

3. 项目采购的收尾

项目采购的收尾工作主要是通过对采购的产品验收来对合同进行收尾，在此基础上，对采购的过程进行总结。其中合同收尾是项目采购管理的最后一个过程，合同收尾的一个内容就是进行产品审核，以验证所有工作是否被正确地、实现合同预期目标地完成，一旦合同买卖双方依照合同的规定，履行其全部义务后，合同便可以终止。

负责合同管理的个人或组织提供给供应商合同已执行完成的正式书面通知。同时项目建设方应该就合同执行情况写成总结提交给企业管理层，将采购过程中好的经验形成最佳实践，将吸取的教训做成风险列表供今后的项目参考，另外证明相关采购合同已经执行完毕，产品及服务已经正式移交给项目团队。

4.4.3 信息系统项目的外包管理

一般来说，在信息系统项目中，对于设备和软件的购买，一般称为信息系统项目的采购，而对于子系统或其他 IT 服务的购买，一般称为分包或外包。本节在对 IT 外包进行介绍的基础上，对于外包管理的流程进行了详细的分析。

1. IT 外包的含义和特点

信息技术外包是指企业以合同的方式委托信息技术服务商向企业提供部分或全部的信息功能。常见的信息技术外包涉及信息技术设备的引进和维护、通信网络的管理、数据中心的运作、信息系统的开发和维护、备份和灾难恢复、信息技术培训等。

外包赋予了企业应对快速变化的全球经济所必需的灵活性，同时它也使企业在竞争激烈的市场环境中能将精力集中于自己的核心竞争力上。外包商通常在规模经济、经验及在对最新技术的掌握等方面具有明显的优势，而这些优势是单个企业的信息技术部门难以企及的。企业可能因为许多不同的原因而外包它们的信息技术需求，如伴随着全球化压力的市场收缩和产品生产周期的缩短促使企业不得不经常调整它们的总体目标，在这种情况下，市场就会迫使企业采取信息技术外包来提高竞争力。这样，企业能及时对市场变化做出反应，并且经常性地更新软件。有的企业内部缺乏专门的信息技术人才，它们将外包作为一种切实可行的替代，以便能够及时获取和发展新技术。

一方面，IT 外包对准备将 IT 业务进行外包的企业来讲有以下好处。

（1）资源在商业战略和企业部门中被重新分配，非外包业务的投资得到加强，有利于强化企业核心竞争力，获得对市场做出有效反应的能力。

（2）有利于 IT 人才不足的企业获取最好、最新的技术，与技术退化有关的难题得到解决。

（3）由于是更加专业的 IT 厂商提供专业化服务，信息技术服务的效率会得到较大提高，服务的成本也会得到一定的节约等。

另一方面，IT 外包对提供外包业务的 IT 企业来讲有以下好处。

（1）形成外包业务产业，有利于促进 IT 厂商形成分行业的解决方案，有利于一批专业 IT 厂商的成长。

（2）由于规模化经营，能够持续降低 IT 服务的成本，提高服务效率。

（3）外包业务的集中，有利于知识和软件在不同企业间的重用，有利于 IT 人员的快速成长等。

信息系统项目外包包括 3 个连续的过程，具体的决策及管理流程如图 4.2 所示。

（1）外包的决策过程：即考虑是否外包，外包什么？是选择性外包，还是整体性外包？

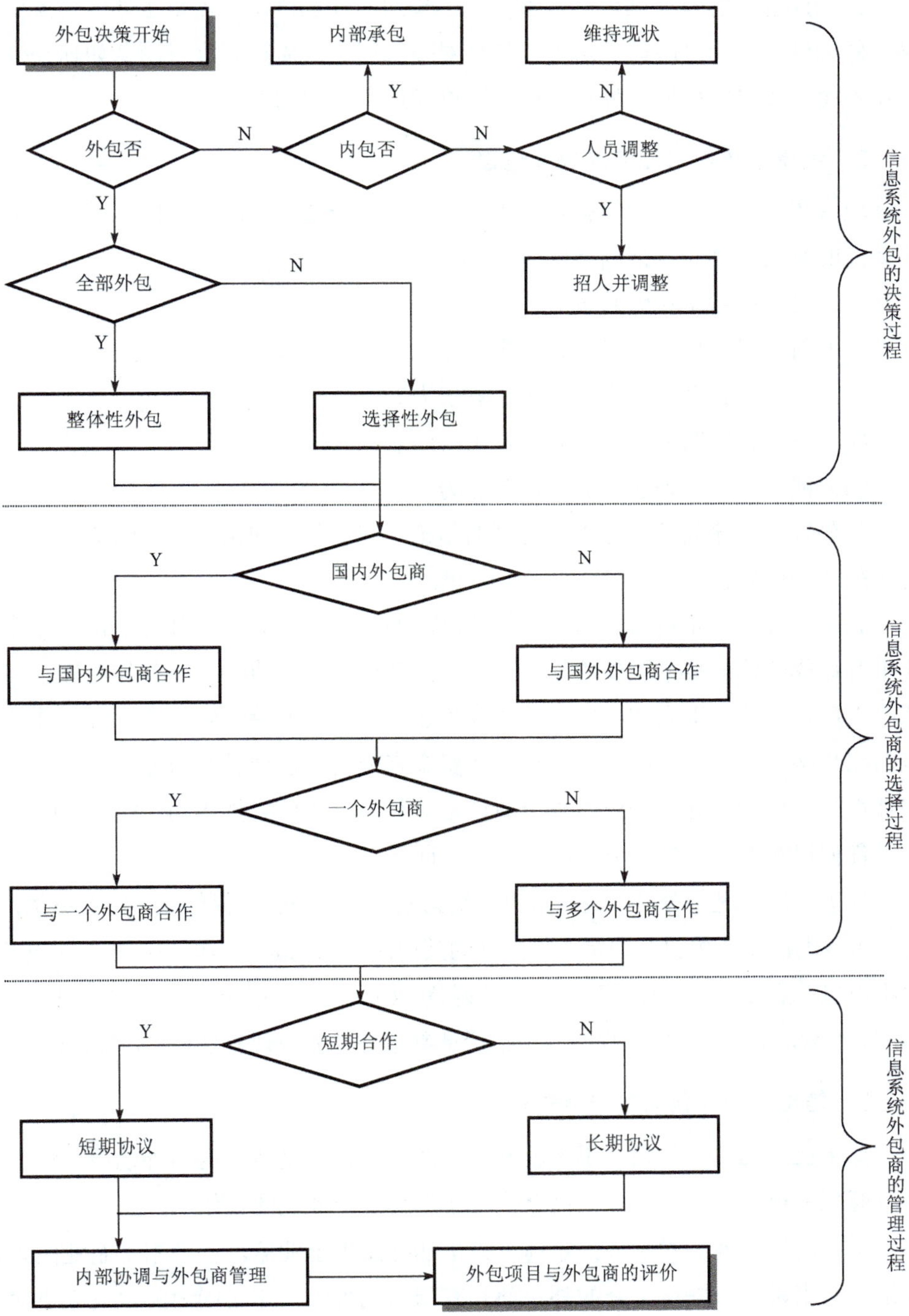

图 4.2　信息系统外包决策及管理流程图

（2）外包商的选择过程：即考虑是选择国内的外包商，还是选择国外的外包商？是选择一个外包商，还是选择多个外包商？选择外包商的依据是什么？

（3）外包商的管理过程：是签订一个长期的外包协议，还是签订一个短期的外包协议？外包过程中的风险如何防范？如何对外包商进行监控？项目团队如何与外包商协调工作界面及接口？如何对外包商进行评价和适当的激励？

2．信息系统项目外包的决策过程

项目团队首先要考虑的就是是否需要外包。需要考虑的主要问题是外包给企业带来什么样的影响，具体包括以下内容。

（1）是否能给企业带来效益？

（2）对外包的信息技术是否熟悉？

（3）外包是否会损害企业的核心竞争力？

（4）对项目团队的影响及对雇员士气的影响？

（5）能否保持对外包业务的控制能力？等等。

如果针对上述问题的分析，得到的结论是应该外包的话，那么应该考虑是整体性外包还是选择性外包。

整体性外包是指将信息系统项目范围的 80%或更多外包给外包商，选择性外包是指几个有选择的信息技术职能的外包，外包数量少于整体的 80%。整体性外包因为牵涉的范围很广，风险是很高的。由于整体性外包合同往往要持续较长的时间，并且整体性外包的用户必须花费大量的时间、精力和资金来分析外包交易并与外包商洽谈合同；另外整体性外包可能会导致企业被外包商锁定，从而采用信息技术的灵活性大幅度削弱了，所以任何组织选择整体性外包时必须三思而行。

根据上述问题的分析，也许得出的结论是决定不外包任何信息系统业务了，那么，接下来可以考虑是否内包，即是否由内部的其他团队承包部分的项目业务。如果既不外包，也不内包，就要考虑是否需要进行人员调整，如项目团队扩招人员或进行团队之间的人员调整。当然，如果项目团队现有人员已经能够很好地完成现有任务了，那么只需维持现状。

3．信息系统外包商的选择过程

如果已经确定了外包，那么就要解决两个问题：是请国内的外包商，还是请国外的外包商来承包？是与一个外包商合作，还是与多个外包商合作？

国内的外包商相对国外外包商来讲更加熟悉本土业务，了解本土企业的管理现状，价格相对来讲低一些；国外的外包商具有国际化视野，相对国内外包商来讲对最新信息技术有更好的了解和把握，但价格相对来讲高一些。因而，如果选择国内外包商，就应该选择那些对国际主流信息技术有较好把握的外包商；如果选择国外外包商，就应该选择那些已经进行了本土化，对本土企业的情况有较好把握的外包商。

与一个外包商合作，优点是可以谈一个信息系统业务的总包合同，能获得一个较好的价格折扣，并且由于是一家外包商提供服务，界面、风格都是统一的，便于进行管理，管理成本较低。但最大的缺点是容易被这家外包商锁定，有些信息系统业务存在着路径依赖，由于该外包商掌握了许多信息技术标准和数据接口标准，外包业务的建设方很可能在未来的新一轮谈判中处于不利的地位，甚至产生信息技术失控的风险。

与多个外包商合作，优点是可以使外包商之间产生竞争压力，避免企业被某一家外包商锁定。并且，由于各家外包商各有侧重、各有所长，外包业务的建设方还可以享受到多方面的最好技术，从而增加企业的竞争力。然而，由于是多家外包商提供服务，界面、风格不一定统一，有些业务系统之间还需要开发相应的接口程序，协调起来比较复杂，管理成本较高。

因而，如果选择一个承包商，就应该选择那些采用国际主流信息技术的外包商，这样，即使更换外包商，风险也较小。另外，在签长期合同之前，尽量签几个短期合同，来考察外包商的实力和信誉。如果选择多个承包商，就应该尽量安排一个外包商为核心外包商或主要外包商，由这个外包商来协调各种信息技术标准的采用和系统互联互通的实现。

信息系统外包商的选择主要应该从如下 6 个方面考虑。

（1）该外包商的专业实力，它所具有的资格认证，如系统集成企业认证证书、认定的软件厂商证书等。

（2）该外包商所开发的软件或其他信息技术产品的性能。

（3）其他客户对该外包商的满意程度，该外包商是否有被投诉的记录。

（4）该外包商的报价。

（5）该外包商的品牌和信誉。

（6）该外包商的项目管理水平，如软件工程工具、质量保证体系、配置管理方法、管理和技术人员的老化率或流动率；控制成本、进度和质量的措施和量度等。

4．信息系统外包商的管理过程

选择合适的外包商之后，面临的问题是签一个短期的合作协议还是签一个长期的合作协议？根据客户与外包商建立的外包关系可以将信息技术外包划分为：市场关系型外包、中间关系型外包和伙伴关系型外包。市场关系型外包是指，企业可以在众多有能力完成任务的外包商中自由选择，合同期相对较短，而且合同期满后，能够在成本很低或不用成本、很少不便或没有不便的情况下，换用另一个外包商完成今后的同类任务；伙伴关系型外包是指，企业与同一个外包商反复订立合同，并且建立了长期的互利关系。介于这两种关系之间的就是中间关系型外包。

如果任务可以在相当短的时间内完成，企业环境变化扰乱 IT 需求的概率很小，而且外包的业务具有一定的通用性，这样就可以订立一份规定了所有偶发事件的短期合同，此时，市场关系型外包是适当的。通常，大量外包商都能够提供的通用信息技术服务，外包商很容易被另一个外包商取代。在这种情况下，可以明确规定完全合同的条款并加以实施，如果选择的外包商不理想，外包商的竞争者随时准备接替业务。

如果完成任务持续的时间较长，或者 IT 资产专属性很高，或者与外包商续签合同能够最好地满足需要，这时就应当考虑伙伴关系型外包。这时，可以签订一个较长期的协议，以满足建设方的多个信息系统项目共同使用该外包商。在伙伴关系中，赢得另一方的信任是很重要的。

中间关系型外包可以根据具体情况结合上述分析确定是签订长期协议还是短期协议。

协议签订之后，外包信息系统业务的项目团队就应该着手对外包商进行管理。外包商主要是根据合同进行管理的。具体的方式可以是以下几点中的一个或多个。

（1）外包商每个里程碑结束时报告所取得的进展。

（2）外包商每隔一定的时间间隔报告所取得的进展。

（3）外包商分包的控制和管理。

（4）与外包商直接接触的项目成员对外包商进行评价。

（5）对外包商直接服务的用户方进行满意度调查。

（6）将外包商的服务水平与该外包商竞争对手的服务水平进行比较。

（7）对外包合同所要求的各项成果进行审查等。

外包信息系统业务的企业除着手对外包商进行管理外，同时还应该做好内部的协调。内部的协调工作包括与外包商有直接接触项目成员的安排等。

思考题

（1）固定价格合同与成本补偿合同各有什么特点？请上网查询，成本补偿合同还有哪些细分的合同形式？

（2）除注意合同完成的工作内容和价格外，还需要注意哪些条款的签订？

（3）信息系统需求调研的方法和步骤有哪些？如何进行信息系统需求的分类管理？

（4）分析价值工程的含义并举例说明具体的分析方法。

（5）工作分解结构有哪些表现形式，它的作用是什么？

（6）假设你下周要举行生日宴会，如果把该宴会当成一个项目来管理的话，请你绘制其 WBS 图。

（7）项目的范围如果出现变更，应该遵守哪些流程？

（8）信息系统项目采购的一般流程包括哪些主要内容？

（9）信息系统项目外包管理的 3 个阶段各包含哪些决策或管理问题？

第 5 章

信息系统项目进度与成本管理

项目管理的根本目的是使项目能够在限定的时间、在预定的预算内完成，并满足既定的项目质量标准，因此，项目进度、成本、质量管理是项目管理中的重要组成部分。本章将介绍进度管理与成本管理的内容，而质量管理则是第 6 章的主要内容。

项目进度管理，是对项目各阶段的时间进度和项目最终完成的期限所做的管理，以促使项目可以在既定的时间内完成。相关内容包括：进度计划的制订，基于计划的优化、控制等。项目成本管理，是对项目各阶段各活动所消耗的成本所做的管理，以避免项目出现实际成本超过预算的情况，对项目成本的计划和监控，是成本管理的主要内容。成功的信息系统项目要满足资源限制条件，除时间和资金的限制和要求外，还有其他的一些重要资源，在本章的最后部分将给予介绍。

5.1 信息系统项目的进度管理

信息系统项目的进度管理主要包括进度计划的制订，以及依据计划在项目进行过程中对实际进度进行的监督和控制。

5.1.1 进度计划的作用与编制步骤

1. 进度计划的内容与作用

进度计划是表达项目中各项工作、活动的先后开展顺序、相互关系，以及每个活动的开始及完成时间的计划。通过进度计划的编制，可以将项目的各项工作形成一个整体。制订进度计划是进行进度管理的基础。

通过进度计划可以：① 为项目实施中的实际进度管理提供依据；② 为其他各种资源，如项目成员、资金等配制提供依据；③ 为各项工作、各项目干系人在时间上的协调配合提供依据等，从而最终保证项目在规定期限内按照既定的质量标准完成。

2. 制订进度计划的步骤

由进度计划的内容可以发现，依据项目的目标定义项目的主要活动，并描述活动关系、估计活动的时间，是制订进度计划的基础。因此，编制进度计划的步骤包括以下内容。

（1）对项目进行描述。对项目总体做概要说明，包括项目目标、范围等。

（2）将项目目标进行分解，定义活动。为更好地估计项目进展所需要的时间，就必须将项目总体目标分解为可估测的若干具体活动，一般采用 WBS 技术完成此项工作，同时明确每项活动的工作内容及负责人。

（3）对活动进行排序。一个项目有若干项工作活动，这些活动的开展在时间上有先后顺序。有些顺序是客观存在，必须满足的，称为强制性逻辑关系，如信息系统项目必须先完成需求调研，才能进行系统分析设计；而有些顺序则可以根据时间、人员、资源灵活调整的，称为可变逻辑关系，如界面设计和数据库设计。

（4）估计活动持续时间。活动持续时间是指完成该活动所需时间与必要停歇时间之和，对每项活动的持续时间进行正确估计，才能估计整个项目工期，制订有效的进度计划。

（5）进行进度安排，完成进度计划。在上述工作完成之后，就可以对项目所有活动进行的先后顺序、每项活动的开始时间和完成时间进行确定，从而得到进度计划。广泛使用的方法包括：关键路径法（CPM，Critical Path Method）、计划评审技术（PERT，Program Evaluation and Review Technique）、图形评审技术（GERT，Graphical Evaluation and Review Technique）。

3. 项目活动的排序与时间估计

对各项活动排序时，首先，确定强制性逻辑关系，这项工作通常由项目管理人员与技术人员共同参与。其次，以此为基础，确定可变逻辑关系。由于可变逻辑关系活动之间的排序有随意性，不同的排序结果将直接影响进度计划的总体水平，排序难度较大，需要管理人员通过方案分析、比较、优化等过程确定。最后，还需要考虑外部条件和外部活动对项目中活动的影响，如有些不属于项目的活动与项目内的活动共同使用某一有限资源。

每项活动时间的估计方法通常包括以下 3 种：① 可以由活动的工作量与完成活动的人员工作效率确定（比较可靠，但需要正确、定量地确定工作量和工作效率）；② 可以由专家判断进行估计（具有一定的不确定性和风险）；③ 可以根据以前类似项目的工作时间进行估计（当缺乏项目的详细信息时，此方法比较有效）。在信息系统项目中采用类比方法时，还要考虑代码重用的问题。程序员或系统分析员需要在分析已存在的代码基础上，估算出新项目代码中需要重新设计、重新编码、重新测试的代码百分比，从而估算出新项目的类比活动时间。

活动时间估计按照结果分类，有以下两种。

（1）单一时间估计，适用于内容简单、不可知因素较少的活动。对每项活动只估计一个最可能的活动持续时间，对应于 CPM 方法。

（2）3 种时间估计，适用于高度不确定性的活动。对每项活动估计最乐观时间（t_o，完成该项活动可能需要的最短时间）、最可能时间（t_m，完成该项活动最有可能的时间）、最悲观时间（t_p，完成该项活动可能需要的最长时间），对应于 PERT 方法。这 3 种时间都基于概率统计，因此，可以根据如下公式获得每项工作的期望工时 $\overline{t_e}$ 和方差 σ^2：

$$\overline{t_e}=\frac{t_o+4t_m+t_p}{6} \qquad \sigma^2=(\frac{t_p-t_o}{6})^2 \tag{5.1}$$

5.1.2　进度计划方法

1. 网络图的主要类型与编制

网络图是以箭线和节点来表示各项活动及其流程的有向、有序的网状图形。按其表示方法的不同，可分为箭线图和前导图。

箭线图（ADM，Arrow Diagramming Method）又称双代号网络图，活动由带有两个节点的箭线来表示，箭尾表示活动的开始，箭头表示活动的结束，通常活动的名称和持续时间分别在箭线的上、下方标出。表 5.1 描述了某信息系统项目的活动和活动关系，基于此表，得到如图 5.1 所示的 ADM。要说明的是，图 5.1 中的虚箭线 D 和 H 称为“虚活动”或“虚工作”，不是实际的活动，只是用来建立各活动之间的逻辑关系（如活动 I

的紧前活动包括 E、F、G）的，不需要消耗资源。

表 5.1　某信息系统项目的活动表

序　号	作业代号	活动内容	先行活动	所需天数
1	A	需求分析	—	6
2	B	可行性研究	—	3
3	C	立项审批	B	2
4	E	系统初步设计	A、C	2
5	F	系统详细设计	C	1
6	G	采购方案分析	C	2
7	I	软、硬件采购过程	E、F、G	3
8	J	基础工程设计施工	E、F	2
9	K	硬件安装调试	I、J	10

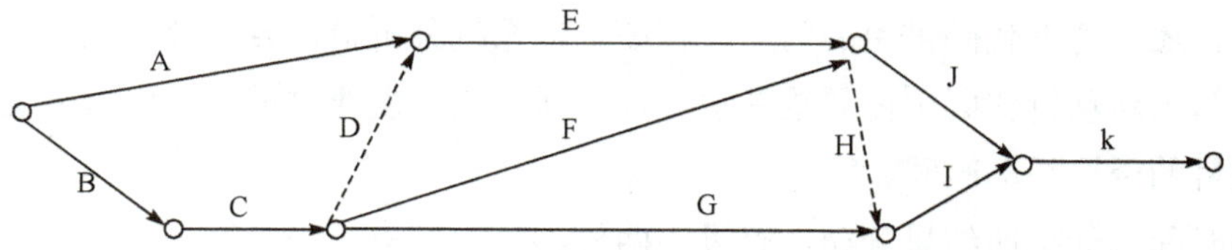

图 5.1　用箭线图表示的某信息系统项目网络图

前导图（PDM，Precedence Diagramming Method）又称单代号网络图，活动用节点表示，箭线表示活动进行的先后顺序，基于表 5.1，得到如图 5.2 所示的 PDM。

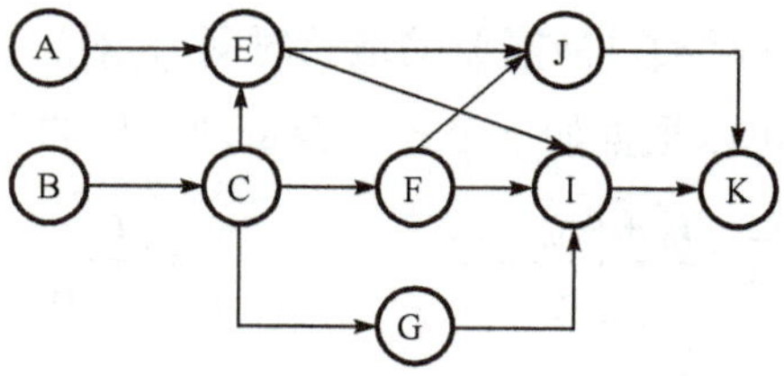

图 5.2　用前导图表示的某信息系统项目网络图

在前导图中，实箭线表示所连接的两个活动存在先后顺序，不存在虚箭线；而在箭线图中，除用实箭线表示活动之外，如前所述，有时还需要用虚箭线表示虚活动，这类活动实际并不存在，不占用时间，也不消耗资源，只是为了正确表示活动的逻辑关系而人为设置的，避免多个起点或终点引起的混淆。相对而言，前导图具有更多的优势，为大多数项目管理软件所使用。

网络图除保证正确描述各活动的逻辑关系之外，还要遵从以下规则：① 不允许出现无头箭线和双头箭线；② 不允许出现回路；③ 只允许有一个起点节点和一个终点节点，分别表示项目的开始和结束。

2．紧前、紧后活动和活动主要时间参数

在网络图上除需要标注活动的先后顺序外，还需要标注活动的时间参数，才能成为指导项目实施的网络计划。这里首先要介绍两个基本概念：紧前活动和紧后活动。顺箭头方向，与某项活动（本活动）直接相连的活动，称为紧后活动，即这些活动只有在本活动结束后才能进行；反之，逆箭头方向，与某项活动（本活动）直接相连的活动，称为紧前活动，即本活动只有在这些活动结束后才能进行。

网络图中需要计算的主要活动时间参数包括以下 5 个（标号以前导图为例）。

（1）活动 i 最早开始时间（The Earliest Start Time）ES_i：表示该活动的各紧前活动已全部完成，本活动可能开始的最早时刻。从网络的起始节点开始，沿着箭线的方向依次计算逐个活动。起始节点的最早开始时间，若无规定，其值为 0。

对于其他任意活动 i，只有一项持续时间为 D_h 的紧前活动 h 时，$\mathrm{ES}_i = \mathrm{ES}_h + D_h$；有多项紧前活动时，$\mathrm{ES}_i = \max\{\mathrm{ES}_h + D_h\}$。

（2）活动 i 最早完成时间（The Earliest Finish Time）EF_i：表示该活动可能完成的最早时刻。$\mathrm{EF}_i = \mathrm{ES}_i + D_i$。终止节点的最早完成时间，等于团队估计的整个项目的总工期，即为终止节点 n 的最早完成时间 EF_n。

（3）活动最迟完成时间（The Latest Finish Time）LF_i：表示在不影响项目按期完成的前提下，该活动必须完成的最迟时刻。从网络计划的终止节点开始，逆着箭线的方向依次计算逐个活动。终止节点的最迟完成时间，一般为客户要求的整个项目的总工期，即为终止节点 n 的最迟完成时间 LF_n。

对于其他任意活动 i，只有一项持续时间为 D_h 的紧后活动 h 时，$\mathrm{LF}_i = \mathrm{LF}_h - D_h$；有多项紧后活动时，$\mathrm{LF}_i = \min\{\mathrm{LF}_h - D_h\}$。

（4）活动 i 最迟开始时间（The Latest Start Time）LS_i：表示该活动必须开始的最迟时刻，$\mathrm{LS}_i = \mathrm{LF}_i - D_i$。

（5）活动 i 总时差（Total Float Time）TF_i：指在不影响整个项目总工期的前提下，该活动可利用的机动时间，$\mathrm{TF}_i = \mathrm{LS}_i - \mathrm{ES}_i = \mathrm{LF}_i - \mathrm{EF}_i$。

基于这些时间参数，便可依据不同方法编制时间进度计划，以下介绍几种常用方法，其中 CPM 适用于时间参数确定的网络，而 PERT/GERT 适用于时间参数不确定的网络。

3．关键路径法

网络计划中，总时差最小的活动称为关键活动，它们的拖期会影响项目总工期。而全部由关键活动组成的线路叫作关键线路或关键路径，确定关键线路的方法称为关键路径法（CPM，Critical Path Method）。该方法的主要步骤如下。

（1）计算各活动总时差，总时差最小的活动即为关键活动。

（2）全部由关键活动组成的线路就是关键路径。需要注意的是一个网络中可能存在多个关键路径。

（3）关键路径上的所有活动持续时间之和，即为项目的总工期。

关键路径的计算可以采用图上计算法、分析法、计算机算法等方法，以下结合实例对图上计算法进行详细介绍。顾名思义，图上计算法就是根据各活动的时间参数及计算公式，直接在网络图上进行计算的方法。这是一种比较直观方便的方法，适合于不是很复杂的网络图。下面以图 5.3 所示的网络图的计算为例进行说明。

首先，计算各活动的最早开始（ES）及最早完成（EF）时间。由图 5.3（a）可知，活动 A 和 B 都是以网络起点节点 1 为开始节点的，因此这两个活动的最早开始时间均为 0，其持续时间分别为 2 和 4，因此其最早完成时间为 2 和 4。活动 D 以活动 A 和 B 为紧前活动，其最早开始时间应该为 $ES_i = \max\{ES_h + D_h\}$，即所有紧前活动最早完成时间的最大值，故活动 D 的最早开始时间为 4，加上其持续时间 4 后，最早结束时间为 8。依此类推，可以得到各活动的最早开始和结束时间，如图 5.3（b）所示。

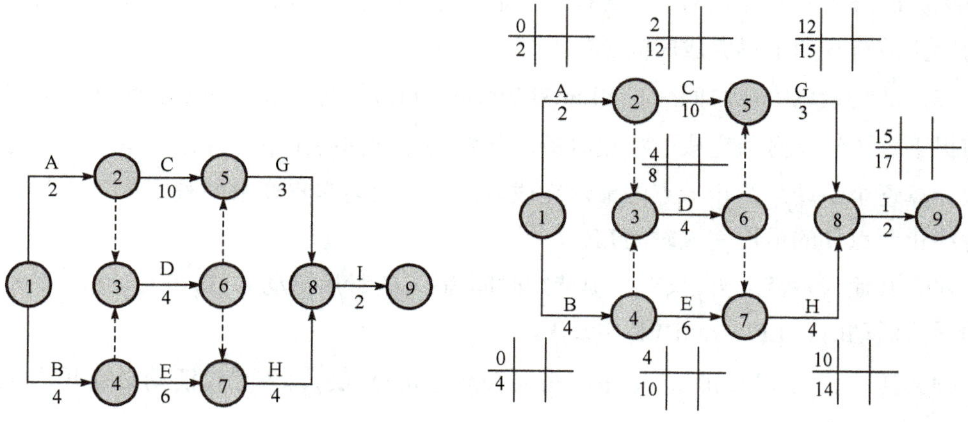

（a）某信息系统项目双代号网络图

（b）用图上计算法计算某信息系统项目各活动最早开始和结束时间

图 5.3　网络图示例（续）

以网络最终节点 9 为完成节点的活动只有 I，其最早完成时间为 17，因此整个项目的计划工期即为 17。

然后，计算各活动的最迟开始（LS）和最迟完成（LF）时间。由最迟开始时间的定义可知，作为以网络最终节点 9 为完成节点的活动，活动 I 的最迟完成时间即为整个项目的计划工期 17 减去其持续时间 2，其最迟开始时间为 15。活动 G 和 H，都只以活动 I 为紧后活动，其最迟完成时间应等于活动 I 的最迟开始时间 15，减去其持续时间 3 和 4，分别得到活动 G 和 H 的最迟开始时间为 12 和 11。活动 D 有两个紧后活动 G 和 H，按照定义，活动 D 的最迟开始时间为 $LF_i = \min\{LF_h - D_h\}$，即两个紧后活动最迟开始时间的最小值 11，减去持续时间 4，得到最迟开始时间为 7。由此类推，得到各活动的最迟开始和最迟完成时间，如图 5.3（c）所示。同时，可以得到各个活动的总时差，也标注在图 5.3（c）中。

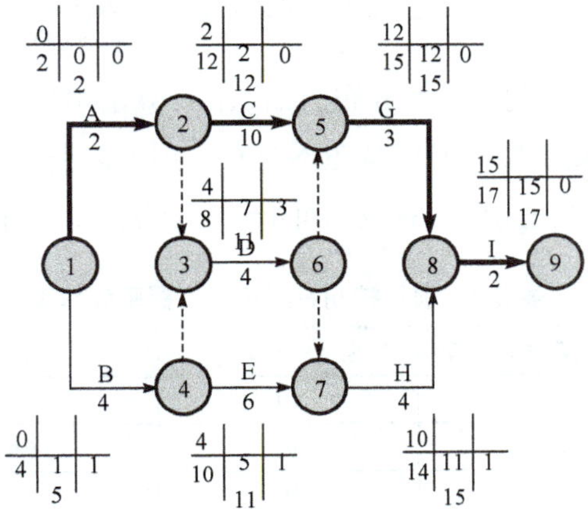

（c）某信息系统项目图上计算法时间参数的计算结果

图 5.3　网络图示例

最后，由总时差得到项目的关键路径和活动。所有活动的总时差中，最小的即总时差为 0 的活动为 A、C、G 和 I，因此这些活动为关键活动，由这些活动组成的路径为关键路径，整个项目的计划工期为 17。

4．PERT/GERT 网络计划方法

在活动的时间估计部分曾经提到，当活动的持续时间不确定时，根据最可能、最乐观、最悲观 3 种时间估计，可以得到每个活动的期望持续时间和方差。计划评审技术（PERT，Program Evaluation and Review Technique）就是针对活动持续时间不确定的情况进行网络计划的方法。具体步骤，结合实例说明如下。

（1）以期望持续时间代替活动持续时间，将不确定网络转换为确定网络，利用 CPM 法获得关键路线和关键活动。

图 5.4 标明了某信息系统项目的关键路径上活动的各种时间估计（如 A 的 3 个时间分别是：最乐观时间 3 天，最可能时间 4 天，最悲观时间 8 天），根据式（5.1）计算可以得到：活动 A、B、C 期望持续时间分别为 4.5，8，6.5；方差分别为 $\left(\frac{5}{6}\right)^2,\left(\frac{8}{6}\right)^2,\left(\frac{5}{6}\right)^2$。

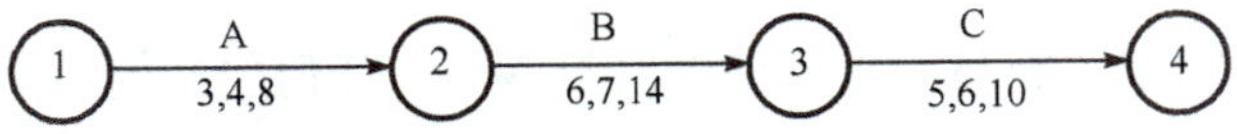

图 5.4　某信息系统项目的关键路径

（2）计算整个项目的期望总工期，即关键路径上各个关键活动期望持续时间之和。

在图 5.4 示例中，整个项目的期望总工期为 A、B、C 期望持续时间 4.5，8，6.5 三者之和，即 19 天。

（3）计算整个项目总工期标准方差，即关键路线上各关键活动方差和的平方根。

在图 5.4 示例中，整个项目的总工期标准方差为 $\sigma = \sqrt{\left(\frac{5}{6}\right)^2 + \left(\frac{8}{6}\right)^2 + \left(\frac{5}{6}\right)^2} \approx 2$。

（4）根据（2）和（3），利用概率分布的知识，计算出项目在不同时间内完工的概率。

通常认为不确定活动持续时间服从正态分布，则可以根据正态分布表查到对任意指定的要求工期，计算项目按此日期完成的可能性，如表 5.2 所示。

表 5.2　项目按期完成可能性概率计算表

序　号	指定的要求工期 T_r	期望总工期 T_c	$(T_r - T_c)/\sigma$	概　率
1	15.4	19	−1.8	0.035 9
2	17.2	19	−0.9	0.184 1
3	19	19	0	0.500 0
4	20.8	19	0.9	0.815 9
5	22.6	19	1.8	0.964 1

图形评审技术（GERT，Graphical Evaluation and Review Technique）也是针对不确定性进行网络计划的方法，它允许在活动先后逻辑关系和活动持续方面具有一定的概率陈述。换句话说，PERT 适用于活动持续时间不确定的情况，而 GERT 中，除活动持续时间不确定外，还允许描述活动关系的网络存在概率分支，后者多用于计算机仿真技术中。

5．甘特图

甘特图是进行项目计划和进度安排的一种图形化技术，又称横道图或条线图。它是一个二维平面图，横坐标为时间维，表示进度或活动时间，纵坐标表示活动名称内容，如图 5.5 所示。

甘特图中的横线的起点和终点，分别代表每项活动的开始和结束时点，而横线的长度则表示了该活动的持续时间。甘特图的时间维可以以小时、天、周、月等作为度量项目进度的时间单位，具体的选择由项目的总持续时间决定。例如，对一个持续时间 1 年以上的项目，可以选择月甘特图；而如果项目只需要 1 个月就可以完成，则选择日甘特图更有助于实际的项目管理。

甘特图直观、简单，容易制作，可以由于 WBS 任何层次的活动计划，可以进行进度比较控制，可以作为编制资源及费用计划的基础。但也有一些不足之处，如不能像网络图那样，系统表达一个项目所包含的各项工作直接的复杂关系，难以进行定量的计算和分析等。

图 5.5 是一个信息系统项目的甘特图。该图是由微软公司的 Microsoft Project 软件生

成的。甘特图的上方给出了日历（假设 1 月 1 日开始该项目），左侧给出了工作包名称，带下三角形的条形图的左右两端表示了每个子项目的开始和结束时间，矩形的条形图的左右两端表示了每个工作包的开始和结束时间。为了在一张图片中展示，图中日历用的单位是月，如果单位用周，则可以看到详细的日期信息。

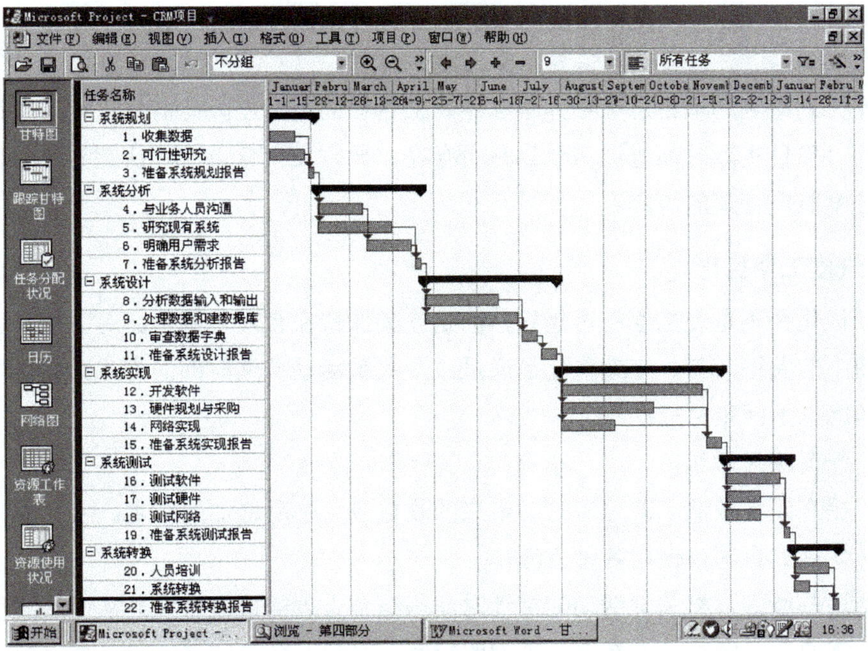

图 5.5　项目甘特图模板的实例

6. 进度方法的选择

以上方法所需的时间和费用是不同的。例如，如果只列出关键活动和日期，制订计划耗用的时间和费用都是最少的，而 PERT 法是制订进度计划最复杂的一种方法。信息系统项目组在制订项目计划时，应该选择哪种方法，主要考虑以下几方面的因素。

（1）方法的选择应由项目规模所决定。小项目（时间短、金额低、人数少）应采用简单的方法，大项目要考虑复杂的进度方法，这样才能保证项目按质按期达到预定目标。

（2）方法的选择应考虑项目的复杂度。项目复杂度与项目规模有关，更与项目涉及的领域有关，即便项目的规模较大，但如果项目组之前曾经完成过类似的项目，项目的复杂度便不会太高，可以用较简单的方法制订进度计划。

（3）方法的选择要考虑时间约束。某些项目（或项目的某个阶段）完成时间紧张，不允许利用很长时间去编制进度计划。

（4）方法的选择要考虑所获得的项目信息。CPM 和 PERT 进度计划方法的使用需要了解项目的细节，因此，项目组所掌握的项目相关信息数据是进度计划方法选择的重要约束。

（5）方法的选择还要考虑项目的具体特点。例如，有些项目在进行过程中可能只有一两个活动是主要活动，需要花费很长的时间，而其他活动都可以在这个时间内完成，那么进度计划就不需要对所有活动展开。

5.1.3　基于进度计划的优化与监控

进度计划得到的项目总工期并不一定是最合理的工期，因此需要进行进度计划的优化。此外，项目实际时间进展与计划是否存在差异，如何分析、确认差异，怎样调整计划，是进度监控管理的内容。

1．进度工期优化

工期优化并不是使工期越短越好，而是使其保持在合理范围内。对工期有影响的只是网络图中的关键活动，工期优化是通过改变关键活动持续时间的方式来实现的。优化时主要考虑以下因素目标：

（1）保证项目质量；

（2）提高经济效益，即缩短时间带来的收益应大于所增加的成本；

（3）均衡、合理地使用各种资源。

根据这些原则，将关键活动的持续时间压缩至合理的最短时间，从而达到优化工期的目的。需要注意的是，存在多条关键路径时，必须对各条路径的总工期同时压缩至同一数值；另外，原有的关键活动持续时间的压缩，可能会被压缩成非关键活动，此时要对新出现的关键活动再次压缩。由于工期优化是能够提高经济效益的优化，与成本管理密不可分，因此，有关工期优化的示例，将在成本监控部分一并给出。

工期优化时除应考虑上述直接缩短持续时间的方法外，还应该建立综合优化的思想，从其他方面考虑可以使工期缩短的手段，如加强培训、提倡进行科学的个人时间管理，提高工作效率；将某些活动进行拆分，更加有效利用资源等。

2．进度监控与调整

项目实施过程中，由于外部环境条件的变化，往往造成实际进度与计划进度发生偏差，进度监控的目的就是及时发现这些偏差，并加以调整，保障项目目标的实现。进度监控和调整的主要步骤由图5.6描述。

这个过程中需要特别说明的主要工作包括：

（1）为进行科学监控，需要建立健全的进度监测、记录和报告系统，以保障实际进度资料、数据的收集；

（2）实际进度与计划的对比，通过比较在某个时点，实际累计完成工作量与计划累计完成工作量的偏差等来获得，借由各种图表标示；

（3）进度调整包括在考虑相关条件、资源限制下，对活动顺序和活动持续时间的调整。

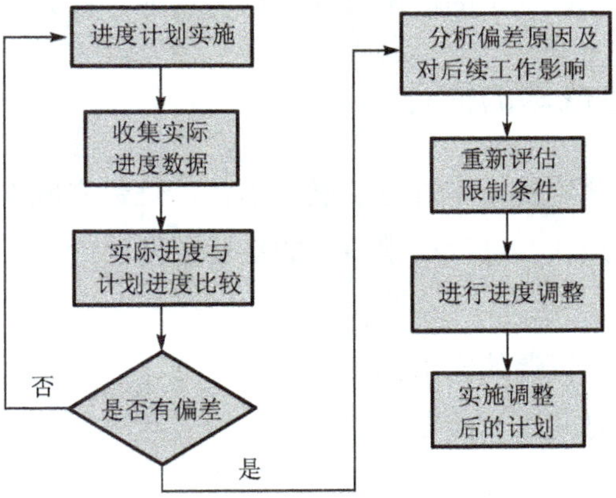

图 5.6　进度监控和调整过程

5.2　信息系统项目的成本管理

成本管理主要是在批准的预算约束下，确保项目保质按期完成，其主要内容包括成本的估计、预算的确定、预算安排和预算控制。

5.2.1　信息系统项目成本的构成

信息系统项目成本按照项目进展过程，分为系统开发前期调研规划成本、咨询/设计成本；系统开发实施成本、测试成本；系统实施后验收成本、系统试运行的维护成本；以及整个过程中的第三方监理成本、风险成本、其他成本等。

（1）开发前期：调研规划成本指在规划系统方案、分析项目可行性、需求调研、造价预算、预算评估，以及项目招标和投标等方面所需要的成本，包括聘请第三方的顾问公司或咨询单位进行咨询的成本。

（2）开发实施过程中：这是信息系统项目成本的重要组成部分，主要包括人工成本（直接从事系统研发的专业技术人员开支的各项成本）、设备成本（满足系统设计、开发、实施需要的各种设备采购成本）、软件成本（为满足项目需要，购买相关软件的成本）、间接成本（在开发过程中企业相关运作管理成本）、测试成本（对信息系统进行性能、安全性、稳定性及可靠性测试所消耗的成本）。

（3）系统实施后：验收成本指对信息系统进行各方面质量检验确认所发生的成本；而系统试运行的维护成本指工程完成后在试运行期间所需要的维护和监管等花费的设

备、人工和材料成本。

（4）整个过程中：采用监理形式进行质量管理的信息系统项目，需要根据合同支付工程监理费；另外任何一个项目的建设都可能遇到规划阶段不可预见的意外情况，为保障项目仍能顺利完成，需要一定的成本来应付这些意外，称为风险成本。

5.2.2　信息系统项目成本的估计

对以上各项信息系统项目成本进行正确的估计，是建立成本计划的基础，估计时要与项目质量、进度密切关联。进行成本估计的主要依据包括：

（1）活动分解结构；

（2）每项活动对各种资源的需求；

（3）每项活动持续时间；

（4）各种资源价格；

（5）历史同类项目的成本记录等。

成本估计方法包括如下四种，每种都有各自的优缺点。

（1）类比估计，与原有的已执行过的类似项目进行类比，估计当前项目成本。该方法适合项目详细资料难以得到，但存在与当前项目相似度很高的项目情况。

（2）参数模型，建立数学模型预测成本，依赖于大量历史数据，复杂度较大，但在一定使用范围内准确度较高。

（3）按照 WBS 自上而下，由某一设定好的总预算值，估计每项活动的成本。这种估计方法虽然可以较好地控制总成本，但可能导致某些活动成本不合理。

（4）按照 WBS 自下而上，由每项活动的成本得到总预算估计。这种方法对总体预算较难控制。

可以按照如下步骤估计项目成本。

（1）识别项目成本的构成科目，在财务人员的帮助下分析项目成本所涉及的具体会计科目；

（2）根据已识别的科目估算每一个科目的成本大小；

（3）对估算后的成本进行分析调整，找出各种相互替代的成本，协调各成本科目之间的关系。

5.2.3　信息系统项目预算

项目预算是在成本估计的基础上，得到项目成本基线（PV，Planned Value，表示在某一分析时点项目计划完成的所有活动的成本预算总额）的过程。具体而言，首先依据成本估计和活动所消耗的资源，给每项独立活动分配相应费用；其次结合项目进度计划，可以分析随着项目进行，在不同时间点需要完成哪些活动；最后对这些活动成本进行综合，便得到了在各个时点项目的成本基线，这是进行成本管理监控的基础。

通常预算的成本基线随着项目进度推进，不断增大，到项目结束时达到最大值，与时间的关系是一个 S 形曲线，如图 5.7 所示的 PV。

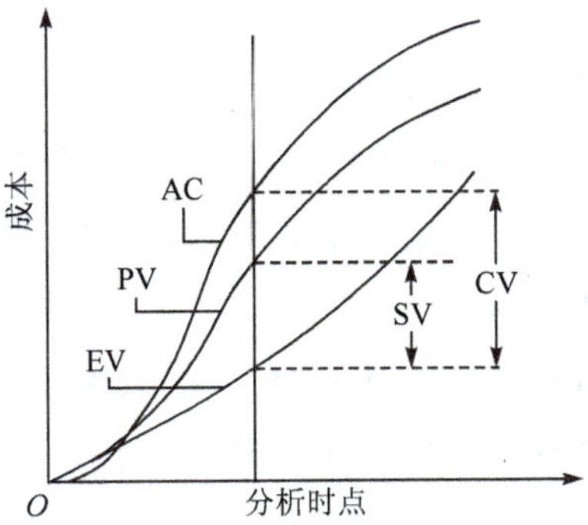

图 5.7　挣值分析曲线

5.2.4　信息系统项目成本的监控

成本监控的根本目的是保证各项活动在各自的预算范围内进行。由于在信息系统项目中，成本、进度和质量三者密不可分，成本监控是在满足项目进度和项目质量要求的前提下，对项目成本所进行的监控。

1. 成本监控的内容

成本监督、控制主要关注项目成本基线的执行情况，包括以下主要内容。

（1）在某一时点，汇总截止到该时点已完成活动的实际成本（AC，Actual Cost），一般通过成本实际执行报告获得；

（2）将 AC 与相应的预算成本基线 PV 做比较，获得实际成本与计划的偏差；

（3）分析这些偏差的原因；

（4）在协调其他控制过程（范围控制、进度控制、质量控制）前提下，变更成本计划。

进行成本监控时：① 要注意建立协调思想，不能单纯寻求成本最小，因为，不合理的成本变更可能导致质量下降、进度延期或其他不可接受的项目风险；② 需要各种人员介入，包括信息系统项目管理、技术、外包、合同等各方人员；③ 寻求通过技术能力、软/硬件条件的提升获得净收益的提高等其他方式控制成本。

2．成本监控的方法——挣值分析法

成本监控的方法是指分析各种变化产生原因的方法，其中挣值分析法（Earned Value Method）是一种最为常用的分析方法，通过计划完成的预算 PV、实际完成活动的成本 AC 和实际完成活动的预算价值，即挣值 EV（Earned Value）的比较，可以确定成本、进度是否按计划执行。

1）挣值分析法中的挣值

挣值是在某个时点，实际完成活动的预算价值，某个活动的挣值等于分配给该活动的预算乘以活动实际完成的比例。例如，信息系统需求分析的预算是 15 万元，在 5 月 1 日进度报告表明此项活动进行了 50%，则需求分析活动的挣值为 7.5 万元。

2）挣值分析法的常用评价指标

（1）费用偏差（CV，Cost Variance）= EV−AC。CV 为 0，表示实际成本消耗等于预算值；大于 0，表示实际消耗低，项目运作效率高；小于 0，表明成本超支，项目成本计划执行效果不好，如图 5.7 中分析时点的取值所示。

（2）进度偏差（SV，Schedule Variance）= EV−PV。SV 为 0，表示实际进度与计划进度一致；大于 0，表示进度提前，项目运作效率高；小于 0，表示进度延后，如图 5.7 中分析时点的取值所示。

（3）成本绩效指数（CPI，Cost Performance Index）= EV/AC，又称资金效率，是费用偏差的另一种表示方法。大于 1，表示实际消耗低，小于 1，表示超支。

（4）进度绩效指数（SPI，Schedule Performance Index）= EV/PV，又称进度效率，是进度偏差的另一种表示方法。大于 1，表示进度提前；小于 1，表示进度延后。

3）挣值分析曲线

挣值分析法中涉及的 3 个成本参数和 4 个主要的评价指标，都可以通过挣值分析曲线表示，如图 5.7 所示。利用挣值分析曲线，可以进行成本和进度的评价。图 5.7 中的项目，在分析时点上，CV 小于 0，SV 小于 0，表示进度和成本计划执行不佳，成本超支、进度延误，应采用相应补救措施。

4）利用挣值分析法，在实际成本和进度的前提下，对项目总预算的重新估计

（1）未完工部分如果按目前实际的效率开展，则完成整个项目所需要的期望成本（EAC，Estimate at Completion）=AC+（总预算−EV）/CPI。结合当前的情况可以反映未来的变化。

（2）未完工部分如果按原计划的效率进行，则 EAC=AC+（总预算−EV）。

（3）还可以针对现有条件环境的约束，考虑风险因素，重新估计项目未完工部分的成本，加上实际成本 AC，得到 EAC。

5）挣值分析法示例

某信息系统项目由标号为 A、B、C、D、E、F 共 6 个活动组成，项目计划总工期为 10 周，现在进行到了第 6 周，各活动在持续时间内的每周预算费用、实际消耗费用和工作量完成比例，在表 5.3 中分别做了标示。

由表 5.3 中的数据可以发现，项目总预算=340；截止到第 6 周：

累计预算 PV=210；实际成本 AC=205；

挣值 EV=20×100%+20×100%+60×100%+60×75%+100×40%+80×0%=185。

进一步计算评价指标：

费用偏差 CV= EV−AC=185−205 =−20<0，表明项目超支；

进度偏差 SV= EV−PV=185−210=−25<0，表明项目延期；

资金绩效 CPI= EV/AC=185/205=0.90<1，表明项目超支；

进度绩效 SPI= EV/PV=185/210=0.88<1，表明项目延期。

原有进度、成本计划执行均不好，需要分析原因，并对总预算做相应调整，即计算 EAC。如果未完工部分按目前实际的效率开展，那么

EAC=AC+（总预算−EV）/CPI=205+（340−185）/0.90=377

表 5.3　挣值分析法示例数据表

活　动	第 1 周预算	第 2 周预算	第 3 周预算	第 4 周预算	第 5 周预算	第 6 周预算	第 7～10 周预算	至第 6 周实际成本	至第 6 周实际完成工作比例
A	10	10	0	0	0	0	0	20	100%
B	20	0	0	0	0	0	0	25	100%
C	0	20	20	20	0	0	0	60	100%
D	0	0	15	15	15	15	0	50	75%
E	0	0	0	0	25	25	50	50	40%
F	0	0	0	0	0	0	80	0	0%

3．成本进度计划的变更——时间成本法

如果由于某些原因使得项目必须在原先规定的日期之前结束，或前期实际进度过慢导致后期活动的进度计划需要调整，这种调整称为计划变更。通常时间与成本在一定范围内有某种程度的可替代性，“时间—成本平衡法”就是在保证项目质量的前提下，通过压缩关键路径上的压缩单位时间成本增加最低的工作，来缩短项目工期的方法。

该方法基于以下假设。

（1）每项活动有两组工期和成本估计：正常时间和应急时间；正常成本和应急成本。正常时间是指在正常条件下完成某项活动需要的估计时间。应急时间是指完成某项活动的最短需要时间。正常成本是指在正常时间内完成某项活动的预计成本。应急成本是指

在应急时间内完成某项活动的预计成本。

（2）一项活动的工期可以被有效地缩短，从正常时间减至应急时间，这要靠投入更多的资源来实现。

（3）无论对一项活动投入多少额外的资源，也不可能在比应急时间短的时间内完成这项活动，即完成活动必需的时间。

（4）当需要将活动的预计工期从正常时间缩短至应急时间时，必须有足够的资源作为保证。

（5）在活动的正常点和应急点之间，时间和成本的关系是线性的，即缩短工期的单位时间成本可用如下公式计算：

活动缩短工期的单位时间成本=（应急成本−正常成本）/（正常时间−应急时间）（5.2）

以下通过示例，说明基于“时间—成本平衡法”调整计划的原理。某项目的网络图如图 5.8 所示，其中对各活动的描述中，N 表示对时间、成本的正常估计，C 表示应急估计。

图 5.8 中的数据表明：如果只考虑正常估计，关键路径为 C→D，总工期为 18 周，总费用为 20 万元。考虑如果全部活动均在它们各自的应急时间内完成，关键路径仍为 C→D，总工期为 15 周，总费用为 25.9 万元。根据“时间—成本平衡法”的第 3 条假设，可以得到在目前条件下，项目工期最短只能被缩减到 15 周。

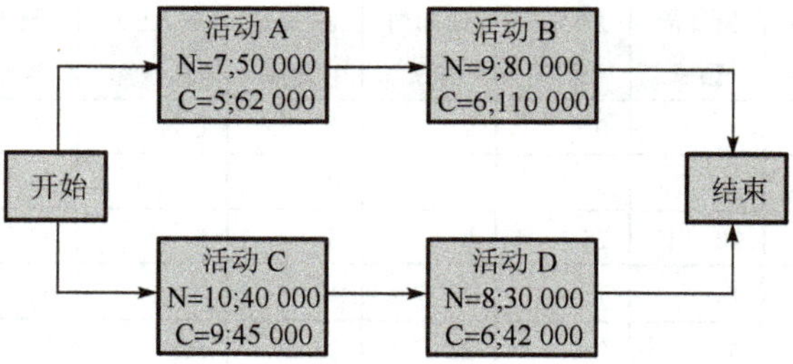

图 5.8　标有活动应急成本和时间的项目网络图

下面用时间—成本平衡法压缩那些使总成本增加最少的活动的工期，确定项目最短完成时间。

（1）首先考虑缩短至 17 周，分别计算关键线路 C→D 上活动 C、D 的缩短工期的单位时间（周）成本：活动 C 的取值为 5 000 元/周；活动 D 为 6 000 元/周，项目要以最低的每周成本被加速，因此选择缩短活动 C 持续时间 1 周，成本增加 5 000 元。这时的关键线路仍然为 C→D。

（2）再考虑缩短至 16 周，仍然要考察活动 C 和 D，但此时 C 活动已达到应急时间，不能再被缩短，因此，选择缩短活动 D 持续时间 1 周，成本增加 6 000 元，累计增加 6 000 元+ 5 000 元=11 000 元。这时，有两条关键路径 A→B 和 C→D。

（3）再考虑缩短至 15 周，有两条关键路径。为了将项目总工期从 16 周减至 15 周，必须将每个路径都加速 1 周。对 C→D，只能选择缩短活动 D 持续时间 1 周，成本增加 6 000 元；同时对 A→B，活动 A、B 的缩短工期的单位时间（周）成本：活动 A 的取值为 6 000 元/周；活动 B 为 10 000 元/周，因此，选择缩短活动 A 持续时间 1 周，成本增加 6 000 元，累计增加 11 000 元+6 000 元+6 000 元=23 000 元。

如前面所述，15 周是项目工期的最短时间，不能再被缩短，工期压缩过程结束。

4．成本计划控制中的其他问题

除前面介绍的各种工具、方法外，在进行成本计划控制时，还有以下一些主要因素需要考虑。

（1）全面分析超支或延期的原因。信息系统项目超支或延期是比较常见的问题，原因有多方面，可能是内部原因（工作效率低、各活动间的协调不好、培训不充分、资源材料消耗增加、错误率高导致返工等）；也可能是外部原因（项目外部干系人的干扰、物价上涨、经济如税收政策的变化等）。

（2）对原有计划进行调整时，要保障项目质量标准不变，防止出现只追求低成本、快进度而带来的质量下降。

（3）通常要压缩已超支的费用，不损害其他目标是十分困难的，所以要利用比原计划已选定的措施更为有利的措施，开展后续活动，包括使项目范围减少、生产效率提高、外包、改变原有流程等。

5.3　信息系统项目的其他资源管理

所谓资源，就是完成项目所需的人力、材料、设备、设施和时间、资金等必需条件的统称。资源管理是围绕保证质量按时完成项目，而调用各种资源，采取各类有效方法使各个资源发挥其积极的有效作用的过程。在本章的前两部分详细阐述了信息系统项目的重要资源——时间和资金的计划、监督和控制、优化，接下来将对信息系统项目中的其他资源进行介绍。

5.3.1　信息系统项目的常见资源

1．信息系统资源的形态分类

信息系统项目的常见资源按照形态和属性等有不同的分类。以下按照资源形态不同可分为以下 3 种。

（1）物资资源。信息系统项目需要的各种物资，包括开发硬件网络平台、交通工具、通信工具、工作场所、办公用品等。物资资源是多方面的，包括固定资产和易耗品。物资资源的管理主要在于如何确保项目获取足够的资源，这是完成项目的前提。

（2）知识资源。这是无形的资源，不仅来自于项目内部，还来自于外部。这种资源在项目管理中经常被忽视，但实际上知识资源贯穿信息系统项目的始终，是非常重要的资源；除项目涉及的技术知识外，还包括业务知识、相关政策法规知识、各类工具知识、各类信息资源等，项目管理的相关知识也在其内。知识资源管理并不只是让项目成员重视自身的知识积累，还需要促进项目团队做好知识准备、知识沉淀、知识转移、知识储备、知识利用等工作，同时还包括方式方法的问题，如确定知识获取途径、选择适当的知识管理工具方法。

（3）人力资源。这是项目管理中最为复杂也最为重要的问题，对信息系统项目尤其如此。人力资源的管理是项目团队建设的重要工作，项目组只有配备合适的人力资源，组成合适的团队架构，有合理的分工，才能对项目成功实施根本性的促进。

2. 信息系统资源的其他分类

除上述按照形态的分类外，资源按照获取方式，可分为业主资源（即属于信息系统项目委托方的资源）、自产资源（属于项目组的资源）及关联资源（即需要通过其他方式获得的与项目相关联的资源），显然不同类型的资源获取的难易程度和使用限制是不同的，在进行资源管理时应区别对待。资源按照储备属性特征，可分为可储备资源（如开发软/硬件设备平台、各项固定资产和易耗品、知识资源等）和不可储备资源（如时间、人力资源等，不用就流失了）。资源按照稀缺性可分为稀缺资源（对项目成败作用重大，同时获取难度或成本较高的资源，如项目经理、核心开发骨干等）和非稀缺资源（资源可在需要时获取，获取成本较低，如常见功能模块开发人员、项目管理软件等）。资源按照可替代性，分为可替代资源（当此资源出现短缺时，可以由其他资源替代，如当网络通信平台出现故障时，可借助移动通信工具实现项目成员的沟通）和不可替代资源（此资源对项目作用独一无二，如果出现短缺会直接影响项目进度和质量，如项目经理）。资源按照重要性，可以分成核心资源、重要资源、普通资源及轻微资源。

显然这些资源的分类直接影响了其在项目管理中的重要性，有关内容将在资源优化部分详细介绍。需要说明的是，这些划分并不是固定不变的。首先，随着项目进展的不同阶段，同一资源会表现出不同的特征；其次，项目管理水平影响了资源属于不同的类型，如信息系统项目如果缺乏有效的整合人力资源的机制，而将责任放在拥有综合技能的人员身上，其结果是造成了这些人员成为不可替代的资源，相反，通过对任务的科学细分，人员所完成的是标准化的工作，人员的可替代性就大大增强了。

3. 资源的识别

信息系统项目涉及很多资源，对这些资源进行区分，确定哪些是项目需要管理的资源，是进行资源优化的基础。资源的识别可以依据以下几项原则进行：① 资源的使用可以为项目带来收益，有些资源可以提高项目进展效率增加收益，有些资源可以降低项目成本，从而达到增加收益的目的；② 资源可以提供给特定的项目，即资源的可得性，有些资源可能为项目带来收益，但如果是不容易获取的，便不能将其作为项目的资源；③ 信息系统项目组具备使用资源的能力，有些资源（如某项前沿技术）即便能够为项目带来收益，但如果目前项目组不具备使用它的能力，也不能作为项目的资源；④ 资源在使用过程中会造成一定的耗费，如果缺少会给项目带来损失，应将其作为项目资源进行管理。

5.3.2　项目的资源体系

如前所述，一个项目往往需要多种资源，而对来自项目内外的各种资源进行科学管理的有效方式之一是建立项目资源体系（RBS，Resource Breakdown System）。类似于 WBS，在 RBS 中通过层次化结构编码表示各种资源，图 5.9 是某个信息系统项目的资源体系。这种编码体系能满足资源多维度的查询、汇总、分析功能。例如，在对系统分析活动进行结算时，可以直接统计 RBS 编码第 2～3 位为 01 的成本数之和；而第 1 位为 R 的资源成本之和是项目所消耗的人力资源总成本；再如编码后两位为 01 和 02 的资源成本比值，即表示项目内部、外部资源的比例，从而为项目管理重点提供参考依据。

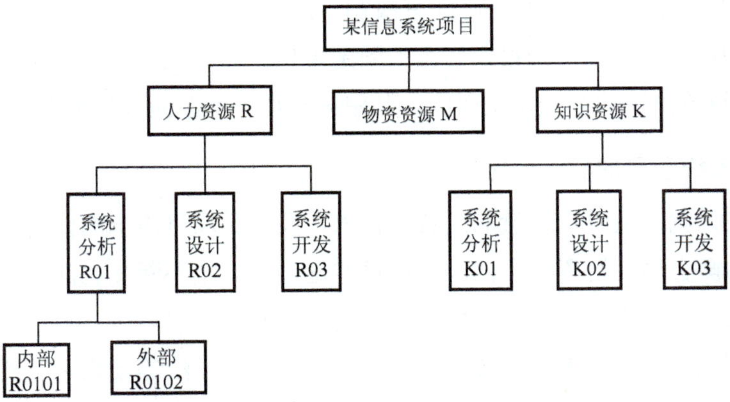

图 5.9　某个信息系统项目的资源体系

5.3.3　资源分布与资源优化

1. 信息系统项目的资源需求分布类型

资源分布是指资源在项目进展的时间阶段中的分布，可以描述为所需资源与时间的函数关系。

（1）均匀分配的资源分布，即资源分布量不随时间变化，如项目自始至终都需要一个项目经理；

（2）递减的资源分布，项目开始阶段的资源分布量最高，随着项目进展逐渐减少，如用户需求调研人员；

（3）递增的资源分布，项目开始阶段的资源分布量最低，随着项目进展逐渐增加，如系统开发人员；

（4）非线性的资源分布，以正态分布为多，表示在项目开始、结束阶段资源需要量小，而正常进行时资源需要量大，大多数资源属于此类型。

项目对资源的配置需求并不都是一直以一种类型模式进行的，常常存在一个或几个转折点，以转折点为界，前后以不同的模式进行资源配置分布。

2. 信息系统项目资源限制的表示

除了需求，项目资源供给的限制也是资源管理中一个很重要的问题。如果项目资源可支配时间是有规律的，就可以为这些资源建立资源日历，特别是人力资源、场地及一些外租借设备，它们有自己的一套作息时间。例如，外聘的外国专家，他们的节假日就会和公司作息时间很不一样。资源日历一般应该包括资源工作时间、日常休息时间、节假日休息时间、其他非节假日休息时间、加班时间等信息。

还有些资源为项目服务的单位有限制（体现在资源的单位数量，如人员数量、设备数量等），有些资源为项目的服务时间有限制，而有些资源的总消耗时间或数量有限制。对于以上 3 种情况，可以分别设定资源的固定单位、固定工期、固定总工时，并且满足“总工时=工期×单位”的公式，从而固定其中某一项，其余两项依照公式相互变动。

3. 信息系统项目的资源优化

资源的优化就是适时、适量的配备或投入，在满足项目需求的前提下，协调投入，减少浪费，均衡合理使用资源。同时，项目实施过程是个不断变化的过程，对资源的需求和供给也在不断变化，资源的优化管理也是个动态的过程。

进行资源优化应充分考虑资源的不同类型、需求和供给等要素，有所侧重，常见的原则包括：

（1）不可储备资源优先使用；

（2）稀缺的资源优先用在关键路径上，因为关键路径决定了项目的总工期；

（3）非关键路径上的资源要释放给关键路径；

（4）尽量均衡合理使用资源，使得资源随时间是均匀分布的，从而可以提高资源使用效率，减少成本。

下面通过一个例子说明均衡使用人力资源的优化思想。假设某信息系统项目从开始到结束，共有 3 项并行的活动，即这 3 项活动开展的先后顺序没有限制：活动 A（持续时间 2 天，需要人员数量 2 人）、活动 B（持续时间 6 天，需要人员数量 3 人），活动 C

（持续时间 2 天，需要人员数量 2 人）。很容易得到项目的关键路线为活动 B，项目总工时为 6 天。根据工作进度计划和职责分配，可以得到人力资源随项目进度的分布，如图 5.10（a）所示。表明在没有进行均衡优化之前，项目进行的前两天，需要配备 7 名人员。

通过分析可以发现，由于各个活动之间是独立的，因此活动 C 可以放在活动 A 结束之后进行，得到了如图 5.10（b）所示的资源分布图，此时整个项目的总工期仍然是 6 天，而需要配备人员的最高数量减少为 5 人。如果活动 A 和 C 的工作可以由同样的人员完成，则通过优化，项目团队的组成人员由 7 人缩减为 5 人，降低了成本。

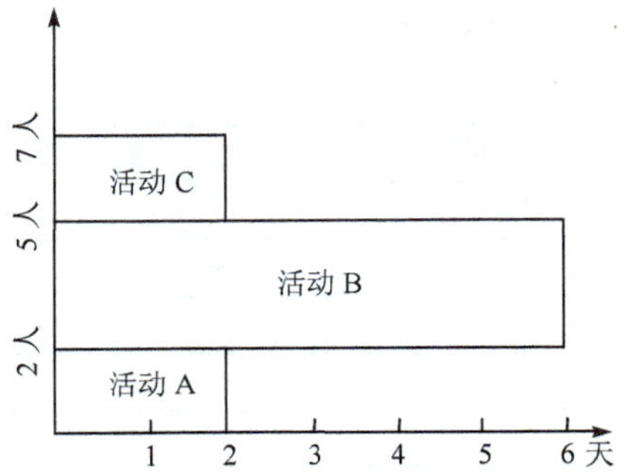

（a） 优化前

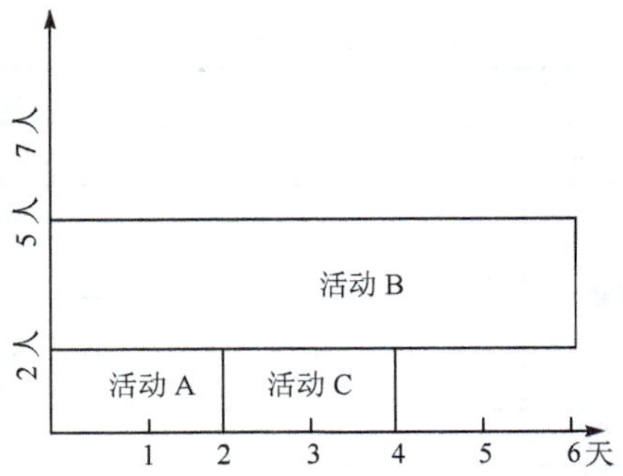

（b） 优化后

图 5.10　资源分布图

从资源优化的角度看，前面所讨论的进度和成本优化，实际是“资源强度不变，时间最短”的优化或“资源强度可变，时间最短”的优化，而这里的优化，则是“时间规定，资源均衡”的优化。而实际上，资源本身的优化就有达到均衡、资源消耗量低于限量、资源消耗量可变 3 个目标，进度时间也有最短、固定、可变 3 个目标，因此真正的优化应该是这几种情况有选择性的组合。优化的对象可能是整个项目、部分工作或某时段工作。不论是哪一种优化目标都必须考虑前面谈到的资源需求分布、资源供给条件、资源类型等约束条件。

尽管以上各种约束使得资源优化更加复杂，但资源调整的基本方法和目标参数依然没什么变化。调整的方法是尽量在总时差的范围内，在工艺允许的前提下，灵活安排非关键活动的持续时间，如延长持续时间；改变开始、完成时间；对工作进行细分然后并行进行等。

5.4　信息系统项目报价

信息系统项目的开发、建设和实施方需要向信息系统使用方提供关于项目各项费用的报价单，包括软件、硬件、人员、实施维护等。由于需求方的要求不同，信息系统项目的开发投入也不同。有些系统需求比较独特，大部分功能必须进行个性化分析设计和开发，如智能楼宇系统。而有些系统是可以通过标准化系统基础上的简单二次开发实现的，如客户信息管理系统。甚至有些系统可以以开源软件为基础，几乎不需要额外的投入，如用户管理系统。相应的，这些信息系统项目的报价也会有所不同。

表 5.4 列出的是完全按照客户需要定制开发的信息系统项目报价单示例，关于软件开发方面的费用，通常按照开发的不同阶段进行计算，由每阶段所投入人员的技术等级、工作小时数和相应的单位酬金决定。除软件开发费用外，报价单中还应该包括硬件设备设施费用及后期维护费用等。

表 5.4　定制开发的信息系统项目报价单示例

软件开发费用			
功　　能	阶　　段	参与人员及时间	报　　价
门卡系统	需求分析	高级工程师，1 人•月	2 万元
		初级工程师，4 人•月	2.4 万元
	总体设计	……	……
	……	……	……
软件开发总额			13.5 万元
硬件费用			
类型		数量	报价
服务器		1	1.29 万元
……		……	……
硬件总额			5.26 万元
维护费用			
类型		时间	费用
免费维护期		至合同生效后 1 年	0
有偿维护期		合同生效后 1 年至合同终止	每年支付 5%合同总价

表 5.5 列出的是标准化开发的信息系统项目报价单示例，软件开发费用不再按照各项功能每个阶段的人工投入计算，而是由系统使用方所选择的不同系统功能配置所决定的，因此报价单的软件开发部分按照某信息系统项目所涉及的功能模块进行报价。硬件和维护费用方面的报价与表 5.4 中的内容类似，因此在表 5.5 中略去。

表 5.5　标准化开发的信息系统项目报价单示例

软件开发费用			
子　系　统	数　　量	单　　价	报　　价
客户销售分析	2	0.12 万元	0.24 万元
……	……	……	……
软件费用总额		2.1 万元	
硬件、维护费用			

思考题

（1）双代号网络图与单代号网络图的区别在哪里？各自有什么优点？

（2）活动最早开始、最早结束、最迟开始、最迟结束时间分别表示什么含义，应如何计算？

（3）CPM 和 PERT 分别适用于什么条件下的网络规划问题？需要什么样的活动时间参数？

（4）进行信息系统项目成本估计的方法有哪几种？它们各自的优缺点是什么？

（5）挣值分析法的常用评价指标有哪些？分别对项目的哪些方面进行了控制和评价？

（6）用“时间—成本平衡法”调整网络计划的原理是什么？

（7）信息系统项目中通常包括哪些资源？具备什么特点？应如何进行管理？

第6章

信息系统项目质量管理与CMM

质量管理是项目管理的主要内容，任何其他要素（如进度、成本）的管理都要与质量管理相协调。信息系统项目的质量管理是围绕项目质量所进行的规划、组织、实施、检查和监督、协调、控制等所有管理活动的总和，目的是使信息系统项目中所有的活动都能够按照既定的质量及目标要求得以实施。

本章将首先分析信息系统项目质量管理的过程和内容，在此基础上介绍可以通过怎样的方式实现质量管理，最后介绍与信息系统项目质量管理密切相关的软件能力成熟度模型（CMM，Capability Maturity Model）和软件集成能力成熟度模型（CMMI，Capability Maturity Model Integration）。

6.1 信息系统项目质量管理的内容

IT 项目的质量管理可以分解为确定质量目标、制订质量规划、实施质量保证、进行质量控制 4 个方面的内容。

6.1.1 信息系统项目的质量目标

1．信息系统项目的质量

按照 ISO/IEC 9126—1991（GB/T 16260—1996）“信息技术软件产品评价质量特性及其使用指南”国际标准，软件质量是与软件产品满足明确或隐含需求的能力有关的特征和特性的总和。

从不同的角度去观察信息系统质量会有不同的理解。例如，用户主要感兴趣的是如何使用系统、系统性能和使用系统的效果，或是否具有所需要的功能、可靠程度如何、效率如何、使用是否方便、环境开放的程度如何（即对环境、平台的限制，与其他软件连接的限制等）。而开发者负责生产出满足质量要求的信息系统，所以他们特别关注满足某个功能的中间产品及最终产品的质量。同时对于项目管理者来说，要注重总的质量，而不是某一特性。为此，要根据实际要求对各个特性质量重要程度赋予权值，同时运用有限的资源和时间使软件质量达到优化目的。

按照 ISO 标准，一个信息系统质量特性可被细化成 6 个子特性。

（1）正确性（Correctness）：所制作的功能达到设计规范并满足使用者需求的程度；

（2）可靠性（Reliability）：在规定的时间和条件下，能维持其性能水准的程度；

（3）易使用性（Usability）：使用者学习、操作、准备输入、理解输出所做努力的程度；

（4）效率（Efficiency）：系统执行某项功能所需计算机资源的有效程度；

（5）可维护性（Maintainability）：当环境改变或系统发生错误时，执行修改所做努力的程度；

（6）可移植性（Portability）：从一个计算机系统或环境移到另一计算机系统或环境的容易程度。

2．信息系统项目的质量目标

为实现信息系统项目的质量特征要求，需要制定相应的质量目标，它并不是简单地指系统交付使用时在测试阶段发现问题的解决情况，而更多关注的是用户开始使用后的系统表现。用户在使用时系统产生的各种质量问题，在项目完成时无法马上得到数据和进行验证，所以一般是通过间接控制的方式，即根据以往项目经验估计各个质量指标的取值，作为目标值，如表 6.1 的前两列所示，而实际值与目标值的差异，是进行质量评价和控制的基础，由于实际值不可能完全与目标值相等，所以需要设定控制范围，实际值的变动在控制范围以内，即可认为达到了质量目标要求。可见，在表 6.1 的例子中，质量指标总缺陷数的实际值超过了控制范围，没有达到目标要求。

表 6.1　某信息系统项目的质量目标

质量指标	目标值	实际值	控制范围
系统交付后缺陷密度	0.8 个/千行	0.81 个/千行	±0.02 个/千行
总允许缺陷数	590 个	693 个	±10 个
质量成本比重	35%	40%	±5%

此外，信息系统质量目标可以表示为与系统缺陷相关的若干指标，由于一个项目版本的总缺陷数量应该是一定的，只是在交付后发现出来还是在交付前发现出来。如果能够在交付前发现出来，得以修正，就可以认为项目质量高。因此，可以将信息系统项目不同阶段发现的缺陷数作为质量目标，如表 6.2 的前两列所示，并根据实际值与目标值的差异，是否在控制范围之内，判断是否满足质量目标的要求，如表 6.2 的后两列所示。在这种质量目标中，高质量目标，就意味着在审查和测试阶段缺陷目标值大，即尽可能多地在这些阶段发现漏洞和缺陷并得以修正，那么，在用户正式使用时系统暴露的缺陷就会减少。

表 6.2　某信息系统项目的缺陷质量目标

阶段	目标值（缺陷个数）	实际值（缺陷个数）	控制范围
需求审查	160	225	±20%
设计审查	80	116	±20%
代码审查	100	81	±20%
系统测试	286	262	±20%
验收测试	25	20	±10%

质量目标在项目的各个阶段都有重要作用。首先，质量目标在确定后将直接影响到估算的工作量分布，因此，在制订信息系统项目计划时一定是先制定出项目的质量目标，再根据质量目标去指导和约束进度、成本的估算过程。

其次，质量目标预计出来的数据在项目执行和跟踪过程中也有作用，当出现较大偏差时要及时分析原因和采用相关的应对措施。这是进行质量控制的基础。例如，当预计的需求缺陷是 160 个时，如果需求阶段实际完成缺陷只有 50 个或更少，这时就要进行分析是否该发现的缺陷没有发现出来，是否需要重新组织评审或增加预审时间，只有这样才能够真正保证上游缺陷不泄露到后续工作中。

另外，项目质量指标体系一定要具备完整性、科学性与合理性，项目实施各相关主体应该事先进行讨论与沟通，以保证其完整、无漏洞，又具备较强的可实施性。

3. 用户方对质量目标的影响

用户方对系统的需求是信息系统质量度量的基础，换言之与用户需求不符就是质量不高的信息系统。而用户对系统的需求是与用户方的目标、定位、特征密不可分的，下面将从用户方的角度，讨论信息系统质量目标的确定。

1）质量目标的确定需要与用户方的经营理念保持一致

经营理念为信息系统项目质量目标提供了制定和评审的框架，首先要理解用户方的经营理念方针，尤其是质量方针，从而获得项目质量目标。如果用户方的经营方针是“开拓创新”，即企业依靠在一定时期内开发更多的新产品获得竞争优势，则项目质量目标可能侧重于对工作效率和项目进度的评价；若企业方针是“顾客满意”，则追求的是顾客投诉率应控制在多少，那么项目质量目标应着重于缺陷管理。

2）质量目标的确定需要与信息系统在用户方中的重要程度密切联系

质量目标的实现需要花费相应的质量成本，并伴随着时间的消耗。因此，应追求最好的质量目标，而不是最高的质量目标，才能更加满足用户的需求。所谓最好的质量目标，是指根据信息系统对于企业的重要程度，即系统的性能在多大程度上会影响到用户的经营效率、核心竞争力等，设定所对应的质量目标。

3）质量目标的确定需要与用户方的管理水平相适应

例如，如果用户方已经建立了质量管理体系，那么可以在用户的质量管理过程中发现问题，从而提出信息系统项目所对应的质量目标。同时，质量目标要具有前瞻性，在关注用户的现状时，也要充分考虑用户的发展及用户所服务顾客和相关方的需求和期望，考虑各方的要求是否得到满足及满足的程度。

6.1.2 信息系统项目的质量规划

项目质量目标确认后，还要进一步地确认项目的质量规划，质量规划就是为了达到上述的质量目标，分析应采用怎样的方法或手段，并最终形成质量计划的过程。例如，在某信息系统的质量目标中，设定在系统评审阶段需要发现 100 个缺陷，而项目组的实际能力决定了采用单人评审可能根本做不到发现这么多缺陷，这时就需确定要采用哪些其他的审查方式及相应比例，作为质量计划的一部分。

1. 项目质量规划的内容

国际标准 ISO 9000:2000 中对质量规划（QP，Quality Planning）的定义是“质量规划是质量管理的一部分，致力于制定质量目标并规定必要的允许过程和相关资源，以实现质量目标。”可见，质量规划是围绕项目质量目标所进行的各种活动，包括为达到质量目标应采取的措施，必要的作业活动；应提供的必要条件，如人员、设备等资源条件；

应设定的项目参与部门、岗位的质量职责等。

项目的质量管理是通过一系列的活动实现的，质量规划需要：

（1）对质量活动、环节加以识别和明确，建立项目质量活动流程；

（2）明确项目不同阶段的质量管理内容和重点；

（3）建立项目质量管理技术措施、组织措施；

（4）明确项目质量控制方法、质量评价方法；

（5）建立相应的组织机构，配备人力、材料、硬件、软件平台环节资源等。

在进行质量规划时，需要将项目质量总目标展开为各种具体的目标，分配至具体负责质量活动的部门及负责人，由他们对每项质量目标编制实施计划或实施方案。在计划书中，列出实现该项质量目标存在的问题、当前的状况、必须采取的措施、将要达到的目标、什么时间完成、谁负责执行等。通过质量规划，将质量目标分解落实到各职能部门和各级人员，使质量目标更具有操作性，从而使质量目标的实现步骤一目了然，以确保其完成。

2．质量规划的方法

1）将质量规划的过程视为信息系统项目持续改进的过程

质量问题往往是在项目进展过程中不断暴露的，质量改进的过程实际上就是在按照计划执行与跟踪的过程中进行问题的发现、纠正和预防的过程。通过问题发现（管理者、项目经理、软件工程师等将自己工作中所发现的错误随时记录下来）、收集和整理问题（按照质量指标进行分类统计整理）、分析问题（问题原因、责任分析）、排列问题重要性、提出解决措施（纠正措施或预防措施）、在部分区域演练、全面推广，这样一个自反馈系统就成为质量过程改进的一个系统化的方法。基于持续过程改进思想，W. Edward Deming 博士提出了 Deming 环（可译为戴明环），即 PDCA（Planning，Do，Check，Action；规划、实施、检查、行动）环，通过 4 个主要阶段的活动实现质量规划。以此为基础，SEI（美国卡耐基梅隆大学的软件工程研究所）提出了 IDEAL（Initiating, Diagnosing, Establishing, Acting, Leveraging；启动、诊断、建立、行动、推进）模型，也是软件过程改进方法的体现。

2）运用统计与度量技术，即将统计方法用于质量规划

体现统计和度量理论的一些基本方法包括如头脑风暴法、帕累托分析、因果图等方法。在团队中使用头脑风暴法，集思广益，找到尽可能多的质量问题和影响问题的原因，然后利用因果图对原因进行系统整理、归类，将因果关系用箭头连接起来，用来表示质量波动特性与其潜在原因的关系。而帕累托分析则用来识别消耗了最多成本的少部分质量因素的统计分析方法。以下是一些在信息系统项目中总结出来的遵守帕累托分布的典型质量问题：20%的模块消耗 80%的资源；20%的模块包含 80%的错误；20%的错误消

耗 80%的修改成本；20%的模块占用了 80%的执行时间等。

3）知识管理工具和方法

在质量规划的过程中，项目团队会产生大量的有关质量问题的历史数据，可以称为质量知识库。通过这些知识库可以引导员工自我培训，从而实现质量知识的高效积累和复用，很快地学到公司以前的经验知识，让错误不再重犯。

3．质量规划的结果

项目质量规划的结果就是形成质量计划和质量技术文件。质量计划是对特定的项目，规定由谁、何时、完成哪些活动、使用哪些资源的一系列文件。其内容包括：

（1）项目总质量目标和具体目标；

（2）质量管理工作流程；

（3）在项目的各个阶段，职责、权限和资源的具体分配；

（4）项目实施中需采用的评审、测试大纲；

（5）随项目进展计划更改的程序等。

质量技术文件包括保证项目质量的各方面技术支持，包括与项目质量有关的设计文件、研究文件等。

6.1.3 信息系统项目的质量保证

1．质量保证的定义

根据国家标准《质量管理体系基础和术语》（GB/T 19000—2000），质量保证（QA，Quality Assurance）是质量管理的一部分，致力于提供质量要求会得到满足的信任。就项目而言，不管用户是否明确提出质量保证要求，项目实施者都需要采取某些措施以保证项目的质量满足用户的要求。

如果信息系统项目较简单，其性能完全可由最终检验反映，则用户无须知道项目实施者在进行过程中如何进行质量保证和质量控制，只需要提出质量要求，并依据要求对项目进行质量验收。但随着技术的发展，信息系统项目所涉及的内涵越来越复杂，只靠最后的检验审查无法确认项目是否满足质量要求，用户此时就要求项目实施者证明项目分析设计、开发实施等各个环节的主要质量活动确实达到了规定要求，并提供必要的证据，这就是质量保证。

质量保证的内涵已经不是单纯为了保证质量了，而是进一步延伸到能够使用户信任了。为了达到此目标，项目实施者应完善项目质量体系，对项目有一套完整的质量保证体系和质量控制方案、办法，并贯彻执行，对实施过程及结果进行分阶段验证。在此基础上，项目实施方采取各种活动和措施，提供证据，使用户能够了解质量保证因素，包括项目组的实力、业绩、技术水平、管理水平，以及在项目各阶段主要质量控制活动和质量保证活动的有效性，从而使用户方建立信心。这种信心体现在：① 用户方确信项目万无一失，如项目满足用户需求、项目正在正常进行等；② 针对某些可能的故障或缺陷，用户方能够得到早期预警，从而可以降低损失。

2. 信息系统项目的质量保证涉及的角色

信息系统项目的质量保证，是多角色的群体协同工作，其中有 3 个重要的角色：质量保证组、开发组及测试组，它们相互独立又相互联系的工作是项目质量保证的关键。质量保证组的工作就是要监督整个开发过程系统的质量问题。而对于开发组来说，关心的问题就是系统开发的具体细节问题，甚至细微到程序中的每一行代码所完成的功能。对测试组来说，就是要找出系统中存在的尽可能多的错误。从某种意义上来说，错误发现得越多，则系统的质量就在原来的基础上提高越大。

在信息系统项目的进行过程中，各种角色人员之间的联系是相当密切的。如在系统开发阶段，开发组所开发出来的代码单元必须经过软件测试组进行测试，而测试组的测试结果又必须被软件质量保证组所监督。所以，质量保证并不能够完全由项目的某个功能小组来决定，而是所有人互相配合，协调一致共同努力的结果。

3. 质量保证与质量控制

质量保证需要监控信息系统项目组质量保证体系的运行状况，审计项目的实际执行情况和质量保证规范之间的差异，并出具改进建议和统计分析报告，对项目的质量保证体系的执行质量负责。而质量控制（QC，Quality Control）则是对每个阶段或者关键活动的产出物（模块、文件等）进行检测，评估产出物是否符合预计的质量要求，对产出物的质量负责。如果将信息系统项目比喻成一条产品加工生产线，那么质量保证只负责生产线本身的质量保证，而不管生产线中单个产品的实际质量情况（这是质量控制的职责）。质量保证通过保证生产线的质量来间接保证软件产品的质量。

6.1.4 信息系统项目的质量监控

由前面的描述不难发现，质量管理的实现，需要进行项目质量监督控制，即在项目执行过程中收集质量信息，监控项目的实际运行，收集并针对实际质量与既定质量标准的差异数据，进行分析，采取合理纠正措施，以确保项目质量目标的实现。

1. 质量监控的主要工作

在信息系统项目实施过程中，首先需要收集项目实施过程中的相关信息，观察、分析项目实施进程中的实际情况以便监控。获取信息的途径包括：项目进度报告、项目例会、里程碑会议、各种会议纪要等正式的渠道，也包括与项目成员或最终用户进行交谈与讨论、成员笔记心得、与企业管理层进行非正式的交流等非正式渠道。在这个环节上，要根据项目质量目标的要求，全面、客观地跟踪与反映项目实施的实际情况。

其次，把项目实施过程中的实际表现与项目质量目标要求进行比较，分析出差异，回答“项目质量进展如何”、“如果发生了与质量计划偏离的情况，是如何造成的”、“哪个质量环节的工作出现偏差，由谁负责”等。通过对项目实际达到的质量指标进行综合分析，客观评价项目质量状况，寻求导致差异的因素或条件限制，从而可以根据需要采取有效措施来保证后续的项目质量按着既定的轨道运行。

最后，根据具体情况采取合理的纠正措施。经过比较与分析，如果发现偏差，就要采取适当的措施进行纠正。可供选用的纠正措施包括重新制订项目质量计划、重新确认项目质量活动、重新分配项目质量管理所需资源、调整项目质量管理组织形式等。一般而言，纠偏措施的选择和执行，需要质量管理人员根据以往案例做出经验判断，并在满足用户需求的前提下，注意与进度管理、成本管理、风险管理等方面的协调。

2. 质量监控的方法和技术

质量监控的依据是所收集的质量信息和数据，这些信息可能体现项目实际的质量状况，如需求阶段的缺陷数量；也可能体现某一质量目标不能达到的原因，如采用了效率较低的测试方法；还可能反映项目质量水平与既定目标的差距，以及差距的范围等。在质量监控活动中，对信息数据的获取、分析和处理，有很多不同的方法。以下介绍两种在信息系统项目监控中常用的方法：因果分析图法和控制图法。

1）因果分析图法

因果分析图法，又称树枝图、鱼刺图。该方法首先需确定要解决的质量问题（如质量成本超支 50%）；而后将影响项目质量的众多原因进行分析整理，先确定影响此问题的大原因（如人工、软/硬件平台、环境条件等）；其次将原因逐级分层，从大到小、从粗到细，直至确定能采取有效措施的原因（如新人多等）为止，最终得到如图 6.1 所示的形状似“鱼刺”的因果图。需要注意的是，在分析了影响质量的因素之后，需要针对这些因素，有的放矢地制定对策，落实到具体的时间、责任人，以切实实现质量监控。

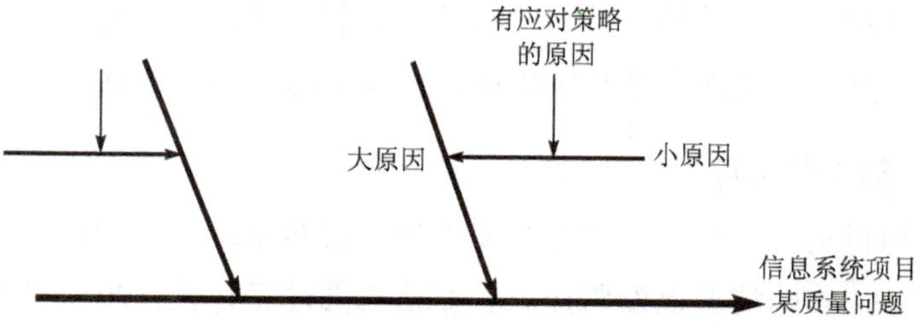

图 6.1　因果分析图示意图

2）控制图

控制图是根据时间推移对项目运行结果的一种图表展示，常用于判断项目是否“在控制中进行”（例如，程序运行结果中的差异是否因随机变量所产生，在允许的范围之内？是否发生了突发事件而带来运行结果的偏差？），即用来区分项目质量波动是属于由偶然因素引起的正常波动，还是异常波动。项目质量出现偏差，如果在控制之中时，则不必对它进行调整，但需要注意偏差发展的趋势，查明原因，采取措施，使之稳定下来。

图 6.2 即为项目质量控制图。在图中一般有三条控制界限，上控制界限，用 UCL（Upper Control Line）表示；中心线，用 CL（Central Line）表示；下控制界限，用 LCL（Lower Control Line）表示。将随着项目进度的质量特征值显示在控制图上，如果落在上、下控制界限内，则可以判断质量处于可以控制状态。

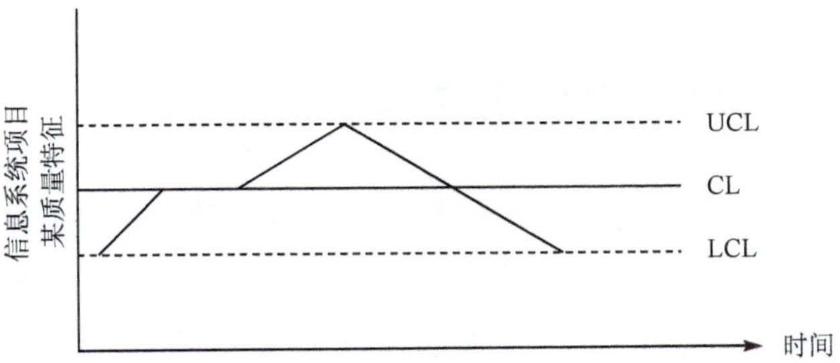

图 6.2　项目质量控制图

3．项目不同阶段的质量监控

在信息系统项目的进展过程中，不同阶段质量监控的重点和采用的方法是不同的，以下重点介绍一下在需求调研、分析设计和编码阶段的质量监控特征。

1）需求调研阶段

如前面所述，用户需求是制定质量目标的依据。然而因为人们之间存在着表达和理解上的偏差，会给质量管理带来人为的困难。因此，在描述需求的语言上就应该注意尽量避免歧义的产生。例如，利用统一建模语言（UML，Unified Modeling Language）工具、建立术语表，这样可以减少一些自然语言引起的歧义。另外，保证用户需求质量的一个很重要的因素就是需求是否细化，只有细化的需求才能转换为质量管理的目标要求。细化的粒度很难有绝对的标准，但一般用是否可以写出相应的测试用例作为检验需求粒度的依据，如果写不出针对某一需求的测试用例，就说明需求还不是很细，还需要再进行细化。

2）分析设计阶段

信息系统的分析设计在信息系统项目生命期中占有很重要的位置，在这个阶段的质量监控，涉及用户、项目管理人员、程序员、测试员、维护人员等不同的角色，以及他们对分析设计的不同要求。例如，针对用户，此阶段的质量监控需要考虑对需求的覆盖程度；对于程序员，质量监控包含所设计的模块是否清晰，“类”（面向对象程序设计中的一种数据结构）的功能是否单一等；对于维护人员，质量监控要考虑系统的扩展性、可维护性。一个高质量的信息系统，应该最大限度地考虑并满足不同角色的不同要求。

3）编码阶段

在编码阶段进行质量控制的重点之一是监控代码的可读性及规范性。可读性不一定是简单的代码，而是容易理解的代码，因为过于复杂的代码难以测试和维护，同时出错的概率也会更高。由于软件开发是长时间的多人协作工作，规范性代码无疑对于提高总体工作质量及效率是非常有用的。在编码阶段一个非常重要的质量监控手段就是测试，通过统计测试代码所产生的信息系统缺陷情况，包括缺陷数量、严重等级分布、缺陷曲线的变化等，评估编码质量。

6.2　信息系统项目质量的管理方式

信息系统质量管理有多种方式。从信息系统项目质量管理的承担主体来看，既可以由项目实施主体来承担，也可以选择外包。信息系统项目实施方（通常为项目设计开发方）和被实施方（通常为项目用户方）可以成为项目质量管理的主体，分别或者共同对项目实施质量进行管理。此外，还可以根据需要与企业资金实力情况，决定是否选用专业的第三方项目监理或审计，协助对项目实施质量进行管理。这些构成了信息系统项目质量管理的主要方式，将在本节中分别介绍。

需要说明的是，无论采取何种方式，信息系统项目的被实施方都应该作为主体之一，为项目质量规划确立明确的方向，对项目质量承担根本责任。另外，由于整个项目质量管理过程往往可能涉及两方、三方甚至更多相关方的参与者，在整个项目的组织架构中，还要明确建立对项目质量管理负责的团队及其相关的工作流程，从组织方面为项目质量管理做好准备。

6.2.1　项目内部质量管理组织结构

信息系统项目内部质量管理组织结构，按照是否有专门的质量管理部门，可划分为两类：项目型结构和矩阵型结构。

1．项目型结构的质量管理组织

在项目型结构中，没有专门的质量管理部门，以项目作为质量管理的单位。各个项目设立自己的质量管理岗位（如质量保证 QA、质量控制 QC），位于高层领导之下，独立于项目组。质量管理人员（简称质管人员）直接对高层领导负责，但业务上需要向项目经理汇报，属于项目成员，如图 6.3 所示。这种组织结构的优点是完全融入项目组的质量管理人员，易于发现实质性的问题，解决问题也较快捷；缺点是各项目之间的质量管理经验缺乏交流和共享，还可能出现对质量管理过程、方法和工具的重复性投资。在这种组织结构下，由于项目经理通常专注于系统设计开发等业务的发展，忽略质量管理，质量管理人员的职业发展容易受到忽视，难以接受到应有的培训和提升。

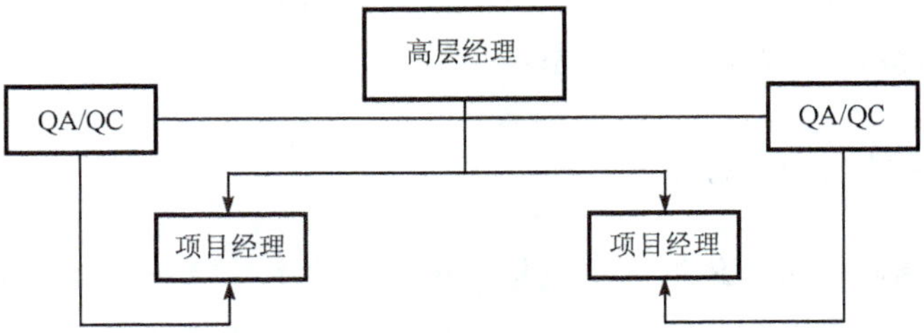

图 6.3　项目型结构的质量管理组织

2. 矩阵型结构的质量管理组织

在矩阵结构中，有专门设立的质量管理部门，与各项目组平级。质管人员行政上向质量管理经理（简称质管经理）负责，业务上向项目经理汇报，如图 6.4 所示。在这种组织结构中，由质管经理对 QA 或 QC 进行考评和授权，有利于保证质量管理的独立性和评价的客观性，也有利于质管人员的职业发展。同时，质量管理流程、知识、资源在专门的质量管理部门中可以得到更好的建设和改进，为所有项目所共享，可按照项目优先级动态调配，资源利用更充分，但也可能出现资源竞争冲突。此外，在矩阵结构中，质量管理难于融入项目组，发现的问题无法得到及时、有效的解决。

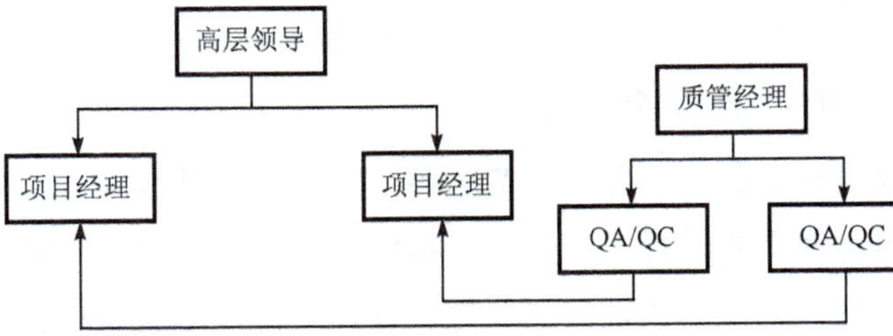

图 6.4　矩阵型结构的质量管理组织

3. 质量管理组织的其他重要问题

在信息系统项目中，不管采用什么样的质量管理组织结构，质量管理绝对不只是质管人员、部门的事情，以质量为核心的企业文化将成为决定企业兴衰的关键因素。质量不依赖于某个或某几个质量管理高手，而是依赖于整个过程。项目经理、QA、QC、高层领导、程序员、设计人员、系统分析员等都会发现问题，都具有质量管理的职责，并能起到质量管理的作用。对信息系统项目而言，好的过程是好产品的必备条件，因此，质量管理要渗透到每个项目成员的日常工作中。

首先，建立质量责任制，将质量职能分配到信息系统项目的各有关小组，成为该小组的质量目标或责任；其次，需要把小组的质量目标进一步展开成若干项具体的工作和要求，再落实到各活动及人员，成为个人或岗位的质量责任；最后将各小组和岗位的质量责任制和管理标准纳入项目质量体系。

6.2.2　信息系统项目的监理

项目监理是指监理机构依据项目质量、进度、成本等准则，对项目有关主体进行监督、检查和评价，并采取组织、协调、疏导等方式，促使项目更好地达到预期的目的。一般而言，监理方与委托方（即为信息系统项目用户方）签订监理合同，完成监理计划（包括委托方在该项目总体上要达到什么目标？细分后分别是什么目标？质量、时间、投资预算方面的要求是什么？等），代表委托方履行监理职责，对项目进展的各个环节、各个有关方面进行客观、有效的监督和评价。监理与项目其他主体的关系如图 6.5 所示。

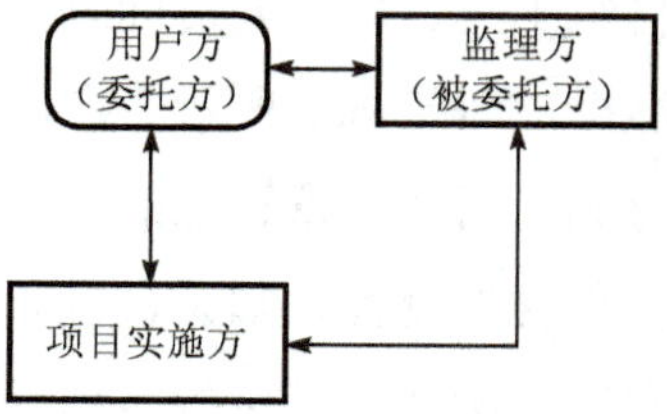

图 6.5　监理与项目其他主体的关系

监理合同签订开始到最后系统试运行结束，监理方工作在职能上可以归结为两点：沟通与监督。沟通的目标是实现委托方与实施方信息对等，沟通的手段是定期或不定期召开工作会议；监督的目标是在质量、进度和投资上进行控制，监督的手段主要是进行合同管理和文档管理。

1. 信息系统项目监理的典型类型

信息系统项目涵盖分析、开发、实施各个阶段，包括网络、软件、硬件等方面，并不是项目所有内容都需要进行质量监理。按照信息系统项目本身的特点，项目监理通常包括以下 3 类：硬件网络集成项目的监理、软件产品选型实施项目的监理、软件开发项目的监理。下面分别介绍这 3 类监理工作的特点。

1）硬件网络集成项目

它主要是对信息系统硬件、网络进行集成建设。这类项目监理最主要的特点是，硬件网络集成项目的评测标准，即项目质量目标是非常明确，易于执行的。例如，综合布线的监理依据有“中华人民共和国通信行业标准 YD/T 926.11997 大楼通信综合布线系统”

等，是直接面向结果的规范。所以，相对于其他两类项目的监理，硬件网络集成项目的监理是比较简单的。

2）软件产品选型实施项目

这类项目，主要是面向各厂商开发出来的产品软件，选择出合适的软件产品，并根据用户需求进行实施，如企业资源规划（ERP，Enterprise Resources Planning）选型实施项目。这类项目监理的特点是涉及对用户需求的分析，以及对软件应用的评测。对于前者，质量管理中的难点是对用户方商业背景和运作规律的了解，而对于软件评测，国家目前还没有相应的标准来控制，事实上，软件实施评测也不容易形成统一的标准，这些都造成了此类项目监理一定的难度。

3）软件开发型信息化项目

这类项目，主要是基于一定的硬件网络设施，由承建方根据用户方需求开发软件系统。由于信息系统开发工作是知识密集程度非常高的工作，在某种程度上，也是非常个性化的。目前对于软件开发项目的各种标准，多是针对软件开发过程的控制，如术语、文档等。因此，这类项目监理也有一定难度。

2．信息系统项目不同阶段的质量监理

由于信息系统项目的不同阶段具有不同特点，监理方在不同阶段的工作重心也有所不同，具体内容如下。

1）招投标阶段

监理方主要工作是根据前期调研的工作结果，协助委托方编制招标文件，评标及保管合同及文档。其中评标工作主要考虑项目所需的技术（关键技术基础、平台、经验）、价格（核准价格组成、明晰价格与项目活动的关系）、交货期、信誉、售后服务等因素。

2）总体规划阶段

监理方的主要任务是在实施方制订出项目计划后，对其项目计划审查，并修订前期制订的监理计划，明确监理目标、监理范围、组织机构、主要措施、工作制度等。

3）需求分析阶段

监理方的工作主要包括对需求分析阶段各种文档的保管进行监督，对实施过程的访谈活动进行监督，对需求分析报告、原型演示系统的确认等；还包括当被实施方和实施方由于知识背景不同而在访谈过程中沟通不顺畅时，监理方应利用自身优势使得双方顺利地理解对方。

4）概要设计阶段

监理方需要按一定标准评定实施方所提交的概要设计，这些标准包括确认该设计是否覆盖了所有已确定的软件需求；确认系统的接口和模块是否已明确定义；确认该设计

在现有技术条件下和预算范围内是否能按时实现、是否存在风险；确认该设计的可行性，是否可以以此为基础顺利地进行后续编码工作；确认该设计是否考虑了方便未来的维护；确认该设计是否表现出良好的质量特征等。

5）详细设计阶段

监理方在这个阶段主要是在进度上进行控制，主要手段是定期与实施方沟通，检查设计文档。

6）编码及测试阶段

一般来说，监理方依据结构化程序设计原则来进行编码工作的监理，根据测试原则（如持续测试、全面测试等），对实施方的测试及形成的相应文档进行监督。

7）系统试运行阶段

监理方在这个阶段的主要工作包括审核文档资料的完整性、可读性及其与工程实际的一致性；审核操作系统、应用系统等软件配置与设计方案的符合性；检测验证系统功能性能与合同的符合性；检查人员培训计划的落实情况；出具验收报告；帮助用户制定系统运行管理规章制度；在保修期内定期或不定期地对项目进行质量检查、督促实施方按合同要求进行维护等。

3. 监理合同

信息系统项目的监理工作需要监理合同进行保障，一般而言，监理合同的内容包括以下几项。

（1）项目监理原则。例如独立公正原则、负责制原则、回避原则、保密原则等。以保证在监理过程中，监理方与施工方没有利益关联和冲突，能够按照相关法律制度完成监理工作，出现相关问题可以找到责任承担方。

（2）监理关系。合同中需要明确监理方与项目各方之间的关系，包括业主、系统提供商、分系统承建商等。

（3）监理工作范围。确立监理工作涉及的具体系统硬件配置和软件模块，以及相应的工作阶段，如某个子系统的招标、设计、实施、验收等环节。

（4）监理工作依据。依据所监理的信息系统项目的特点，列出监理工作的依据，包括相关的国际和国家法规、制度、标准，涉及开发、网络质量、安全体系结构等各方面。

（5）监理人员组成。依据项目所涉及的不同技术支持和业务领域，监理组应配备相关的技术人员及任务小组，并设计组织结构，方便各成员之间的沟通。进一步，应明确各监理人员的职责范围。

（6）监理工作方法及流程。明确在项目各个阶段中具体的监理工作内容和要求，制定各项工作制度，涵盖沟通、质量检查、控制等各方面工作，并设计具体的监理工作流程。

6.2.3　信息系统项目的审计

国际信息系统审计委员会（ISACA）将信息系统审计定义为“一个获取并评价证据，以判断计算机系统是否能够保证资产的安全、数据的完整及有效率利用组织的资源，并有效果地实现组织目标的过程”。信息系统项目的审计是在对整个信息系统项目的可靠性、安全性、经济性进行了解的基础上所做出的评价，是一项通过审查评价信息系统的规划、开发、实施、运行和维护等一系列活动，以及组织内外环境条件，来确定信息系统项目运行是否经济、可靠、安全、有效，系统功能、数据是否可靠准确等的过程。

1．信息系统项目审计的内容

信息系统项目审计的内容（主要来自 ISACA 的相关规定）包括：

（1）评价组织是否拥有适当的结构、政策、工作职责、运营管理机制和监督实务，以达到信息系统项目方面的要求；

（2）评价组织在软件技术与硬件基础设施的管理和实施方面的有效性及效率，以确保其充分支持组织的商业目标；

（3）在系统建设生命期中，对应用系统的开发、获得、实施与维护方面所采用的方法和流程进行评价，以确保其满足组织的业务目标；

（4）评价信息系统是否可确保提供所要求的等级、类别的服务；

（5）通过适当的安全体系（如安全政策、标准和控制），保证信息资产的机密性、完整性和有效性，防止信息资产在未经授权的情况下被使用、披露、修改、损坏或丢失；

（6）建立灾难恢复和业务连续性计划，确保一旦信息系统被中断（或破坏），对业务影响最小化；

（7）评估组织业务处理流程，确保根据组织的业务目标对相应风险实施管理等。

2．信息系统项目审计的特征

从信息系统项目审计的上述定义和内容，大致归纳出信息系统审计的以下几个特征。

（1）独立性，为了确保公正性与有效性，项目审计独立于项目组织之外，其工作不受项目管理人员制约，审计人员与项目无任何直接的行政或经济关系，可以以第三方的客观立场进行检查与评价。

（2）综合性，信息系统审计不仅包括审计信息系统项目的有形设施、资源，还包括运行环境及项目内部控制。

（3）管理特征，信息系统审计通过对信息系统安全、可靠与有效性的评价，促使项目实施双方有效地利用组织的资源，实现组织的目标。

3. 信息系统项目审计的过程

信息系统项目审计的过程主要包括以下几个步骤。

1）确定审计依据，制订审计计划

信息系统审计的依据主要包括通用的信息系统审计准则和标准体系、项目控制目标、委托方的系统需求和业务规定、其他法律及规定。按照这些依据的要求，审计方确定审计工作的步骤与技术，制定信息系统审计总体计划。

2）审计准备

信息系统项目审计的准备主要包括收集项目背景信息，即被审计方的组织结构、内部控制制度、系统流程等，估计完成审计需要的资源，所使用的方法，合理进行人员分工，确定审计范围和需要重点关注的内容，并制定日程，选择适当的审计方法，以保证审计工作的顺利实施。

3）审计实施

根据标准和相关准则，按照信息系统项目所进行某项具体的活动（如分析、开发等），或某个具体的目标（如风险、成本等）实施审计。针对所审计的问题和目标，可以提交以下报告。

（1）针对项目中某一问题的专题分析报告，提出紧急改进方案或一般改进方案。例如，审计方发现在项目管理的流程中，并没有涉及质量目标属性，也没有支持质量管理的组织结构，需提交相应报告，并提出改进方案。

（2）阶段性报告，在每个里程碑结束后，提交阶段性审计报告。例如，在项目完成系统详细设计之后，审计方需要对该阶段的各项活动是否按计划展开、是否满足既定需求、是否超过既定资源等进行审查评价。

（3）综合审计报告，在项目结束后提交，需要综合分析评价整个项目的质量、流程、范围、进度、成本、资源、风险、沟通等各方面的审计要点和结果。

4）审计结束

在审计完成后，需要向委托方的高层领导交流审计结果，提出改进建议。这将确保高层领导对审计进一步的理解，增加审计建议的接纳程度，也提供给被审计者一个表达观点的机会。

4. 信息系统项目审计的主要作用

（1）通过在项目进行过程中的审计，可以及时发现不合理的经济活动，并能提出相应的改正建议，促使项目管理人员最大限度地实现对人、财、物使用的综合优化，从而尽可能降低项目造价，提高项目收益。

（2）通过审计，可以促进制定正确和可行的决策。项目审计可以对项目决策是否遵循了科学的程序、决策依据是否充分、方案是否经过了优选等做出正确的评价，而从避免或终止错误的决策。这对防止盲目投资和建设决策中的重大失误非常重要。

（3）通过审计，可以提高系统的可靠性，通过审计项目的各项活动，提高信息系统的最终品质，尽早发现设计缺陷、程序错误。

（4）通过审计，可以提高信息系统安全性，包括预防故障发生，当故障出现时，可以把故障影响控制到最小，同时可有限地防止数据的外泄、破坏或修改、非法入侵等情况的发生。

（5）通过审计，可以提高信息系统效率，在信息系统使用阶段，审计从信息系统的资源是否最大限度地被利用的角度进行核查、评价，提高信息系统产出效率。

（6）通过审计，可以揭露错误和舞弊，制止违法违纪行为，维护投资者的权益。

（7）通过审计，可以交流经验，吸取教训，提高项目管理水平。任何时期的项目审计都会发现经验和暴露问题，这些经验和问题会帮助项目经理及企业高层管理部门改善管理状况，避免或减少再次出现类似的错误。

（8）通过审计，可以激发项目管理人员的积极性和创造性。在审计过程中，通过对管理和建设现状的评价，奖优惩劣，从而激励项目管理人员恪尽职守，努力工作。

6.3　信息系统项目质量的管理体系

能否满足用户方的需求，是信息系统项目质量管理的关键，根据客户需求建立和执行适当的衡量标准，进而组成质量管理体系，能够帮助信息系统项目持续关注、增进客户满意。由于竞争的压力和技术的发展，客户的需求和期望是不断变化的，所以信息系统项目必须持续地关注获取顾客的动态需求，并改进项目过程和最终系统。质量管理体系提供了标准、工具和方法，帮助项目团队分析客户要求，规定相关的过程，并使其持续受控，以实现用户方能接受的信息系统。质量管理体系能提供持续改进的框架，以增加客户和其他相关方满意程度。质量管理体系还能就项目团队能够提供持续满足要求的产品，向客户提供信任。

遗憾的是，目前还没有一套公认的信息系统项目质量管理标准体系。一个信息系统项目质量管理体系的设计和实施受各种需求、具体目标、条件、所提供的系统、所采用的过程，以及该组织的规模和结构等方面因素的影响。在本节中将介绍信息系统项目质量管理体系，并重点分析与信息系统项目关系更为密切的两种模型：软件过程能力成熟度模型（CMM，Capability Maturity Model）和软件集成能力成熟度模型（CMMI，Capability Maturity Model Integration）。

6.3.1 信息系统项目质量管理体系简介

如上所述，没有公认的信息系统项目质量管理标准体系，目前比较流行的质量管理体系有 ISO 9000:2008、CMM、CMMI、六西格玛管理等。每个信息系统项目应该根据自身具体特点需求，依据相应原则，选择建立适当的质量管理体系。以下将讨论建立质量管理体系的原则，并对流行的各种质量管理体系做介绍分析。

1．信息系统项目质量管理体系的建立原则

（1）选择某一现有体系的质量管理原则作为信息系统项目质量管理体系的原则。例如，在 ISO 9000:2008 中，提出以顾客为中心、领导作用、全员参与、过程方法、管理的系统方法、持续改进、基于事实的决策方法、互利的供求方关系八项质量管理原则。可以选择这些原则作为信息系统项目质量管理体系建立与实施的基础。

（2）注重质量管理体系的实效。尽管可以借鉴现有体系的原则，但更要考虑每个项目自身的特点。例如，ISO 9000 质量管理体系是通用性要求，适用于各种类型、不同规模和提供不同产品的组织。因此，在建立和实施信息系统项目质量管理体系时，一定要结合项目和信息系统的特点，重在具体的实施举措和过程、重在有效性，不流于形式。

（3）强调以预防为主，进行全面质量管理，并且注重质量与效益的统一，并将质量管理体系与项目组织的其他管理体系有机结合起来。

2．ISO 9000:2008 简介

国际标准化组织（ISO）是由各国标准化团体（ISO 成员团体）组成的世界性的联合会，该组织所提出的 ISO 9000:2008 版标准是 ISO 9000 标准的最新版本，是一个适应于多种行业和产品的通用质量标准，由 ISO 9000、ISO 9001 和 ISO 9004 共 3 个核心标准组成。ISO 9000 阐明了质量管理理念和原则，规范了相关概念和术语。ISO 9001 标准对组织质量管理体系必须履行的要求做了明确的规定，包括确定为使顾客满意所必须满足的质量管理体系最低要求，将其转化为对产品的规定要求；为质量管理体系的评价提供基本标准。ISO 9004 标准提供了考虑质量管理体系的有效性和效率两方面内容的指南，可以指导使用者实现持续的自我改进，追求卓越的质量管理绩效，实现顾客和其他相关方满意的更高层次的目标。

由此可见，ISO 9001 标准是组织建立质量管理体系的要求标准，而 ISO 9004 是组织进行持续改进的指南标准。参照这一组的标准所进行的质量管理，将使信息系统项目的质量不但有保证，而且持续改进。

3．六西格玛管理简介

20 世纪 90 年代发展起来的六西格玛（σ）管理是从全面质量管理方法演变而来的，它是一个高度有效的企业流程设计、改善和优化的技术，既着眼于产品质量，又关注过程的改进。西格玛（σ）在统计学上用来表示标准偏差值，值越大，缺陷或错误就越少。六西格玛是一个质量目标，意味着所有的过程和结果中，99.999 66%是无缺陷的。六西格玛也关注过程，将过程能力用 σ 来度量，σ 越大，过程的波动越小，过程以最低的成本损失、最短的时间周期满足顾客要求的能力就越强。

在六西格玛管理中将所有的工作作为一种流程，采用量化的方法分析流程中影响质量的因素，找出最关键的因素加以改进从而达到更高的客户满意度，采用界定、测量、分析、改进、控制这样一套不断改进的循环，对项目组织的关键流程进行改进。在实施六西格玛管理中，强调最高管理层承诺、有关各方参与，并建设相应的培训方案和测量体系，从而系统地保证和提高质量。

4．ISO 14000 简介

为加强组织改善环境绩效的能力，帮助企业承担环境保护这一重要的社会责任，ISO 组织颁布了环境管理体系标准 ISO 14000，包括 ISO 14001、ISO 14004、ISO 14010、ISO 14011、ISO 14012 等五个具体标准和审核准则。这一标准继承了 ISO 9000 体系的适用性和灵活性，可适用于任何类型与规模、文化和社会背景下的组织。其中，ISO 14001 是这一系列标准的核心，它是系列中其他标准的基础，也是企业环境管理体系建立和审核的依据。

信息系统项目同样也面临环境问题。例如，移动互联网系统项目所需的基站，在建设和运维过程中产生的辐射会对环境和人体造成威害；再如，在电子产品的生产过程中会产生对环境有极大破坏的废料、废液。ISO 14000 标准的推广，有利于促进企业增强环境意识，减少供应链相关企业的污染；帮助企业树立良好的社会形象，提高市场竞争力；还能够在项目过程中贯彻节能降耗的标准要求，从而提高效益、降低成本。

5．ISO 9000:2008、ISO 14000 与六西格玛管理

作为直接面向质量管理的标准，ISO 9000:2008 和六西格玛管理法有许多相似之处，例如，组织的质量管理工作以顾客为关注焦点，采用过程方法，强调组织领导积极参与质量工作的重要性，提倡全员参与等。然而它们更有各自的侧重点：ISO 9000 为企业实现质量管理的系统化、文件化、法制化、规范化奠定了基础；而六西格玛管理法则提出了为保证产品质量，综合运用的一整套质量管理思想、体系、手段和方法，使项目组织可以进行系统的质量管理活动。因此，对于信息系统项目质量管理工作而言，前者可以为信息系统项目架设一个基础质量体系平台，而后者则可以为具体的信息系统项目提供

质量管理的方法体系。

同属于 ISO 组织所提出的标准，ISO 9000 和 ISO 14000 体系虽然针对的是不同的具体问题，但两者本质上都是科学的管理体系，能够促进企业进行细致、有效的管理，全面提升企业的管理水平。同时，在进行质量管理的同时，强调环境问题，推广 ISO 14000 体系，可以帮助企业以低能耗实现质量的提高，从而在增加效益的同时降低成本。

6.3.2 软件能力成熟度模型

1．CMM 产生的思想

CMM 是软件过程能力成熟度模型（Capability Maturity Model）的简称，是美国卡耐基梅隆大学的软件工程研究所为了满足美国联邦政府评估软件供应商能力的要求，研究的模型，并逐渐发展成为衡量 IT 公司软件开发管理水平的重要参考因素，以及软件过程改进的标准。

对于信息系统项目组织来说，能够具备开发实施完整而成熟的信息系统的能力，并不是一蹴而就的事情，需要经历一系列的阶段，持续不断地进行改进。在这个过程中，信息系统项目组织需要借助相应的标准，分析评定自己现有的能力水平，并确定在哪些方面进行怎样的改进。CMM 就是根据这一指导思想设计出来的，它基于过去所有软件工程过程改进的成果，吸取了以往软件工程的经验教训，为信息系统项目组织提供了一个阶梯式的改进框架。指明了一个软件组织在软件开发方面需要管理哪些主要工作、这些工作之间的关系，以及以怎样的先后次序，一步一步地做好这些工作而使软件组织走向成熟。按照 CMM 中所定义的 5 个成熟度等级，一个信息系统项目组织可以评价自己的能力所处的阶段，确定改进方向，从而不断向更高的成熟度等级前进。

2．CMM 框架的主要内容

CMM 框架用 5 个不断进化的层次来评定软件过程发展的成熟度，如图 6.6 所示。

（1）初始级：软件过程的特点是无秩序的，有时甚至是混乱的。软件过程定义几乎处于无章法和步骤可循的状态，软件产品所取得的成功往往依赖于极个别人的努力和机遇。

（2）可重复级：已建立了基本的项目管理过程，可用于对成本、进度和功能特性进行跟踪。对类似的应用项目，有章可循并能重复以往所取得的成功。

（3）已定义级：用于管理的和工程的软件过程均已文档化、标准化，并形成了整个软件组织的标准软件过程。全部项目均采用与实际情况相吻合的、适当修改后的标准软件过程来进行操作。

（4）已管理级：软件过程和产品质量有详细的度量标准。软件过程和产品质量得到了定量的认识和控制。

（5）优化级：通过对来自过程、新概念和新技术等方面的各种有用信息的定量分析，能够不断地、持续地对软件过程进行改进。

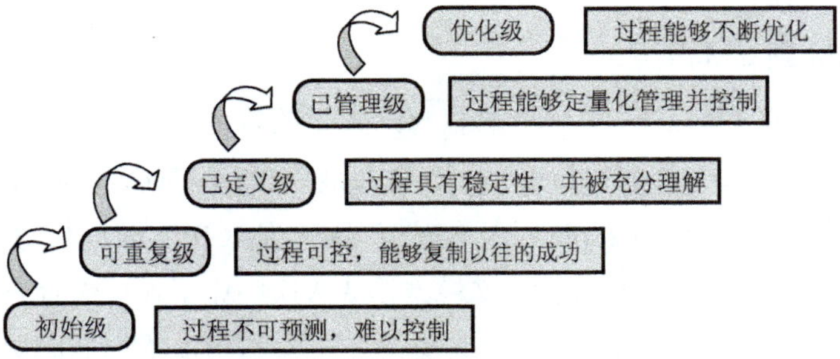

图 6.6　CMM 成熟度级别

除第一级外，每一级都设定了一组目标，如果达到了这组目标，则表明达到了这个成熟级别，按照 CMM 所规定的改进方向，自然可以向下一级别迈进。CMM 体系不主张跨级别的进化，因为从第二级开始，每一个低级别的实现均是高级别实现的基础。任何软件项目，都可能在某一方面比较成熟，在另一方面不够成熟，但总体上必然属于这 5 个层次中的某一个层次。这样的评定，可以促进项目实施方采取有效方法评估、改进现有的软件项目质量，同时也可以作为用户选择项目实施方的标准依据。

除了 5 个层次的成熟度模型外，CMM 框架的内容还包括除初始级外，每个级别的关键过程域。所谓关键过程域，是指一系列相互关联的操作活动，这些活动反映了一个软件组织改进软件过程时必须集中力量改进的几个方面。换句话说关键过程域标示了达到某个成熟度级别时所必须满足的条件。

不同成熟度级别的关键过程域具体如下。

（1）可重复级：包括需求管理、软件项目计划、软件项目跟踪和监控、软件子合同管理、软件质量保证、软件配置管理。

（2）已定义级：包括组织级过程焦点、组织级过程定义、培训大纲、集成软件管理、软件产品工程、组间协调、同行评审。

（3）已管理级：包括定量过程管理、软件质量管理。

（4）优化级：包括缺陷预防、技术更新管理，过程更改管理。

3．CMM 与 ISO 9000

如同前面所述 CMM 和 ISO 9000 都是一种质量标准体系，不能比较绝对的优劣。就软件企业来说，两者在对企业的质量管理的指导原则上的要求是差不多的。但 ISO 9000 的通用性太强，其适用范围是所有设计/制造/开发及服务的行业，对软件质量管理体系的具体要求是比较低的，只是能够证明软件企业的质量管理体系能够保障产品质量，而CMM 则针对软件企业，要求也很具体。

6.3.3 软件集成能力成熟度模型

1. 从 CMM 到 CMMI

自从CMM正式发布以来，美国卡耐基梅隆大学的软件工程研究所相继又开发出了系统工程（SE-CMM，Systems Engineering）、软件采购（SA-CMM，Software Acquisition）、人力资源管理（P-CMM，People）及集成产品开发（IPD-CMM，Integrated Product Development）等方面的多个能力成熟度模型。虽然这些模型在许多项目组织都得到了良好的应用，但对于一些大型信息系统项目来说，可能会出现需要同时采用多种模型来改进自己多方面过程能力的情况。此时会遇到如不能统一集成改进不同过程的能力；进行重复的培训、评估和改进活动，增加了成本；各模型间不协调，甚至相抵触等问题。于是，希望整合不同CMM模型的需求产生了。

CMMI 的全称为 Capability Maturity Model Integration，即能力成熟度模型集成。它为改进一个组织的各种过程提供了一个单一的集成化框架，新的集成模型框架消除了各个模型的不一致性，减少了模型间的重复，增加透明度和理解，建立了一个自动的、可扩展的框架。因而能够从总体上改进组织的质量和效率。

2. CMMI 简介

CMMI 有两种表示方法，以满足用户的不同需要。一种是与 CMM 一样的阶段式表示方法，划分为 5 个成熟度级别、24 个关键过程域，帮助实施 CMMI 的项目组织建立比较容易实现的改进过程。对比 CMM，变化最显著的在 CMMI3 级上，原有的 7 个关键过程域扩展为了 14 个，其中对原有的过程域“软件产品工程”进行了详细的拆分，并结合常见的软件生命期模型进行了映射。另外，CMMI 中新增的过程域中还涉及 CMM 中未曾提到的内容，如决策分析和解决方案、集成团队等，表现出 CMMI 集成的特征。

另一种是连续式表现方法，将 CMMI 中 24 个过程域划分为四大类：过程管理（包含 5 个关键过程域）、项目管理（包含 7 个关键过程域）、工程（包含 6 个关键过程域）及支持（包含 6 个关键过程域）。按照连续式表示方法实施 CMMI，项目组织可以把某类的实践一直做到最好，而其他方面的过程区域可以完全不必考虑。在集成的同时，CMMI 仍然可以作为单个方面过程能力改进的标准模型。

美国卡耐基梅隆大学的软件工程研究所 1997 年宣布停止对 CMM 的研究，转而致力于 CMMI，以解决使用多个过程改进模型的问题。事实上，虽然 CMMI 相比 CMM 确实有很多先进之处，但后者在较长时期后才能得到软件项目组织的应用。因此，信息系统项目组织选择采用 CMM 还是 CMMI 建立质量体系时，需要从以下几个方面综合考虑。

（1）业务特点：如果项目实施组织的规模不是很大，业务又以信息系统开发为主，那么 CMM 比较适用，反之则选择 CMMI。

（2）对过程改进思想的熟悉程度：如果项目实施组织接受过相关培训，在过去的信息系统实践中能自发地进行一些过程改进，那么可以考虑实施 CMMI，反之则最好先从 CMM 开始，先建立持续过程改进的思路，提高实施成功效率。

（3）预算：一般而言，实施 CMMI 的费用肯定要比实施 CMM 高出一些。项目实施组织在进行选择时要考虑预算约束。

（4）实施 CMMI 与 CMM 应可以平滑转换。假设项目组织在 CMM 正式评估中达到了 2 级的成熟度，将来改为基于 CMMI 进行过程改进。如果该组织在实施 CMM2 级时就按照 CMMI2 的要求实施，效果没有影响，但会节省很多在培训和评估方面的费用。

思考题

（1）信息系统项目的质量管理主要包括哪些工作？

（2）信息系统项目的质量目标应该如何确定？

（3）什么是信息系统质量保证？它和质量控制有什么不同？

（4）项目型和矩阵型结构的质量管理组织，各自有什么特点，适合什么样的信息系统项目？

（5）信息系统项目各阶段的监理工作，是如何体现监理的沟通与监督职能的？

（6）信息系统项目审计主要包含哪些内容？在审计的各个阶段应提交什么工作结果？

（7）什么是质量管理体系？在信息系统质量管理中发挥怎样的作用？

（8）CMM 的 5 个成熟度级别分别代表什么含义？如何体现了 CMM 的思想？

（9）CMMI 与 CMM 的区别体现在哪些方面？项目组织应如何在两者中进行选择？

第7章

信息系统项目的人力资源与沟通管理

信息系统项目是智力密集、劳动密集型的项目，受人力资源影响很大，项目成员的结构、责任心、能力和稳定性对信息系统项目的质量及是否成功有决定性的影响。项目管理的本质是基于项目状态信息的管理，这些信息的收集、处理和发布是沟通管理的重要内容，其中文档是记录和保存信息的一个非常重要的载体。不同的干系人有不同的需求，需要对干系人进行沟通并分析确定。

本章7.1节介绍项目人力资源的计划，7.2节分析如何通过激励和考核来进行项目团队的建设，7.3节首先讲解项目干系人的类型及其管理，然后分析信息系统项目沟通的特征、内容、方法和技巧，7.4节围绕冲突管理展开讨论，最后一节详细阐述信息系统项目的文档管理。

7.1 信息系统项目的人力资源计划

信息系统项目的范围确定以后，要估算项目总的工作量，在此基础上，根据工作量和进度的权衡，估算需要的人员大致数量并制订人力资源计划，然后根据人员尽量稳定的原则进行适当的调整，即人力资源平衡。在选择具体的项目成员时，应该参照项目团队的知识地图，根据知识地图中每个人的能力和兴趣特点分配工作，得到团队的职责分配矩阵，最后考虑具体项目小组合适的人员结构。

7.1.1 信息系统项目的人力资源计划及平衡

信息系统项目的人力资源计划，主要基于工作量和进度预估，工作量与项目总工期的比值就是理论上所需的人力数。至于人力具体如何选取与分配，有许多学者从软件工程的角度提出了一些思路，如人员—进度权衡定律等，信息系统项目可以此为参照，从项目管理的角度分析人力资源计划及平衡情况。

1. 信息系统项目人力资源计划的权衡

1）人员—进度权衡定律

著名学者 Putnam 分析软件项目的工作量模型时得到公式：

$$E = L^3 / (C_k^3 t_d^4) \tag{7.1}$$

式中，E 是软件项目的总工作量，单位是人 · 年；L 是代码行数，单位是千行代码；C_k 是技术状态系数；t_d 是交付时间，即项目的总工期，单位是年。

从这个公式可知开发软件项目的工作量（E）与交付时间（t_d）的 4 次方成反比，用 0.9 t_d 代替公式中的 t_d 计算 E，此时发现，提前 10%的时间要增加 52%的工作量，显然是降低了软件开发生产率。因此，软件开发过程中人员与时间的折中是一个十分重要的问题。Putnam 将这一结论称为“软件开发的权衡定律”。

信息系统开发项目的建设时间在很大程度上取决于应用软件的开发时间，信息系统如 ERP 实施项目的建设时间在很大程度上取决于套装软件二次开发的时间，因此，信息系统项目中也表现出这种人员与进度的非线性替代关系。将这种人员与进度之间的非线性替代关系称为人员—进度权衡定律。

2）Brooks 定律

曾担任 IBM 公司操作系统项目经理的 F. Brooks，从大量的软件开发实践中得出了另一条结论：“向一个已经拖延的项目追加开发人员，可能使它完成得更晚。”鉴于这一发现的重要性，许多文献称之为 Brooks 定律。这里，Brooks 从另一个角度说明了“时间与人员不能线性互换”这一原则。

上述两个定律的合理解释是，当开发人员以算术级数增长时，人员之间的通信将以几何级数增长，从而可能导致“得不偿失”的结果。一般来说，由 N 个开发人员组成的小组，要完成既定的工作，相互之间的通信路径总数为 $C_N^2 = N(N-1)/2$，而通信是需要时间的。所以，当新的开发人员加入项目团队之后，原有的开发人员必须向新来的成员详细讲解某个活动或工作包的来龙去脉。并且由于信息系统开发具有较强的个人风格，所以交流沟通的时间更容易拉长，而后来者还不一定能达到原来开发人员的工作质量。

2. 用于人力资源计划的 Rayleigh-Norden 曲线

以 Rayleigh 的名字命名的曲线，本来是用来解释某些科学现象的。1985 年，Norden 发现这一曲线可用来说明科研及开发项目在实施期间所需要的人力。1986 年，Putnam 又把这一曲线与软件开发联系起来，发现在软件生存期内各个阶段需要的人力成本，具有与 Rayleigh 曲线十分相似的形状。前面介绍的 Putnam 工作量模型就是以这个曲线为基础推导出来的。图 7.1 是软件项目不同开发阶段的人力资源需求的经验模型。

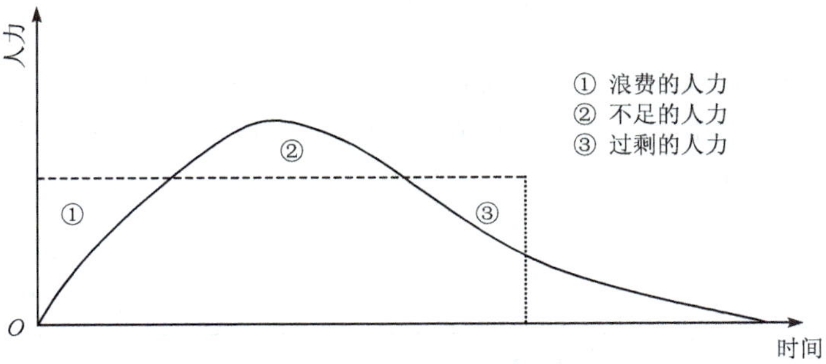

图 7.1　用于人力资源计划的 Rayleigh-Norden 曲线

图 7.1 中以横坐标表示距开发起点的时间，纵坐标代表在不同时间点需要的人力。图中用虚线画出的矩形，显示了平均使用人力所造成的问题：开始阶段人力过剩，造成浪费（图中①），到开发后需要人力时，又显得人手不足（图中②），之后再来补偿，已为时过晚了（图中③），甚至可能如 Brooks 定律所说，导致越帮越忙的结果。

3. 人力资源计划的平衡

经验表明，信息系统项目的人力分配也大致符合 Rayleigh-Norden 曲线的分布，呈现出前后用人少、中间用人多的不稳定人员需求情况。但是，信息系统建设人员作为技术工种，可不是一旦需要就能立即找得到的，那么在制订人力资源计划时，就要在基本按照上述曲线配备人力的同时，尽量使某个阶段的人力稳定，并且确保整个项目生命期人员的波动不要太大。这样的过程称为人力资源计划的平衡。

人力资源平衡法是制订使人力资源需求波动最小化的进度计划的一种方法。这种平衡人力资源的方法是为尽可能均衡地利用人力资源并满足项目要求完成进度的方法。人力资源平衡是在不延长项目完工时间的情况下制订人力资源均衡利用的进度计划。

为了说明人力资源计划平衡的方法，下面举例具体说明。现有一个学籍信息管理系统已经立项，由于系统较小，准备采用原型法开发，并拟定了一个带有活动工期和人力需求的网络图，如图 7.2 所示。为了方便讨论，假设参加这个项目的所有成员都是多面手，也就是说，项目成员之间是可以相互替代的。

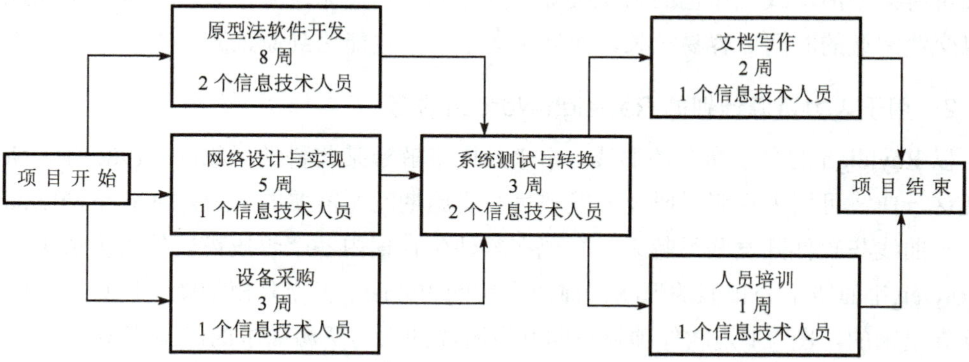

图 7.2　反映学籍信息管理系统项目人力资源需求的网络图

如果不采用项目管理的思想，一般人们都会希望各项活动尽可能早开始，尽可能早结束。现在假设网络图中每一活动在其最早开始时间执行，基于此，可以绘制相应的人力资源分配图（见图 7.3）。

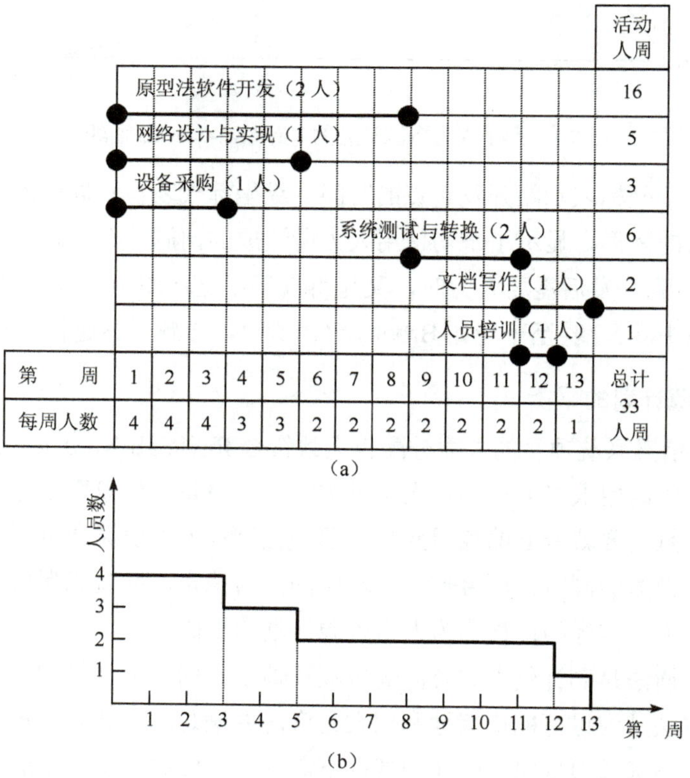

图 7.3　基于活动最早开始时间的人力资源计划图

从图 7.3（a）中可以看出，学籍信息系统项目总共需要 13 周的时间，总的工作量为 33 人周；从图 7.3（b）中可以看出，前 3 周需要 4 个开发人员，第 4、5 周需要 3 个开发人员，第 6 至 12 周只需要 2 个开发人员，第 13 周需要一个开发人员。显然，该项目的人力需求波动较大。为了使人力资源尽可能地平衡，考察该项目的网络图，从图 7.2 中可以看出，该项目的关键路径是原型法软件开发、系统测试与转换、文档写作 3 个活动。而其他 3 个活动处于非关键路径上，可以将设备采购活动推迟在第 6 周开始，这样，得到调整后的人力资源分配图，如图 7.4 所示。

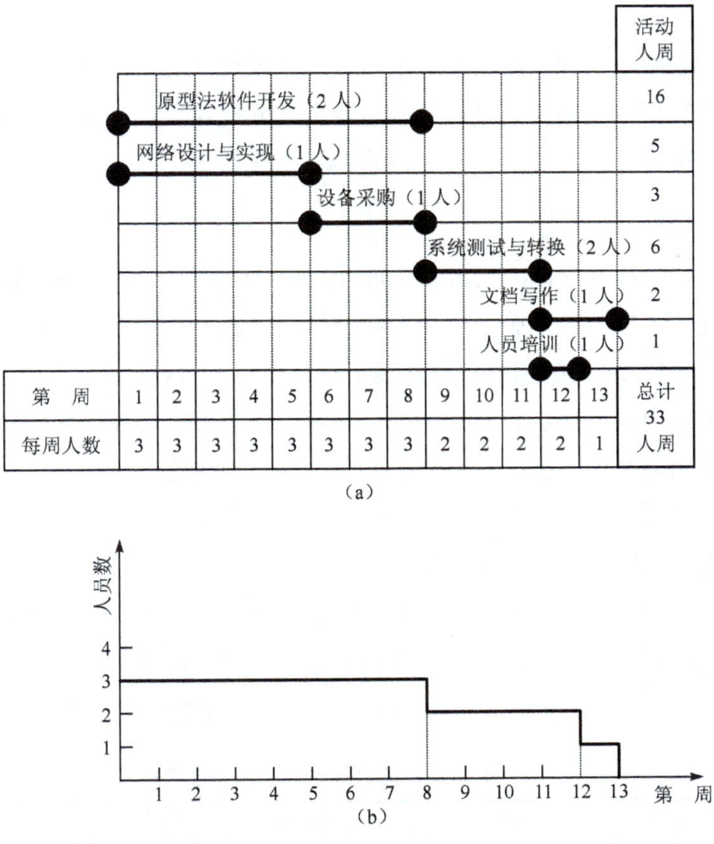

图 7.4　基于资源平衡的人力计划图

从图 7.4（a）中可以看出，学籍信息系统项目总共还是需要 13 周的时间，总的工作量仍为 33 人周，也就是说，虽然调整了人力资源的分配，但并未影响进度；从图 7.4（b）中可以看出，前 8 周需要 3 个开发人员，第 9～12 周只需要 2 个开发人员，第 13 周需要 1 个开发人员。显然，相对图 7.3（b）来讲，调整后该项目的人力需求波动较小。

这里要解释的是，由于采用原型法开发该项目，系统调研、原型制作和原型改造都在项目前期进行，用的人力较多，所以是直接从 Rayleigh-Norden 曲线分布的中部开始的，从这个意义上说，本项目的人力使用也基本遵守上述曲线的分布。

上面的例子是在资源没有约束的情况下讨论的，如果资源有约束，如上述的项目只能找到两个开发人员，那么在这种人力资源有约束的情况下进行人力平衡，方法是同上的，也就是通过推迟非关键路径上的活动使资源需求尽可能平衡，不过，进度可能就会有较大的变化，如上述项目 33 个工作日，如果两个人开发，则至少需要 16.5 周才能完成，显然大于 13 周的计划进度。有关资源约束的情况，有兴趣的读者可以自己推演资源平衡的过程，这里就不再详细展开了。

7.1.2　信息系统项目的人力资源分配

在项目的计划阶段，项目经理需要给项目团队成员分配相应的工作任务。此时，项目经理需要通过知识地图来为项目成员确定职责、分配任务。本节主要讲解知识地图和职责分配矩阵两种进行人力资源管理必备的图表工具。

1. 项目团队的知识地图

企业层面的知识地图（KM，Knowledge Map）是描述企业所拥有知识资产的指南，刻画了不同类别的各项知识在企业中的所在位置或来源。一般而言，项目团队的知识地图也称为专业技术编制表，编制的目的是展示项目成员在与项目相关的岗位的实际能力，以便为项目成员定岗定责提供参考依据。通过知识地图可以比较清楚地知道某个人的擅长项目，也可以知道某个职位上的最合适人选，以及最佳的代替人选。

表 7.1 是项目团队知识地图的一个实例，知识地图中最左边是项目成员的姓名，右上边是项目所需要的职业岗位，如信息系统开发项目需要系统分析员、程序员、测试工程师、硬件工程师和数据库管理员等角色。中间打分包括两个分：一个是能力分；另一个是兴趣分，是根据项目成员的实际能力和兴趣打出的。对某一职位来说，也有一个职位定人的问题，如硬件工程师职位，从该表来看，最合适的人选是陈琪，其次是张山。

表 7.1　信息系统项目知识地图的一个实例

姓名	系统分析员		程　序　员		测试工程师		硬件工程师		数据库管理员	
	能力分	兴趣分	能力分	兴趣分	能力分	兴趣分	能力分	兴趣分	能力分	兴趣分
赵伊	10	10	8	8	6	8	4	8	2	6
王耳	10	10	10	10	8	8	6	8	4	7
张山	4	8	10	6	10	10	8	9	6	8
李斯	4	8	10	8	8	10	6	7	10	10
邓武	6	9	8	8	8	9	4	9	8	9
崔柳	4	8	10	10	6	8	6	8	10	8
陈琪	4	8	4	8	6	7	10	10	6	7
高跋	6	9	8	8	6	7	6	8	10	9

能力打分的依据是根据员工的技能对本职位的胜任程度，可从以下 4 个方面获取，即“360 度评价”。

（1）由项目经理或上级主管对该员工在各个岗位的能力打分。

（2）本人对自己各个岗位的擅长程度进行打分。

（3）由同事对该员工在各个岗位的能力打分。

（4）由客户（包括项目组的内部客户）对该员工在各个岗位的能力打分。

（5）由该员工的下属对该员工在各个岗位的能力打分。

对一个很成熟的企业，应该有一整套打分的标准和加权的方法，从而尽量使打分客观公正、分数加权后能反映出项目成员的客观实际水平。评分标准可以分为五分制、十分制或百分制等。下面用五分制举例说明。

（1）5 分：熟练使用此方面知识，有丰富的实践经验，能够领导其他成员完成相应的工作。

（2）4 分：熟悉此类知识，但经验不够丰富。

（3）3 分：对此类知识有一定了解，需要进一步学习。

（4）2 分：对此类知识有过少量接触，缺乏深入了解。

（5）1 分：对此类知识完全没有了解。

在实际工作中，除了给出每个人在不同技术工作上的能力分数外，还可以给出每个人在各技术工作上的兴趣分。这样，如果一个信息系统项目工期很紧，那么对于某项工作，主要考虑每个人的能力，谁的能力强谁做；而如果一个信息系统项目工期比较宽松，对于某项工作，那么除考虑每个人的能力外，还可以考虑让那些对于该项工作能力尚可、兴趣旺盛的成员去做。这样，既可以调动项目成员的积极性，还可以为项目团队培养后继人员。

至于兴趣打分可以由项目成员自己完成。评分标准也可以分为五分制、十分制或百分制。下面用五分制举例说明。

（1）5 分：此类工作完全符合本人的兴趣，对该工作抱有极大的热忱。

（2）4 分：对该工作较有兴趣，能够比较愉快地完成工作。

（3）3 分：能够以平常心态完成该项工作，谈不上有兴趣。

（4）2 分：能够勉强接受该工作，尽量完成任务。

（5）1 分：非常厌恶此类工作。

2. 项目团队的职责分配矩阵

通过项目团队的知识地图，项目管理部门或项目经理就可以根据所面临的项目任务，明确项目成员在项目中的职责，否则容易造成某项工作没人负责，或者可能有人没有工作的情况，最终影响项目目标的实现。为了保证项目中各项工作顺利进行，就必须将工作与人力资源的关系明确，每项工作分配到具体的个人（或小组），并指定负责人，同时如果是多人协作完成，还要明确不同的个人在这项工作中的职责。在项目管理中，这部分内容最常使用的方法为职责分配矩阵（RAM，Responsibility Assignment Matrix）。职责分配矩阵是信息系统项目经理与项目成员之间的工作合同文件。

表 7.2 是项目职责分配矩阵模板的一个实例。如表 7.2 所示，制表时将工作任务列在左方，把项目成员的姓名排在上方。然后把工作任务与人员搭配起来，标明谁对该项工作负主要责任（P，primary），谁负辅助责任（S，subordinate）。每项任务需要有一个人，也只能由一个人负主要责任，但可以安排几个项目成员辅助，为了避免负主要责任的成员因为调动或其他原因离开项目团队造成大的影响，一般从辅助成员中选择一个对该项工作有较强烈兴趣的同志做他的副手或预备的接班人。负主要责任的项目组成员负责保证该项任务按时开展，做到不超预算并且达到预期的质量水准。处于辅助地位的人之所以入选，是因为他们拥有该项任务所需的技术。

表 7.2　项目成员职责分配矩阵模板的一个实例

姓　名	赵伊	王耳	张山	李斯	邓武	崔柳	陈琪	高跋
系统分析	P	S			S			S
数据库设计				S		P		S
编程实现	S	S	P	S	S			S
设备采购			S			S	P	
系统测试		S	S	P	S			

项目组的知识地图是制定职责分配矩阵的两个重要依据，知识地图提供了项目成员的擅长岗位及对岗位的兴趣等，项目经理应当根据知识地图来决定职责的分配。例如，系统设计需要知识地图中系统分析员的能力和兴趣分数很高的人员，而程序编制就需要程序员的能力和兴趣分综合起来比较高的人员。可以通过知识地图生成职责矩阵。例如，某企业项目管理部制定了如下的一个生成原则（十分制打分法）。

P（工作包负责人）的选择：（能力分×90%+兴趣分×10%）最大者。

S（工作包参与人）的选择：（能力分×70%+兴趣分×30%）大于或等于 8 分的。

在确定具体人员时，主要参考因素是他们的最后得分，然后要尽量考虑以下因素。

（1）安排某人做某项工作是因为该人有相应的技术，而不是因为他有时间。

（2）不要安排太多的人到同一任务，特别是软件开发的工作；人员分配数量与任务量的大小应相匹配。

（3）考虑谁能或不能与谁共事，各个人员的任务应适当平衡分配。

（4）最好先让项目组成员自己申报主持某项工作，然后根据项目总体情况进行协调。

（5）从项目的前景着眼，考虑需要哪些技术，哪些技术已有了，以及如果有人中途离去，其工作是否能重新分配给别人。

在大型项目中，职责分配矩阵可能不止一个，根据项目不同层次的工作分解可以制定不同的职责分配矩阵。在较高层次上，职责分配矩阵可以用来说明哪一个部门或单位负责项目分解结构中的某一工程或子项目；而在较低层次上，职责分配矩阵可以用于将具体工作包的责任分配给具体的项目成员个人。

3．项目团队的具体组织形式

信息系统项目中的人力资源包括团队成员的数量、质量、结构 3 方面的问题。显而易见，数量是指团队所包含成员的数量；质量是指成员的学历、知识储备、专业职称、技能等影响项目实施结果的素质；不同质量的人员在整个团队中分别所占的数量比例，就是人员结构。

关于信息系统项目团队与企业的关系，在第 2 章中已经做了分析，下面主要介绍项目团队中具体项目小组的人员构成。

这里的项目小组，是指项目团队的基层单位，如一个大的项目开发团队可以分为总体组、软件开发组、硬件网络组、测试组等若干个项目小组。当然，更大型项目中每个小组还有可能又细分成若干个子项目小组，那么，这里的子项目小组就是项目团队的基层单位，是本节中讨论的项目小组。

要注意的是，每个项目小组的人数不能太多，否则组员间彼此通信的时间将占系统建设时间的一个很大比重。此外，通常不能把一个信息系统划分成大量独立的单元模块或子系统，这是因为，如果模块或子系统太多，则每个组员所负责实现的单元模块或子系统与其他成员的接口将是复杂的，不仅出现接口错误的可能性增加，而且系统测试将既困难又费时间。

一般来说，每个项目小组的规模应该比较小，以 2～13 名成员为宜。如果项目属于中小型规模且建设时间在 1 年以内，那么项目小组的成员可以是活动负责人制，活动负责人既负责该活动的日常管理工作，同时又是该活动或工作包的技术负责人，在其他成员中再挑选 1 位为活动负责人的助理，协助活动负责人做好各方面的工作，在项目负责人不在时可以代行活动负责人的职权。

如果项目属于大中型规模，建设时间在 1 年以上，那么就必须考虑项目建设人员因各种原因发生变动的情况。这时项目小组推荐的具体构成是这样的：1 个高级系统开发人员带 2 个中级系统开发人员，每个中级开发人员再带 2 个初级开发人员，如图 7.5（a）所示。这里的系统开发人员既包括程序员，也包括测试员。如图 7.5（b）所示是测试小组的构成。

采用这种按技术水平分层的具体构成模式，主要基于两点考虑：第一，信息系统的建设工作中既有创造性很强的事务，也有经验性很强的事务和照葫芦画瓢的简单性事务，如果所有活动都让高级人员去完成，那么成本很高，是人力资源的极大浪费，还会引起高级人员的不满，而上述 3 类活动刚好适合 3 类人员去完成，做到人尽其能；第二，由于项目建设时间太长，容易发生人员更替，并且由于信息系统开发技术主要是“干中学”的知识，中级和初级开发人员在系统建设的过程中会成长起来，如果发生上一层次人员的变动，下层人员由于一直参与项目的研发，基本上可以“无缝”地把工作承接起来。

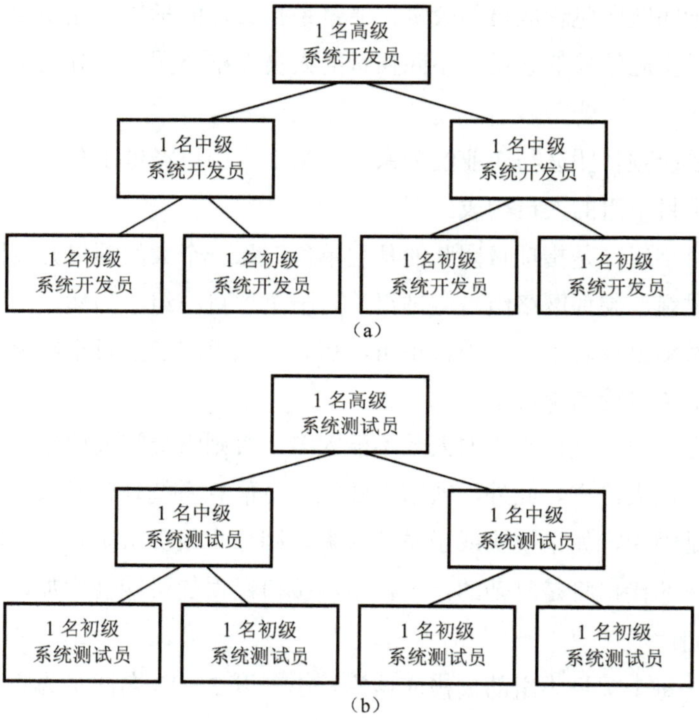

图 7.5 大型信息系统项目基层项目小组的具体构成示例

如果项目小组成员不发生人员更替，那么更好，项目小组的整体素质将会随着时间的推移而提高得很快，从而使项目的进度加快。初、中、高级人员最初的薪水水平可以按类似 0.3∶0.7∶1.0 的比例定位。当然，随着初中级人员技术水平的提高，他们的薪水也应该不断提高，因为他们在同等的时间内可以完成更多、更复杂的工作，并且会有更好的质量。另外，这里上下层的开发人员之间的比例定为 2，这个比例也可以随不同项目小组的情况具体调整，比如为 1 或 3，但最好不要超过 3 个。如果每个成员的直接下属分别为 3 人的话，那么，3 个层次的团队总成员数为 13 人。

7.2　信息系统项目团队的建设

信息系统项目团队组建以后，需要对项目成员进行激励，使团队能够以积极的态度完成既定的项目目标。团队激励在很大程度上依据于团队的考核，所以本节首先介绍激励的一般理论，然后分析团队成长过程中的激励，最后介绍项目成员和项目团队的考核内容。

7.2.1　项目成员激励的一般理论

激励，顾名思义，是“激”和“励”的组合。可以定义为通过调整外因来调动内因从而使得被激励者向着激励预期的方向发展。

从这个定义可以看出，“激”即诱发动机，“励”即强化行为，所以激励实质上是一个外部引导行为激发内部动机的过程。可以概括为下面这个公式：

激发动机（内部）+引导行为（外部）=激励　　（7.2）

目前，激励理论的研究沿两条主线展开：一条主线是沿激励的作用机理展开，又可分为内容型激励理论、过程型激励理论和行为改造型理论；另一条主线是沿激励的主客体即博弈的双方展开，即新制度经济学意义上的激励机制研究，比较具体的有委托人—代理人理论。

1. 内容型激励理论

内容型激励理论主要是依据人们需求的具体内容进行激励，包括马斯洛的需求层次理论、赫茨伯格的双因素理论等。

马斯洛的需求层次理论是研究激励时应用得最广泛的内容型激励理论。该理论将需求按照层次分成生理需求、安全需求、社交需求、尊重需求和自我实现需求 5 类。针对不同层次的需求内容提供不同的激励。对于信息系统项目中的人员管理而言，要根据成员所属的需求层次，采用对应的激励手段，才能取得良好效果。

赫茨伯格的双因素理论是另外一种典型的内容型激励理论，是通过实证考察将工作满意度与生产率的关系归于两种性质不同的因素。第一类因素是激励因素，能对工作带来积极态度，较多满意感的因素，如成就感、同事认可、上司赏识、更多职责、更大成长空间等，这些因素多与工作内容或工作本身相关。第二类因素是保健因素，能使员工感到不满意的因素，包括公司政策、管理措施、监督、工资福利、工作条件及人际关系等。这些因素多属于工作环境或工作关系方面。具备激励因素导致“满意”，缺乏保健因素则导致“不满意”。

2. 过程型激励理论

过程型激励理论主要是依据人们实现目标的过程中的需求因素设计激励理论，包括期望理论、公平理论、目标设置理论等。

期望理论认为，激励将取决于对行为和行为结果引起的满足感的期望。期望理论认为激励的水平=效价×期望。

公平理论认为，员工会把自己的投入产出比与别人的投入产出比进行比较，以此来决定激励的效果。

目标设置理论认为，人的价值观和目标影响他们的绩效，人们的价值观使人们得到他们认为有价值的东西（如工资的提高、晋升等），这种价值观影响他们设立目标，而这些目标的设置又将重新影响他们的最初决定。

3. 行为改造型激励理论

行为改造型理论主要研究如何改造和转化个体行为，变消极因素为积极因素的一种理论，包括强化理论、归因理论等。

强化理论有 4 种类型：正强化，也称积极强化即奖酬；负强化，也称消极强化，如在公司对销售人员根据其业绩实行末位“淘汰制”；惩罚；衰减，即撤销原来行为的强化。

归因理论是根据人的外部行为推断内部心理状态的过程。成功失败归因模型认为人的成功或者失败主要归因为四个因素（努力程度、能力大小、任务难度、运气和机遇）。人们把成功和失败归因为何种因素，对于以后的工作积极性有很大影响。

4. 委托人— 代理人理论

只要有交易，就会有博弈。通常将博弈中拥有私人信息或者信息优势的一方参与人称为“代理人”；而将不拥有私人信息或者信息劣势的一方参与人称为“委托人”。委托人想使代理人按照自己的利益选择行动，但委托人不能直接观测到代理人选择了什么行动，能观测到的只是一些变量，而这些变量是由代理人的行动和其他一些外生的随机因素而共同作用决定的，因而只不过是一些不完全的信息。委托人要依据这些信息来奖惩代理人，以激励其选择对委托人最为有利的行动。

由于存在着信息不对称，因而代理人既可以说假话、也可以偷懒。委托人的问题在于设计一套激励合同（契约）以诱使代理人从自身利益出发选择对委托人最有利的行动，使代理人既说真话，也不偷懒，并使双方的利益最大化。

新制度经济学认为制度不仅是资源配置的重要手段，而且也是约束和激励经济主体的重要规则。解决问题的关键途径在于激励机制的设计。

5. 综合激励公式

图 7.6 是激励过程的示意图。图中有两组符号，它们代表的含义分别如下。

①——激励作用增加了员工的积极性，促使员工努力工作。

②——员工的努力产生了工作绩效。

③——根据工作绩效实施相应的奖惩。

④——对员工的奖惩和工作绩效的比较产生了员工心中的公平感。

⑤——被激励者对奖惩是否公平的感觉和评价产生了满足和不满足的感受。

⑥——如果有了满足，则激励效果更强。

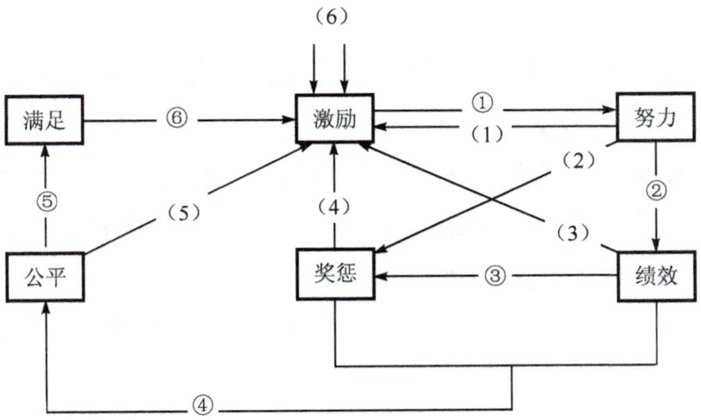

图 7.6　激励过程的示意图

（1）——来自别的员工的努力造成的压力也形成了一股激励力量；实际上可以据此设计竞争激励。

（2）——有时工作绩效并不能直接地从劳动成果上体现，或有时努力并不一定会带来可以量化的显性绩效，所以可以根据员工对待工作的态度或员工的努力程度进行奖惩。

（3）——对绩效高的员工的宣传等可以对其他员工产生鞭策力量，实现一种激励的效果；实际上可以据此设计榜样激励，成就激励。

（4）——奖惩本身就是一种激励，如奖惩机制的设计。

（5）——公平也是一种激励，如公平激励的设计。

（6）——激励的其他外在来源。

从图 7.6 中不难发现，各个环节要素及过程都可以成为设计激励机制的要素。前面讲到的激励理论也都可以从中找到激励的依据。为了对激励有个总体的认识，给出如下的综合激励公式：

$$M= V_{\mathrm{i}} + E\left(V_{\mathrm{a}}+\Sigma\ E_{\mathrm{e}j}\times V_{\mathrm{e}j}\right) \tag{7.3}$$

式中，M 指总的激励强度；

V_i 为活动本身提供的内酬效价，指任务满足本人内在要求的强度，下标 i 为 internal，指内部的；

E 为对完成任务的期望值，是指估计任务能够成功完成的概率；

V_a 为对完成任务的评价，是指对工作成果重要性和任务完成中自己所承担角色重要性的认识程度；

E_{ej} 为员工完成任务后能取得相应奖酬的可靠性，体现了一种奖惩的公平，是一种概率，下标 e 为 external，指外部的；

V_{ej} 为外酬效价，指外部激励的感知强度。下标 j 的含义分别是各种分量，如 j=1 为工资福利的增长，j=2 为在公司内部个人权利的提升，j=3 为在公司内部名望声誉的提高等。

所以，对于项目成员的激励，可以从上述激励公式中的每个因素着手，多管齐下，提高总的激励水平，具体做法如下。

（1）V_i↑：提高激励因子 V_i，与员工职业规划结合，提高活动本身提供的内酬效价。展开来说，在安排工作时要尽量考虑员工所学专业，一方面可以学有所长、学有所用，另一方面可以提高员工工作的积极性。

（2）E↑：改善完成任务的条件，在项目成员完成任务的过程中提供帮助，提高员工对完成任务的期望值。

（3）V_a↑：强调每项工作的重要性，提高对完成任务的评价。

（4）E_{ej}↑：领导说话要算数，提高完成任务后取得奖酬的可靠性，增加博弈双方的信任度。

（5）V_{ej}↑：提高外酬效价水平，增加每种具体激励的强度。

要说明的是，上述激励公式只是一个激励因素构成的示意性质的表达式，并不能精确地用数字表达。对于那些实际的物质奖励（即 V_{ej}）水平有限的团队，要注意充分提高其他因素的激励水平。

7.2.2 项目团队的成长与激励

信息系统项目团队的成长与其他项目一样，一般需要经过如下 4 个阶段。

1. 形成阶段

形成阶段（forming）又称组建阶段，该阶段促使个体成员转变为团队成员。每个人在这一阶段都有许多疑问：我们的目的是什么？其他团队成员的技术、人品都怎么样？每个人急于知道他们能否与其他成员合得来，自己能否被接受。成员还会怀疑他们的付出是否会得到承认，担心他们在项目中的角色是否会与他们的个人兴趣及职业发展相一致。

为使项目团队明确方向，项目经理一定要向团队说明项目目标，并设想出项目成功的美好前景及成功所产生的益处，公布有关项目的工作范围、质量标准、预算及进度计划的标准和限制。项目经理要讨论项目团队的组成、选择团队成员的原因、他们的互补能力和专门知识，以及每个人为协助完成项目目标所充当的角色。项目经理在这一阶段还要进行组织构建工作，包括确立团队工作的初始操作规程，规范如沟通渠道、审批及文件记录工作。这一阶段，项目经理要让团队参与制订项目计划。

所以在这个阶段，对于项目成员采取的激励方式主要为预期激励、信息激励和参与激励。

2. 震荡阶段

震荡（storming）阶段又称磨合阶段，成员们开始运用技能着手执行分配到的任务，开始缓慢推进工作。现实也许会与个人当初的设想不一致。例如，任务比预计的更繁重或更困难，成本或进度计划的限制可能比预计的更紧张。成员们越来越不满意项目经理的指导或命令。

震荡阶段的特点是人们有挫折、愤怨或者对立的情绪。工作过程中，每个成员根据其他成员的情况，对自己的角色及职责产生更多的疑问。这一阶段士气很低，成员们可能会抵制形成团队。

在这个阶段，项目经理要对每个人的职责及团队成员相互间的行为进行明确和分类，还要使团队成员一道解决问题，共同做出决策。项目经理要接受及容忍团队成员的不满，更要允许成员表达他们所关注的问题。项目经理要做导向工作，致力于解决矛盾，决不能希望通过压制来使其自行消失。如果不满不能得到解决，它会不断集聚，导致团队人员流失甚至是集体辞职，将项目的成功置于危险之中。

在这个阶段，对于项目成员采取的激励方式主要有参与激励、责任激励和信息激励。

3. 正规阶段

经受了震荡阶段的考验后，项目团队就进入了发展的正规阶段（norming）。团队成员之间、团队与项目经理之间的关系已确立好了。项目团队逐渐接受了现有的工作环境，项目规程也得以改进和规范化。控制及决策权从项目经理移交给了各工作包的负责人，团队的凝聚力开始形成，每个人觉得他是团队的一员，他们也接受其他成员作为团队的一部分。

这一阶段，随着成员之间开始相互信任，团队内大量地交流信息、观点和感情，合作意识增强，团队成员互相交换看法，并感觉到他们可以自由地、建设性地表达他们的情绪及评论意见。团队经过这个社会化的过程后，建立了忠诚和友谊，也有可能建立超出工作范围的友谊。

在正规阶段，项目经理采取的激励方式除参与激励外，还有两个重要方式：一是发掘每个成员的自我成就感和责任意识，诱导员工进行自我激励；二是尽可能地多创造团队成员之间互相沟通、学习的好环境，以及从项目外部聘请专家讲解与项目有关的新知识、新技术，给员工充分的知识激励。

4．表现阶段

团队成长的最后一个阶段是表现阶段（performing）。这时，项目团队积极工作，急于实现项目目标。这一阶段的工作绩效很高，团队有集体感和荣誉感，信心十足。项目团队能开放、坦诚、及时地进行沟通。团队相互依赖度高，他们经常合作，并在自己的工作任务外尽力相互帮助。团队能感觉到高度授权，如果出现技术难题，就由适当的团队成员组成临时攻关小组，解决问题后再将有关的知识或技巧在团队内部快速共享。随着工作的进展并得到表扬，团队获得满足感。个体成员会意识到为项目工作的结果正在使他们获得职业上的发展。

这一阶段，项目经理集中注意关于预算、进度计划、工作范围及计划方面的项目业绩。如果实际进程落后于计划进程，项目经理的任务就是协助支持纠正措施的制定与执行，因而这一阶段激励的主要方式是危机激励、目标激励和知识激励。

信息系统项目成长阶段与激励的关系示意图如图 7.7 所示。上述四个阶段分别列举的激励方式都是该阶段的主要方式，其他阶段的激励方式也可以同时被很好地采用。要强调的是，对于信息系统项目的建设人才，要更多地引导他们进行自我激励，更多地对他们进行知识激励。当然，足够的物质激励是不言而喻的、自始至终的、最有效的激励。

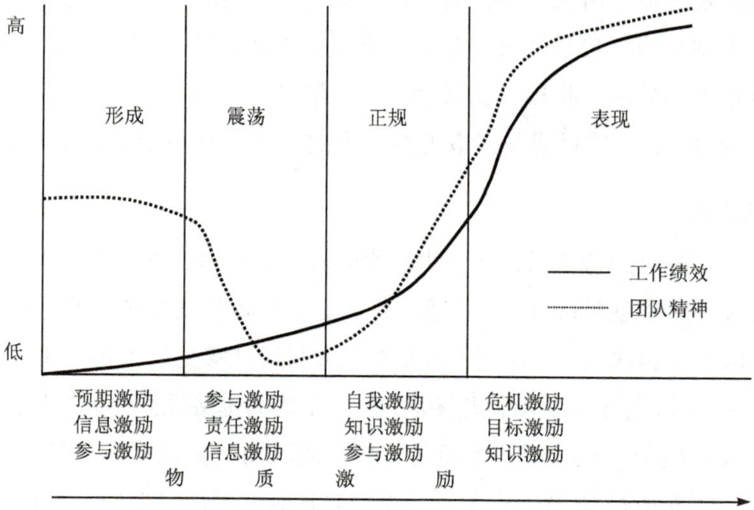

图 7.7　信息系统项目团队的成长与激励

激励的结果是使参与信息系统项目的所有成员组织成一个工作富有成效的项目团队。有成效的项目团队具有如下特点。

（1）能清晰理解项目的目标；

（2）每位成员的角色和职责有明确的期望；

（3）以项目的目标为行为的导向；

（4）项目成员之间高度信任，高度地合作互助等。

表 7.3 提供了一些问题，以帮助项目经理检查自己的团队是否有效。表中的得分采取 5 分制，5 分表示最好，4 分表示较好，3 分表示一般，2 分表示较差，1 分表示最差。总分为 100 分。

表 7.3　团队有效性自测表

问　　题	得　　分
1. 你的团队对项目目标有明确的理解吗？	（　）
2. 项目工作内容、质量标准、预算及进度计划有明确规定吗？	（　）
3. 每个成员都对他（她）的角色及职责有明确的期望吗？	（　）
4. 每个成员对其他成员的角色和职责有明确的期望吗？	（　）
5. 每个成员了解所有成员为团队带来的知识和技能吗？	（　）
6. 你的团队是目标导向吗？	（　）
7. 每个成员是否强烈希望为实现项目目标做出努力？	（　）
8. 你的团队有高度的热情和力量吗？	（　）
9. 你的团队是否能高度地合作互助？	（　）
10. 是否经常进行开放、坦诚而及时的沟通？	（　）
11. 成员愿意交流信息、想法和感情吗？	（　）
12. 成员能否不受拘束地寻求别人的帮助？	（　）
13. 成员愿意相互帮助吗？	（　）
14. 团队成员能否做出反馈和建设性的批评？	（　）
15. 团队成员能否接受别人的反馈和建设性的批评？	（　）
16. 项目团队成员中是否有高度的信任？	（　）
17. 成员能否完成他们要做或想做的事情？	（　）
18. 不同的观点能否公开？	（　）
19. 团队成员能否相互承认并接受彼此的差异？	（　）
20. 你的团队能否建设性地解决冲突？	（　）
总计得分	（　）

7.2.3　项目成员和团队的考核

项目成员的考核和项目团队的考核是两个不同层次的考核，前者是针对项目成员个人的考核，后者是针对整个团队的考核，下面就对这两个层次的考核分别予以讲解。

1. 项目成员的考核

如果信息系统项目结束了，项目经理应该对项目成员进行评价。表 7.4 是项目成员考核的一个模板。一般来讲，对项目成员的考核应该从 3 方面来考虑。

一是项目成员的特征，可以选择项目成员具备的一些有共性的特征作为特征考核指标，如学历、工龄，以及技能证书等各种与项目任务相关的能力证明，通常情况下，好的特征能取得预期的好成果。

二是项目成员的行为，可以通过度量项目成员在参与项目过程中表现出来的一些有共性的行为作为成员的行为考核指标，如是否勤奋、合作意识如何，以及是否将个人的时间、知识、经验贡献给团队及其他成员，促成整体任务的完成等，对于信息系统项目来讲，好的行为非常重要，好的行为甚至能从某种程度上决定项目的成功。

三是项目成员的结果，可以选择由于项目成员的努力而使得项目本身产生一些有代表性的结果信息作为成员绩效考核的结果考核指标，可通过完成任务的范围、进度、成本、质量等情况和客户满意度等方面衡量，如选择 CPI（资金效率）、SPI（进度效率）、客户满意度等指标，结果是必须评价的。

在个人考核中，需要以上 3 个方面综合考虑，以制度的形式将考核的要素及相应的权重确定下来，才能得到对成员个人全面的评价。否则，单纯强调一方面可能会给项目的实施带来不利影响。例如，仅强调绩效（虽然这是企业最为看重的考核方面），会过多刺激成员功利心，目光短浅地仅考虑个人短期利益，不愿与其他人员合作，而带来团队长期损失。同样，过多强调特征，会使团队内形成追求文凭、论资排辈的氛围，不利于成员发挥积极性完成工作绩效，不能按照项目需要和发展学习更新知识。

表 7.4　项目成员考核的一个模板

姓　名	项目成员特征			项目成员行为			项目成员结果			项目成员总评
	学历	工龄	证书	勤奋	合作意识	知识共享情况	CPI	SPI	客户满意度	
赵伊										
王耳										
张山										
李斯										
邓武										
崔柳										
陈琪										
高跋										

实际上，表 7.4 本身也是项目成员发现自己差距的一种好办法，企业可以通过相关指标的设计来实现公司的意图，引导员工的职业生涯成长与企业的战略相一致。有了考核指标后，就要分别给这些指标制定打分的方法，以及分配权重，然后算出项目成员的总评分，有了总评分，就可以和相应的奖励与惩罚挂起钩来。

对于信息系统项目来讲，建议特征值占项目成员最终绩效的 20%左右，行为值占项目成员最终绩效的 40%左右，结果值占项目成员最终绩效的 40%左右。当然，根据具体项目的不同，比例可以做相应的调整。

2. 项目团队的考核

对于项目中团队绩效的考核，与个人考核不同，强调的是作为整体，团队所承担任务的完成情况，同时也要考虑团队的建设，能否带来团队整体效能高于成员个体单个效能的综合，即能否实现 1+1>2 的效果。以下介绍团队评价中常用的一种方法——平衡计分卡。

平衡计分卡（Balanced Scoreboard），由 Robert Kaplan 与 David Norton 在 1992 年提出，围绕企业的愿景与战略，通过财务、客户、企业内部业务、学习与成长四方面指标的衡量，综合评价团体的绩效。

如图 7.8 所示，财务方面的各项指标反映了团队过去和现在的经营效率，主要考察项目团队的短期绩效；而学习和成长方面的各项指标则衡量团队为未来持续变革、发展能力所做的积累，主要从长期考察项目团队的绩效；内部业务过程中的各项业务指标从团队内部评价团队的业务流程，如项目管理流程或技术方案的执行流程等，主要从内部考察项目团队的绩效；而顾客方面的各项指标则反映了外部客户对企业的要求，主要从外部考察项目团队的绩效。换言之，用平衡计分卡考核团队绩效，主要是从短期、长期、内部、外部 4 个维度进行的。

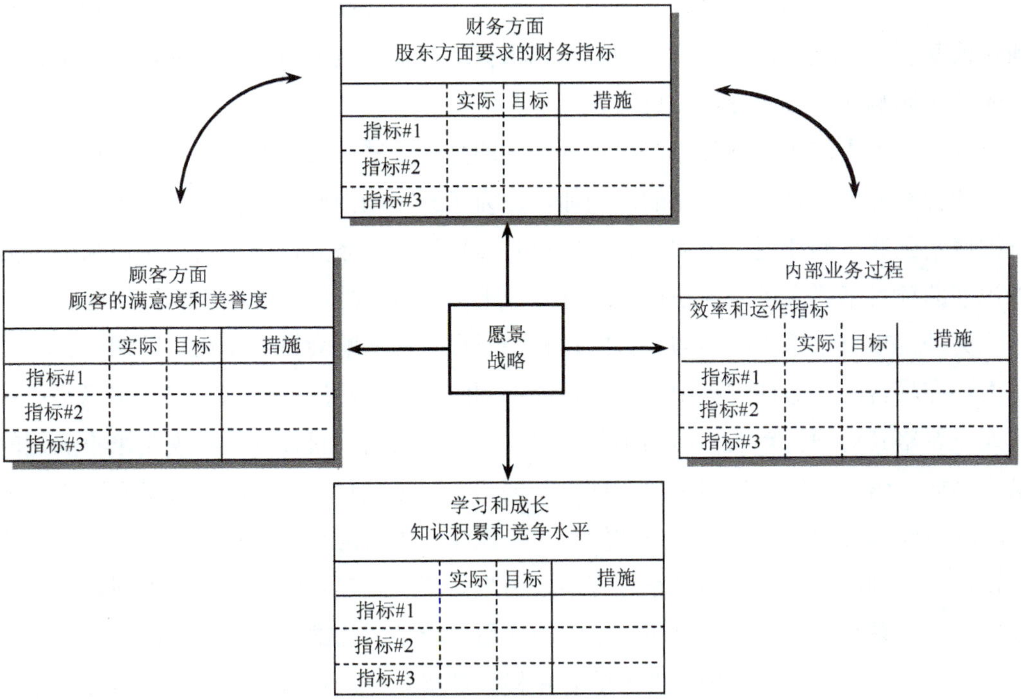

图 7.8　平衡计分卡结构示意图

由此可以看出，平衡计分卡实现了对团队的现在和将来，内部和外部的全面衡量，超越了传统以财务会计量度为主的绩效衡量模式，在考察团队取得业绩的同时，也强调团队应以顾客需求为导向，提高内部业务过程的运作效率，同时具备学习与成长能力。

在平衡计分卡使用中，上述四方面各自有相应的一系列指标、量度、目标值，描述团队的产出，用系统、全面、完整的绩效评核量度，反映关于团队的各个方面的详细信息，并可以预防可能出现的一些方面的短期行为，对于获得的收益或损失能够做出全面准确的评价。

7.3　信息系统项目的干系人与沟通管理

项目干系人指参与项目或受到项目活动影响的人，也包括可以对项目的目标和结果施加影响的人。项目干系人可能来自于组织内部，也可能来自于组织外部。确认项目的干系人，同时对干系人的需求进行分析，是项目沟通管理的重要内容。本节首先介绍项目干系人的类型和管理，然后介绍沟通的特点、内容、方式和技巧。

7.3.1　信息系统项目干系人的类型和管理

1．项目干系人的特点与主要类型

信息系统项目的目的就是实现项目干系人的需求和愿望。项目干系人是指积极参与项目或其利益在项目执行中或成功后受到积极或消极影响的组织和个人，换句话说，是指受项目影响的人或能影响项目的人。

项目干系人的识别标准有时很难确定，即分辨哪些人员或组织与项目存在干系，有多大的影响程度，是比较困难的。例如，在为了新车间而研发的信息系统项目中，未来将被雇用到新车间使用系统的工人也应该是该项目的干系人，但如何识别出来呢？而未能识别的项目干系人可能会在项目进行中，带来项目额外的风险和成本等问题。

另外，项目干系人在参与项目的过程中对项目的影响会发生变化，即同一类项目干系人，在项目的生命期进程中会在项目的不同阶段产生不同的影响，仅辨别确定项目干系人，忽略其对项目影响作用的不断变化，可能也会给项目目标的实现带来不确定的因素。例如，信息系统项目的用户在项目开展初期，是项目能否启动的关键干系人，需要引起项目经理的绝对重视，用户的资金注入能保证项目运行，用户的需求沟通是系统分析设计的基础；而在项目的进行过程中，用户需要收到项目经理的定期汇报，以起到监督的作用；系统开发项目结束后，用户的试用体验是系统维护的重要依据。

还有，项目干系人对项目的影响有积极或消极之分。积极的项目干系人往往是那些会从项目成功中获益的利害相关人，显然他们会对项目提供各种可能的支持，也很容易

辨析；而消极的项目干系人是指在项目成功中利益受损的利害相关人，会通过各种渠道妨碍项目进行，同时他们对自己的消极意图通常比较隐蔽，很难辨析，因此，需要项目管理者的特别关注，以避免项目失败的风险。例如，信息系统项目的用户中，有一部分可以通过系统实施改善劳动条件和强度，提高工作效率和绩效，他们对于该项目是积极干系人；而系统的应用也会分担甚至替代一部分人的工作，导致这部分人的减薪甚至裁员，这部分用户对项目的开展可能会有消极阻碍作用。

项目干系人因为各自利益不同，通常具有不同甚至冲突的目标。例如，用户对一个新的信息系统的要求是低成本、易用好用，系统架构师则强调技术出众，分包商可能对利润的最大化更感兴趣。因此，项目团队必须对项目干系人不同的目标进行识别和管理。

主要的项目干系人如下所述。

（1）项目经理：负责全面管理项目并对项目负责的人。

（2）用户：使用系统的组织或个人，用户有若干层次。例如，一个信息系统项目，它的用户包括决定购买行为的决策者、软件系统的操作使用者，以及系统维护人员等。

（3）执行组织：其雇员会直接参与并为项目工作的组织，如信息系统分析、设计、开发等职能部门。

（4）项目团队成员：执行项目工作的一组人，如为完成一个信息系统项目而组成的项目组。

（5）影响者：并不直接采购或使用项目产品，但是因为自身与用户或项目团队的关系，可以对项目进程施加积极或消极影响的个人或组织，如信息系统开发组织的财务部门。

除了以上这些主要的项目干系人外，还有许多内部和外部的干系人，如公司所有人、投资人、债权人，信息系统项目的供应商和分包商，项目成员家属，政府机构和媒体渠道等。再如，政府的某项税率政策会影响项目成本、家庭关系是否和睦会影响员工工作效率等。

2. 项目干系人的管理

如果对项目所有干系人没有进行足够的沟通和影响，或使其尽可能地参与项目，则可能因为项目开始时项目范围和一些具体需求不够完整清晰，或因为某个项目干系人后期因认识的变化而提出新的需求，造成工期的延长、成本的增加，甚至项目的完全失败。因此，应当从项目的启动开始，项目团队就要分清项目干系人包含哪些人和组织，通过沟通协调对他们施加影响，驱动他们对项目的支持，调查并明确他们的需求和愿望，减小其对项目的阻力，以确保项目获得成功。

项目干系人分析模板的格式如表 7.5 所示。在该表中，项目团队要分析用户方干系人、实施方干系人和第三方干系人的具体人员或角色，这些干系人对项目的要求、应承担的责任、关注的项目指标，以及可能出现的风险。

表 7.5　干系人对项目的影响分析表

干系人分类	角　色	对项目的要求	应承担的责任	关注的项目指标	可能出现的风险
用户方					
实施方					
第三方					

在信息系统项目中，一般签订合同的双方为系统用户方和实施方，而分包商、硬件供应商、软件服务商、政府相关部门等为第三方。在每类干系人中，有不同的角色，角色对项目系统提出的需求是不同的，反映了干系人的不同利益目的，如信息系统项目实施方的需求分析小组要求项目可以最大限度地满足用户需要，而软件开发团队要求系统可以使用最便捷成熟的编程工具。同时，不同角色对项目所担负的责任、权限也不同，对于富有重要管理责任的角色，如项目经理或用户方决策经理，是沟通中的关键干系人。另外，不同的角色关注项目的指标不同，有的角色从赢利率衡量项目，有的从时间长短衡量，有的关注资金规模，有的角色看重质量，有的关注客户满意度。作为项目干系人，在从事与项目利益相关的活动时，有可能会对项目的结果产生不可完全预知的影响，即存在风险，这也是干系人分析的重要方面。

7.3.2　信息系统项目的沟通管理

项目沟通管理是指在项目中建立人和信息之间的关键联系，保证信息及时恰当地生成、处理及使用。涉及项目的任何人都应以项目沟通计划的要求发送和接收信息。沟通可以使项目信息为各层的管理人员进行科学、全面决策提供基础。同时，决策制定之后，可以由沟通管理，通过各种途径将意图传递给下级人员并使下级人员理解和执行。沟通可以使与项目相关的人员及时掌握自己所关注的项目各方面情况，例如，信息系统项目用户可以随时查询项目进展，并通过约定的途径表达自身需求和意见。沟通可以帮助建立和改善团队中的人际关系，方便不同地点、不同时点的独立成员或小组进行充分有效的意见交流，减少冲突，改善人与人之间的关系，还可以通过沟通渠道获得不同地点技术人员的支持，也可以获得过去宝贵的经验知识。

1．信息系统项目的沟通特点

信息系统项目的特点决定了沟通管理有如下几个方面的特征。

（1）在信息系统项目中，需求调研是系统开发的根本，而用户需求的获得是建立在与客户就所需要的功能、流程、操作等方面进行沟通的基础之上的。与用户的沟通，是项目中最重要的沟通，直接关系到项目的成败。

（2）沟通对于集成型的信息系统项目重要性更加不容忽视。如果系统具备集成管理的特点，即涉及不同部门若干人员、小组的协调工作，则需要系统从调研分析到各功能开发、测试的各阶段使各小组进行准确的沟通。有时一个简单参数的修改，如果没有与其他开发人员及时沟通说明，将带来整个系统功能的失效，随之产生更多的成本进行查找修正。

（3）沟通的难度取决于信息系统项目本身的复杂度和耦合度。在估算信息系统项目沟通的工作量时，要充分考虑开发任务的类别和复杂程度。因为抽象的、接口复杂的系统开发过程中沟通消耗必然较大。另外，有深厚行业背景的软件，要考虑开发人员为熟悉行业知识所要付出的沟通消耗。

（4）团队规模影响着沟通的效率。信息系统项目中，人员与人员之间必须通过沟通来解决各自承担任务之间的接口问题。如果项目有 n 个工作人员，则有 $n(n-1)/2$ 个相互沟通的路径。一个人单独开发一个软件，人均效率最高，只可惜大部分软件规模和时间要求都不允许一个人单独开发，而团队开发的沟通消耗却呈二次方增长。所以，每个具体执行任务的小组应该尽可能精简，以较少的人在最可能允许的时间内完成任务是相对高效的。

（5）团队的默契度影响沟通管理的实施效率。一个经过长期磨合、相互信任、形成一套默契的做事方法和风格的团队，可能会省掉很多不必要的沟通，相反，初次合作的团队，因为团队成员各自的背景和风格不同、成员间相互信任度不高等原因，要充分考虑沟通消耗。

针对以上的特点，在进行信息系统项目沟通管理时，需要了解信息系统的应用背景、系统开发难度、团队构成等重要信息。

2．信息系统项目的沟通内容

在信息系统项目管理过程中的每个阶段和环节，都需要进行有效的沟通，典型的沟通内容如下。

（1）项目日常进展信息。关于信息系统项目各成员工作任务要求、目前工作进展等信息，包括上属发布的工作指令，即任务要求；执行工作指令的过程中，出现的问题和意外状况，解决方法和经验教训总结，以及对自己和别人下阶段工作提出的建议。

（2）项目绩效报告。绩效报告主要是指向项目干系人提供的项目状态报告，包括资源投入使用情况、项目范围、进度计划、成本和质量方面的进展信息，如某项活动的实际完工时间（成本损耗）与预计时间（损耗）的差别等。

（3）项目管理计划变更。根据当前工作绩效信息，对比项目目标，重新规划计算当前状态下的项目进展情况，包括时间、成本等，对项目管理计划进行调整和变更。

（4）责任、权利、利益沟通。项目成员要追求自身的利益，为了促使其完成所负责的工作，需要明确成员的责任和权利、利益分配机制，并在相应范围内有效沟通，从而能够对项目进展过程中的成功和失败进行有效控制，调动项目人员的工作积极性。职责分配矩阵的公开是责任和权利沟通的重要内容。

（5）项目文档。说明项目各阶段成果的信息，包括项目生命期内从项目启动到项目收尾所有阶段的相关报告，如系统规划书、需求分析书、系统设计书等，还包括项目进行过程中总结的问题记录单、经验教训报告等。有关文档的类型和管理将在 7.4 节中详细介绍。

3．信息系统项目的沟通方式

信息系统项目进展过程中，有许多需要及时准确沟通的内容，这些内容通过不同的方式，在不同的项目干系人之间传递。沟通过程有多种方式分类，如书面与口头、对内（项目内）与对外（对用户、公众等）、正式（报告、情况介绍会）与非正式（备忘录、即兴谈话）、垂直（不同级之间）与水平（同级之间）等。

（1）项目会议。包括面对面会议（这是一种成本较高的沟通形式）、电话、可视电话、网络会议（需要配备相应的软硬件条件）等会议形式，上述形式可以在不同的情况下使用。例如，当需要集合大家意见，讨论项目的某些决策时，如项目考核制度的确定，可召开讨论会议；当需要传达重要信息，统一项目组成员思想或行动时，也需要召开会议，如项目启动、里程碑总结等。

（2）E-mail、传真等书面沟通形式，是比较经济的沟通方式，沟通的时间一般不长，沟通成本也比较低。这种沟通方式一般不受场地的限制，也不需要同时占用所有人的时间，因此被广泛采用。当然这种方式也有一些弊端，如需要反复沟通，短时间内难有结果，不方便群体讨论决策，一般在解决较简单的问题或发布信息时采用。

（3）网络发布、共享电子数据库、虚拟办公等基于软件支持平台的沟通形式。这也是比较经济的沟通方式，将项目有关的重要信息数据通过网络或数据库共享，同时，也可以将重要的个人或组织经验知识通过支持平台实现共享、学习，建立知识管理系统。

为了明确需要沟通的内容和方式，可以从信息的收集、处理和发布 3 个方面明确沟通的要求。政府信息主管（CIO，Chief Information Officer）是政府信息系统项目即电子政务项目的重要干系人，一般来说是电子政务项目的用户方代表。表 7.6、表 7.7 和表 7.8 分别是政府信息主管对电子政务项目信息收集、处理和发布的要求规定，同样的，也可以制作其他干系人的沟通需求表格。

表 7.6　政府信息主管对电子政务项目信息的收集要求

类　别	信 息 内 容	收 集 方 式	发 生 频 率	报 告 格 式
与上级领导	电子政务项目实施意见；项目资金如何落实；项目重大事件的处理意见等	会议、口头	不固定，需要时可能每天都有沟通	—
与同级部门	项目需求提议，需求确认等	会议、口头	整个项目过程中都有发生，视需要而定	《项目需求说明书》等
与下属人员	项目进展细节；与外包商的合作情况等	口头、会议、电子邮件	整个项目过程中都有发生，视需要而定	《项目状态报告表》等
与外包企业	项目设计、实施细节；项目进展；遇到的各种困难等	例会、口头、电子邮件	整个项目过程中都有发生，视需要而定	《项目设计报告》；《项目进度安排书》等

表 7.7　政府信息主管对电子政务项目信息的处理要求

类　别	信 息 内 容	责　任　人	风 险 防 范
决策类信息	实施电子政务项目；落实项目资金；项目重大事件的决策等	主管信息化和电子政务工作的领导，如信息化工作领导小组组长	项目可行性分析；项目资金到位；建立重大事件应急预案
管理类信息	确定项目责任人；业务参与人；应对需求的变化；外包商的选择和管理；协调甲乙双方的关系；处理项目应急事件；项目进度的监控；提出项目的相关决策建议等	政府信息化办公室主任或类似工作的中层领导	选择适当人选；处理好各方关系
作业类信息	协同外包商确认需求提出、变更，系统建设各阶段信息处理控制等	信息中心主任或政府信息主管领导下的人员	经验积累，知识显性化
外包管理信息	尽量满足需求、增加功能；根据需求进行系统分析、设计、编码和运维	信息中心主任或政府信息主管领导下的人员	外包商的慎重选择

表 7.8　政府信息主管对电子政务项目信息的发布要求

类　别	信 息 内 容	发 送 方 式	发 生 频 率	报 告 名 称
与上级领导	项目立项报告、项目实施进度、完成情况等	会议、纸质报告	不固定，与领导的意愿相关	《项目立项申请书》；《项目可行性研究报告》；《项目简报》等
与同级部门	项目需求通告	会议	根据需要确定，如每月一次例会	《项目需求确认书》等
与下属人员	项目进度安排、工作分工等	会议、口头、电子邮件等	固定例会，如每周一次	《项目进度安排报告》等
与外包企业	项目需求、变更，确定功能，资金的分配等	会议、电子邮件等	定期与不定期结合	《项目实施评价报告》等

4．信息系统项目的沟通技巧

从沟通的角度审视，信息系统项目成功有 3 个主要因素，分别为用户的积极参与、明确的需求表达和管理层的大力支持。上述 3 个要素的实现依赖于良好的沟通技巧。常见的技巧包括以下几个。

（1）沟通要有明确目的。沟通前，项目人员要弄清楚做这个沟通的真正目的是什么，要对方理解什么。只沟通必要的信息，漫无目的的沟通是无效的沟通。

（2）沟通要善于聆听。沟通不仅是说，也包括听。要从听者的角度对信息进行再度加工，吸收听者的反馈，更利于信息的传达。

（3）要尽早沟通。尽早沟通要求项目经理要定期和项目成员沟通，这样不仅容易发现当前存在的问题，很多潜在问题也能暴露出来。

（4）注意基础性技巧。例如，编写沟通文档时，写作和表达要坚持明确的主旨（即不断强调所传递信息的核心观点），并力求简明扼要，意思明晰。

（5）提高沟通的艺术性。解读对方的情绪从而了解事实真相、因人而异地采取说服策略、应用对集体有利的方法来解决团队的问题等。

（6）有效利用多种沟通渠道与方式。要针对所沟通内容和对象的特点和条件，综合使用多种沟通方式。例如，使用电子邮件、项目管理软件等现代化工具可以提高沟通效率，拉近沟通双方的距离，减少不必要的面谈和会议。

（7）避免无休止的争论。沟通过程中不可避免地存在争论。无休止的争论不利于结论的形成，而且是浪费时间的重要原因。终结这种争论的最好办法是项目经理发挥自己的权威性，充分利用自己对项目的决策权，及时做出结论。

7.3.3 新型网络环境下的沟通方式

随着互联网的迅猛发展，特别是各种 Web 2.0 网络应用层出不穷，除了面谈、电话、邮件等传统方式外，在信息系统项目中，社交网络、博客及微博、微信等基于互联网及移动互联网的新型应用系统逐渐成为不可或缺的沟通方式。

1. 新型沟通方式的特点

对比项目会议、电子邮件、知识管理系统等传统的项目沟通方式，各种迅速发展的新型网络系统具有以下新特点。

（1）便捷。移动互联网技术的快速进步给用户带来了不同于以往的沟通体验。通过微信、微博等各种应用，用户可以在任何时间、任何地点发布咨询信息，并可以得到来自网络中众多用户的关注和回应。同样，用户也可以随时随地在这些应用中获得自己感兴趣的内容，即便不认识发布相关信息的人。

（2）成本低。在互联网技术发展的前期，成本在很大程度上成为阻碍用户使用的一个重要因素。然而，各种网络硬件及软件支持费用的显著降低，使得用户可以花费很少的成本获得高效的服务，特别是依托于这些新型系统建立项目沟通网络，用户可以很方便地实现即时沟通，并不需要额外的费用。

（3）内容呈现形式灵活。新型的网络系统为用户提供了各种可以选择的内容呈现方式，包括文字、图像、影像、声音、链接等。用户可以根据自己的需要，在一个沟通平台上灵活地选择多种呈现形式，而在传统的沟通方式中，这是几乎是不能实现的。

（4）非正式。在新型系统中，用户的身份不仅是项目组成员，所沟通发布的内容也不仅是与工作相关的，实际上，更多的是反映用户生活家庭、兴趣爱好等的非正式的内容。

2．对信息系统项目沟通管理的影响

（1）提高沟通效率。新型网络应用系统作为信息系统项目的沟通平台，为项目组提供了随时随地沟通的可能，适合信息系统项目频繁并随时沟通的特点。对比传统方式，这些应用系统不需要占用专门的空间和时间召开会议，也不像电子邮件那样无法开展多人即时交流。

（2）降低沟通成本。项目组不需要投入专门的硬件和软件构建沟通平台，移动设备的普及使得项目组成员可以很容易地成为这些应用系统的用户，而不需要额外的花费。

（3）帮助项目组成员建立非正式联系。新型网络应用作为沟通方式，为项目组成员提供了建立非正式联系的可能。在这些网络应用中，成员可以了解其他组员的生活状态和体验爱好，可以建立除了工作关系之外的其他情感联系。这样的联系促进了成员之间的了解，进而促进了项目实现更有效的沟通，特别是涉及利益分配等有阻碍的沟通问题。

（4）信息泄露等风险。选择新型网络应用作为沟通方式也有一定的风险。例如，所有的网络应用都基于公开网络，项目组会面临沟通信息被泄露的风险。再如，工作关系和生活关系在新型网络中是很难割裂的，项目组成员会有无法保护隐私的顾虑。

由此可以发现，新型网络应用系统具有传统沟通方式无法比拟的优势，应成为信息系统项目进行沟通管理的重要方式，但并不是唯一方式。项目组应将其作为现有沟通方式的有益补充。

7.4　冲突管理

信息系统项目冲突管理指在项目进行过程中对各种冲突的管理。项目管理者需要针对所出现冲突的不同特点采用不同的处理方式，以利于项目的顺利进行。

7.4.1　冲突的概念

1．认识冲突

冲突是指人们由于某种抵触或对立状况而感知到的不一致的差异。人们对组织中存在的冲突逐渐形成了三种不同的观点。

第一种观点的认识较为传统，认为冲突是有害的，是成员间矛盾的反映，会影响成员间的关系，阻碍工作进展，会给组织造成不利影响。冲突成为组织机能失调、非理性、破坏的同义词。因此，传统观点强调管理者应尽可能避免和清除冲突。

第二种观点从人际关系的角度认识冲突，认为冲突是任何组织无法避免的自然现象，不一定给组织带来不利的影响，而且有可能成为有利于组织工作的积极动力。既然冲突是不可避免的，管理者就应该接纳冲突，承认冲突在组织中存在的必然性和合理性。

理论界新近产生的第三种观点强调冲突的互动作用。与人际关系观点只是被动地接纳冲突不同，互动作用观点强调管理者要鼓励有益的冲突，认为一定水平的有益的冲突会使组织能够以开放的态度面对不同的新观点、新方法，能够保持不断的学习和创新。

需要指出的是，互动作用的观点并不是说所有的冲突都是好的。一些冲突支持群体的目标；并能提高群体的工作绩效，它们是具有建设性的冲突。但也有一些冲突阻碍了群体的工作绩效，它们是具有破坏性的功能失调的冲突。更为重要的是，这两类冲突的划分并没有明确的界限。同一个冲突可能会促进某一群体为达到目标而健康、积极地工作；但对于另外的群体，或同一群体的不同时期，则可能是功能失调的冲突。

2. 冲突产生的原因

在不同的项目中，因为项目的特定环境不同，参与项目的人员不同，产生冲突的原因有很大差异，概括而言，包括以下几个方面。

（1）个性差异引发的冲突。团队中的成员因为个人知识背景、性格、喜好、信仰、价值观等方面的差异，从而在参与决策时可能产生冲突。

（2）信息沟通不畅引起的冲突。电子商务项目中技术团队、管理及物流团队，一般从属于不同的部门，如果没有很好的交叉业务交流，就可能经常出现信息沟通不畅的状况，从而引发冲突。

（3）个人与组织文化不一致引发冲突。团队的新进入人员容易产生这种冲突，源于与组织现有的文化、做事方式、看待问题解决问题的方法等方面存在差异。

（4）利益冲突。在资源和利益有限的情况下，必然存在由于争夺利益资源而存在的冲突。

（5）管理的权术思想引发冲突。管理者不能科学、公平地进行管理决策，导致团队内部不和谐，派系斗争就是很好的例子。

3. 冲突的分类

根据不同的准则，冲突可以从以下不同的方面进行分类。

（1）积极冲突和消极冲突

按照冲突所带来的可能后果和趋势，可以将冲突分为积极冲突和消极冲突。消极冲突会带来矛盾激化，合作无法进行，项目中断甚至终止，应对其进行有效的抑制、消除和排解。积极冲突会促进项目组拓宽视野，引进新思想和方法，要鼓励其充分开展，并有效地加以利用。

（2）隶属关系下的冲突

项目组织隶属的层次关系会决定冲突的不同类型，包括与上级冲突、与下级冲突和与同级冲突，它们各自存在的前提和依据不同，因而其冲突的表现形式和解决方式也可能有所不同。

7.4.2 冲突管理的方法

对应于消极冲突和积极冲突的类型，处理冲突可以选择结构法和对抗法。结构法往往通过隔离各个部分来减少冲突的直接表现。与之相反，对抗法则力图通过把各个部分聚集在一起使冲突表面化。

1．结构法

隔离冲突各方是结构法常用的思想。具体方法包括，可以利用职权层次，由上一级管理人员出面，指出项目组的整体目标、期望下级遵循的行动步骤，从而化解冲突；也可以直接通过组织设计减少部门之间的依赖性，即尽量减少各部门之间合作交流的可能，当然这种独立可能会提高成本。

2．对抗法

对抗法是应对积极冲突的方法，强调冲突双方直接交锋、公开地交换有关问题的信息、力图消除双方分歧，从而达到一个双方都满意的结果的过程。实现对抗型处理冲突方式要求公开地交流信息、寻找共同目标、保持灵活的态度并避免使用威胁手段，要使得双方都认识到取胜因素，为冲突的建设性对抗处理提供机会。

7.5 信息系统项目的文档管理

信息系统项目沟通过程中，文档起了不容替代的作用。信息系统的文档，是系统建设过程的“痕迹”，是系统维护人员的指南，是开发人员与用户交流的工具。规范的文档意味着系统是按照工程化开发的，意味着信息系统的质量有了形式上的保障。文档的欠缺、文档的随意性、文档的不规范极有可能导致原来的开发人员流动以后，系统不可以维护、不可以升级，变成一个没有扩展性、没有生命力的系统。所以，为了建立一个良好的信息系统不仅要充分利用各种现代化信息技术和正确的系统开发方法，同时还要做好文档的管理工作。

7.5.1　信息系统项目文档的作用与类型

信息系统的文档是系统开发过程中留下来的“痕迹”，是项目成员之间沟通的主要工具。从文档产生与使用的主体出发，先分析信息系统文档的作用，然后列出信息系统文档的各种类型。

1．信息系统项目文档的作用

这里指的信息系统项目的文档，不但包括应用软件开发过程中产生的文档，还包括硬件采购和网络设计中形成的文档；不但包括有一定格式要求的规范文档，还包括系统建设过程中的各种来往文件、会议纪要、会计单据等资料形成的不规范文档，后者是项目建设各方谈判甚至索赔的重要依据。

文档在系统建设人员、项目管理人员、系统维护人员、系统评价人员及用户之间的多种桥梁作用可从图 7.9 中看出。图 7.9 中列出了文档在信息系统建设和运行过程的 7 种典型沟通作用。

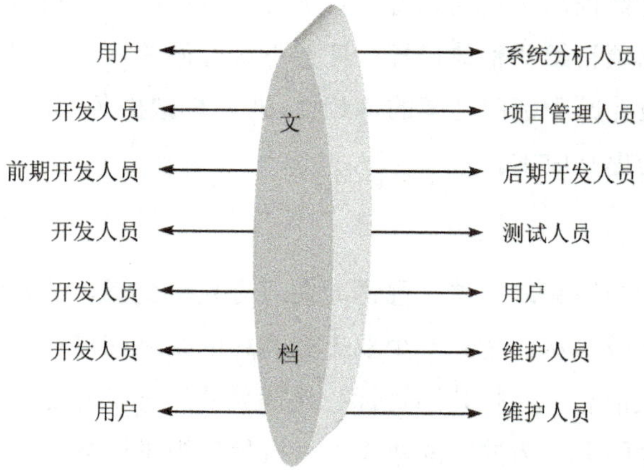

图 7.9　信息系统文档的沟通作用图

1）用户与系统分析人员在系统规划和系统分析阶段通过文档进行沟通

这里的文档主要有可行性研究报告、总体规划报告、系统开发合同、系统分析说明书等。有了文档，用户就能以此对系统分析员是否正确理解了系统的需求进行评价，如不正确，可以在已有文档基础上进行修正。

2）系统开发人员与项目管理人员通过文档在项目期内进行沟通

这里的文档主要有系统开发计划（包括工作任务分解表、网络图、甘特图、预算分配表等）、系统开发月报及系统开发总结报告等项目管理文件。有了这些文档，每个项目成员就会明了自己的目标、可用的资源和约束，项目管理人员也有了考评的依据。

3）前期开发人员与后期开发人员通过书面文档的沟通

这里的文档主要有系统开发各阶段的文档，如系统分析说明书、系统设计说明书等。有了这些文档，不同阶段之间的开发人员就可以进行顺利的工作衔接，同时还能将因为人员流动带来的风险降低，因为接替人员可以根据文档理解前面人员的设计思路或开发思路。

4）系统开发人员与系统测试人员通过文档的沟通

系统测试人员可以根据系统分析说明书、系统开发合同、系统设计说明书、测试计划等文档对系统开发人员所开发的系统进行测试。系统测试人员再将评价结果撰写成系统测试报告。

5）系统开发人员与用户在系统运行期间的沟通

用户通过系统开发人员撰写的文档运行系统。这里的文档主要是用户手册和操作手册。

6）系统开发人员与系统维护人员通过文档进行沟通

这里的文档主要有系统设计说明书和系统开发总结报告。有的开发总结报告写得很详细，分为研制报告、技术报告和技术手册 3 个文档，其中的技术手册记录了系统开发过程中的各种主要技术细节。这样，即使系统维护人员不是原来的开发人员，也可以在这些文档的基础上进行系统的维护与升级。

7）用户与系统维护人员在运行维护期间的沟通

用户在使用信息系统过程中，将运行过程中的问题进行记载，形成系统运行报告和维修修改建议。系统维护人员根据维护修改建议及系统开发人员留下的技术手册等文档，对系统进行维护和升级。

上述 7 个方面是文档在沟通方面的主要作用，其实，文档还可以作为监理和审计的对象，作为开发其他信息系统项目的参照。

如果发生合同纠纷，文档还能体现出证据的作用。因为每份文档都是项目建设中有关成员的一种书面承诺。绝大多数文档都是需要签名的，而签名就表示对自己所签署的那部分文档内容的认可和承担责任。特别是用户提出的需求变更申请书必须妥善保管，这些文件在发生纠纷时往往能成为保护自己甚至索赔的重要依据。

综上所述，文档可以用来统一思想，防止健忘和误解，是信息系统项目团队内部各类人员之间及团队内外的通信依据，同时也是观察、控制、协调信息系统建设过程的依据。文档可以用在各个方面，如表达用户需求、制定总体方案、进行系统分析与设计、管理建设过程、支持系统运行维护甚至谈判等方面。

显然，文档的编制在信息系统的开发工作中占有突出的地位和相当的工作量。高效率、高质量地写作、分发、管理和维护文档对于充分发挥信息系统的效益有着重要意义。

2．信息系统项目文档的类型

信息系统项目的文档有许多种分类方法，具体如下。

（1）按照产生的频率分为一次性文档和非一次性文档，前者如系统分析说明书、系统设计说明书等，后者如开发过程中用户提交的需求变更申请书。非一次性文档还可以分为频率固定文档和频率不固定文档，频率固定文档有项目组月度开发报告、信息系统运行日志、运行月报等，频率不固定文档有会计单据、需求变更申请书、维护修改建议书等。

一次性文档和频率固定的文档一般都有较固定的内容和格式，而频率不固定的文档由于发生的随机性，导致文档记录人员在撰写文档时的随意性。为了管理好这些频率不固定的文档，需要对这些文档予以编号，并尽可能地统一格式，以便做到规范管理。

（2）按照信息系统项目生命期的阶段不同，可以划分为系统规划阶段文档，如系统可行性研究报告、项目开发计划书等；系统分析阶段的文档，如系统分析说明书等；系统设计阶段的文档，如系统设计说明书、需求变更申请书等；系统实现阶段的文档，如程序设计报告、系统测试报告、开发总结报告等；系统运行与维护阶段的文档，如用户手册、操作手册与维护修改建议书等。

（3）按照文档不同的服务目的，可以将信息系统项目的文档分为 3 类：用户文档、开发文档与管理文档。用户文档主要是为用户服务的，开发文档主要是为开发人员服务的，管理文档主要是为项目管理人员服务的。

这里要强调项目管理文档的重要性。项目管理文档是对项目计划、费用和问题进行监督的管理手段和项目建设过程进行记录的工具。这能使各级管理部门对项目的进展保持预见性，以便能及时发现和处理系统开发及维护过程中的问题。

7.5.2　信息系统项目文档的编制与管理

影响文档质量的原因有规范上的问题、认识上的问题、编写技术上的问题、评价标准的问题。而上述问题的解决都离不开对信息系统文档的管理。因而，这一节首先介绍信息系统文档编制的要求，然后介绍信息系统文档的管理问题。

1．信息系统文档编制的要求

为了使信息系统项目的文档能起到前面所提到的多种沟通作用，使它有助于程序员编制程序，有助于管理人员监督和管理软件开发，有助于用户了解信息系统的工作方式和应做的操作，有助于维护人员进行有效的修改和扩充，就必然要求文档的编制要保证一定的质量。

质量差的文档不仅使读者难于理解，给使用者造成许多不便，而且会削弱对信息系统的管理（管理人员难以确认和评价开发工作的进展），增加信息系统的开发成本（一些工作可能被迫返工），甚至造成更加有害的后果（如误操作等）。

造成信息系统文档质量不高的原因主要有以下 4 个。

（1）认识上的问题：不重视文档编写工作。

（2）规范上的问题：不按各类文档的规范写作，文档的编写具有很大的随意性。

（3）技术上的问题：缺乏编写文档的实践经验，对文档编写工作的安排不恰当。

（4）评价上的问题：缺乏评价文档质量的标准。

高质量的文档应当体现在以下一些方面。

（1）针对性：文档编制之前应分清读者对象，按不同的类型、不同层次的读者，决定怎样适应他们的需要。例如，管理文档主要是面向管理人员的，用户文档主要是面向用户的，这两类文档不应像开发文档（面向开发人员）那样过多地使用信息技术的专业术语。

（2）精确性与统一性：文档的行文应当十分确切，不能出现多义性的描述。同一项目的不同文档在描述同一内容时应该协调一致，应是没有矛盾的。

（3）清晰性：文档编写应力求简明，如有可能，配以适当的图表，以增强其清晰性。

（4）完整性：任何一个文档都应当是完整的、独立的，它应自成体系。例如，前言部分应做一般性介绍，正文给出中心内容，必要时还有附录，列出参考资料等。同一项目的几个文档之间可能有些部分相同，这些重复是必要的。例如，同一项目的用户手册和操作手册中关于本项目功能、性能、实现环境等方面的描述是没有差别的。特别要避免在文档中出现转引其他文档内容的情况。例如，一些段落并未具体描述，而用“见××文档××节”的方式，这将给读者带来许多不便。

（5）灵活性：各个不同的信息系统项目，其规模和复杂程度有着许多实际差别，不能一律看待。对于较小的或比较简单的项目，有些文档可做适当调整或合并。

（6）可追溯性：由于各开发阶段编制的文档与各阶段完成的工作有着紧密的关系，前后两个阶段生成的文档，随着开发工作的逐步扩展，具有一定的继承关系。在一个项目各开发阶段之间提供的文档必定存在着可追溯的关系。例如，某一项功能需求，必定在设计说明书，测试计划以至用户手册中有所体现。必要时应能做到跟踪追查。

（7）易检索性：无论是发生频率固定的文档，还是频率不固定的文档，在结构的安排和文件的装订上都必须能使查阅者以最快的速度进行检索。

2．信息系统项目文档的管理

为了最终得到高质量的信息系统文档，达到合格的质量要求，在信息系统项目的建设过程中必须加强对文档的管理。文档管理应从以下几个方面着手进行。

1）文档管理的制度化

必须形成一整套的文档管理制度，其内容可以包含文档的标准、修改文档和出版文档的条件、开发人员在系统建设不同时期就其文档建立工作应承担的责任和任务。根据这一套完善的制度来最终协调、控制系统开发工作，并以此对每个开发成员的工作进行评价。

2）文档要标准化、规范化

在系统开发前必须首先选择或制定文档标准，在统一标准制约下，开发人员负责建立所承担任务的文档资料。对于已有参考格式和内容的文档，应尽量按相应规范撰写文档。对于没有参考格式的文档，如需求变更申请书，应该在项目组内部出台相应的规范和格式。

3）文档管理的人员保证

项目团队应设文档组或至少一位文档保管人员，负责集中保管本项目已有文档的两套主文本。两套文本内容应完全一致。其中的一套可按一定手续，办理借阅。

4）维护文档的一致性

信息系统项目建设过程是一个不断变化的动态过程，一旦需要对某一文档进行修改时，要及时、准确地修改与之相关联的文档。否则将会引起系统开发工作的混乱。

5）维持文档的可追踪性

由于信息系统项目建设的动态性，系统的某种修改是否最终有效，要经过一段时间的检验，因此文档要分版本来实现。而各版本的出版时机及要求也要有相应的制度。

从上述文档管理的内容可以看出，如果采用手工方式来建立这些文档资料，很难适应这种不断修改、不断完善的客观需求。因此，信息系统项目文档的建立应当充分利用现有的辅助开发工具及一些文字处理软件等，有些工具还能辅助进行文档的检索管理，这些工具的使用能够有利于提高信息系统文档的质量，从而最终提高信息系统项目的建设质量。

思考题

（1）人员—进度权衡定律和 Brooks 定律各是什么含义？你怎么看待这两个定律在信息系统项目中的应用？

（2）请解释人力资源平衡的思想。假设图 7.2 中人力资源供给有限制，只有两个开发人员可供使用，请画出在有限制的情况下的人力资源计划图。

（3）项目团队知识地图和职责分配矩阵各有什么作用？你能否绘制你所在班级或单位的知识地图？

（4）激励理论一般分为哪几种类型？你能否给出综合激励公式并说明其中每个要素的含义。

（5）项目团队有哪几个发展阶段？对于信息系统项目在不同阶段各应采取哪些激励方式？

（6）对项目成员和项目团队应该分别从哪几个方面进行考核？

（7）请解释项目干系人的含义，并举一个项目的例子来说明干系人的类型和管理方法。

（8）信息系统项目的沟通有哪些特点和内容？

（9）详细说明信息系统文档的作用并简述其类型。

（10）文档在信息系统项目建设中没有受到足够重视的原因是什么？你有什么好办法激励项目成员写好文档？

（11）如何编写高质量的文档？信息系统文档的管理应从哪几方面着手？

第 8 章

信息系统项目的风险与变革管理

信息系统项目是在复杂的企业和社会环境中进行的，受许多因素影响，而项目管理人员对这些因素无法进行完全控制和预测，项目的过程和结果可能发生计划外的变化，而这些变化会给项目带来风险，既可能产生损失，也可能产生收益。因此，了解和掌握项目风险来源、性质和发生规律，进而实行有效的风险管理，预防或回避可能产生损失的风险，创造能够产生收益的风险，是项目管理的重要内容。此外，信息系统项目真正得以成功的建设和实施，必须管理好由项目带来的变革，以满足环境和要求的不断变化，即做好项目的变革管理。

本章涉及风险管理和变革管理两个方面，将在介绍信息系统项目风险的基础上，阐述风险识别、分析、应对、监控等风险分析管理的主要活动、工具和模型方法；然后介绍信息系统项目的变革规划、主要变革方式、组织中变革实施等内容。

8.1 信息系统项目风险与风险管理

了解和分析信息系统项目风险，是进行风险管理的基础。信息系统项目风险可以从多个角度考察和理解，具备多个属性和分类标准，同时受到信息系统项目为一次性项目、受人为因素影响较大等特征的影响。本节将介绍信息系统项目风险的含义和特征，围绕这些特征，归纳风险管理的主要内容。

8.1.1 信息系统项目风险的含义

风险就是由于存在不能预先确定的内部和外部的各种干扰因素，使信息系统项目的结果存在不确定性。需要特别说明的是，项目风险，即后果的不确定性带来的可能是损失，也可能是收益，即项目的干扰因素可分为积极因素和消极因素。所以，项目风险管理的重心应该包括将积极因素所产生的影响最大化和使消极因素产生的影响最小化两个方面。

1. 项目变数与干扰因素

信息系统项目各环节、活动各自的性质和作用，彼此之间的联系和影响，以及它们组成项目整体的方式等，决定了项目整体的性质和功能，若各部分有变动，项目整体也会有变化。这些变动的部分称作项目变数。在信息系统项目中，最主要的变数是进度、成本和质量，即项目的不确定性主要体现在需求、进度、成本、人员和质量的变化上。例如，需求是否变更、进度是否拖延、成本是否超出预算、人员是否变动、质量是否降低等。而信息系统项目中，用户、团队、技术、法规、政策或外部经济等是常见的干扰因素，会促使项目产生不确定性。在分析项目风险时，需要考虑这些因素对项目后果的不同影响，包括影响的性质（即积极的还是消极的）及影响的程度等。

2. 项目不确定性

不确定性是存在于客观事物与人们的认识与估计之间的一种差距，通常体现在活动的各种可能结果的不确定上，然而从不确定性产生的角度分析，信息系统项目中的不确定性有以下 3 种类型。

（1）项目范围不确定。由于认识不足，无法清晰描述项目的需求、范围和组成等。

（2）计量不确定。在确定项目干扰因素的影响程度大小时，由于缺少必要信息、公认准则而产生的不确定性。

（3）事件后果不确定。无法确认某种决策或行动后会产生怎样的后果。

3. 风险属性及其对风险管理的影响

信息系统项目风险属性及这些属性特征对风险管理的影响如下所述。

1）随机性

尽管风险的发生伴随偶然性，但可以通过对以往实践数据的分析，获得活动的风险所遵循的统计规律，风险的这种性质叫作随机性。随机性的存在，为风险管理中进行科学的定性和定量风险分析提供了决策依据。

2）相对性

对风险的分析离不开项目主体，同样的风险对不同主体有不同影响，因此，进行风险管理时必然要考虑主体对风险后果的承受能力，这种能力受到项目收益或损失的大小、投入的多少、主体的职位、主体拥有的资源等因素的影响，相对性决定了风险管理的主观性，即根据项目主体的特征不同需要进行不同的风险管理活动。

3）可变性

项目风险的性质、后果、数量、重要程度会在项目不同阶段发生变化，例如，为了避免项目进度拖延发生的风险，为项目增加资源投入，就会带来费用增大的风险，可变性决定了风险管理是伴随整个项目的持续活动。

8.1.2　信息系统项目风险的特征

信息系统项目的一次性、人为性等特点决定了信息系统项目风险的特征。首先介绍信息系统项目风险的特征，在此基础上，对信息系统项目常见风险进行分析。

1. 容易产生风险的信息系统项目特征

在第 1 章中曾探讨过信息系统项目的特点，其中容易产生风险的特征包括如下几方面。

（1）信息系统项目一般投入较大，涉及范围广，需要协调来自用户方、开发方、实施方、监理方、外包方等各方利益，不确定性强。

（2）信息系统项目是围绕满足用户需求而开展的，而用户通常随着对信息系统、对系统与企业运作之间的关系的认识不断深入，需求也在不断变化，从而带来项目范围、目标等因素的风险。

（3）信息系统项目的主要资源是人力资源，具有很大的灵活性和不确定性。人力资源不同于物质资源，可以准确估计工作时间和成本，项目成员的工作效率和质量往往会受到能力、状态、兴趣、情绪，以及团队合作沟通、外部干系人等各种条件因素的影响，无法准确度量。

（4）信息系统项目是技术综合运用的项目，各种开发技术、工具、软/硬件、网络平台等之间的契合程度及信息技术的不断发展，都会带来项目风险。

（5）信息系统本身具备不确定性，如系统稳定性、容错性、安全性等性能的表现受到系统使用条件、外部环境、操作人员习惯等各种因素的制约。

（6）信息系统通常为满足用户特定需求，对其质量、进度和成本等因素的评价缺乏统一的标准，不像其他产品可以有明确标示的合格等级要求。例如，信息系统项目质量要达到什么程度才是"足够的"，在不同项目中可以得到不同答案。

（7）信息系统项目强调数据的集中、功能的集成，而应用越集中，自动化程度越高，网络应用越广，风险就可能越大等。

2．信息系统项目的常见风险

信息系统项目的上述特征带来项目的常见风险，如需求变更、进度提前或拖延、费用降低或超支、系统遇到技术或人员瓶颈，无法完成原有目标功能等。总体而言，信息系统项目的风险主要体现在如下几方面。

1）需求风险

需求风险主要表现为：① 由于用户对系统缺少清晰的认识和认同，无法提出明确需求。随着项目的进行，虽然需求已经成为项目基准，但需求还在继续变化；② 在需求分析阶段用户参与不够，需求定义不明确；③ 市场环境的新变化带来现有需求的减少和额外需求的增加等。

需要说明的是，信息系统项目中需求风险总是存在的，在项目一开始就试图将需求固定下来，不允许任何变动的想法是不现实的。在开发的过程中用户的业务、需求都会发生变化，风险管理采取的准则不是回避风险，而是要估计需求变化的范围，确定当需求变化时，将会带来工作量的增加还是减少，对进度、成本产生多大的影响，做好应对准备。

2）计划风险

计划风险主要包括：① 计划一般是经过项目团队优化的结果，是"最佳状态"，但现实是在变化的，因而计划只能算是"期望状态"；② 计划的制订基于现有的项目基础和团队条件，而成员的流动会带来工作效率和能力的变化，造成计划变动；③ 计划调整时忽略了项目的整体性，如计划中将完成目标的日期提前，但没有相应地调整产品范围或可用资源；④ 涉足不熟悉的专业领域，可能会对项目预期不准确，计划与实际产生巨大差异，如花费在需求调研和系统分析上的时间比预期的要多等。

3）组织和管理风险

组织和管理风险包括：① 项目团队所在企业的组织结构的变化提高或降低了决策制定和执行效率，带来项目进度、成本等风险；② 缺乏必要的规范，导致工作失误与重复工作；③ 非技术的第三方的工作（预算批准、设备采购批准、法律方面的审查、安全保证等）时间与预期不一致等。

4）人员风险

人员风险包括：① 激励措施的效果与预期不符（超过或未达到预期），带来工作效率和成本风险；② 对人员能力估计不充分，培训时间延后或提前；③ 项目后期加入新的开发人员，造成团队工作效率降低；④ 沟通制度和方法的设计，不完全适应项目组需要；⑤ 环境等因素造成人员工作积极性的变化，如外部竞争压力会带来更加高效的工作和更低廉的成本；⑥ 项目对具有特定技能的人存在依赖，并且没有建立后备机制等。

5）开发环境风险

开发环境风险包括：① 由第三方提供的软/硬件网络平台设施的布局调试时间与预期不符；② 软/硬件网络平台设施配套兼容特性与预期不符；③ 实施过程中所使用的工具与期望效果存在差异等。

6）用户风险

用户风险包括：① 用户对于交付的产品不满意，要求某功能甚至全部系统重新设计和重做；② 在实施过程中需要用户参与，但用户审核的决策周期与预期不符；③ 用户的实施环境带来测试、设计和集成工作时间、成本的减少或增加等。

7）技术风险

技术风险包括：① 与不受本信息系统项目团队控制的系统相连接，导致设计、实现和测试工作与预期不符；② 系统在不熟悉或未经检验的软件和硬件环境中运行，产生未预料到的效果或问题；③ 全新技术的应用，由于没有经验借鉴，对后果不能准确估计；④ 采用的技术不成熟，造成进度、质量风险等。

8）设计和实施风险

设计和实施风险包括：① 设计的低质量导致重复设计，或高质量设计带来开发效率的降低；② 过高或过低地估计了某些工具对实施进度的影响等。

8.1.3　信息系统项目风险管理概述

项目风险管理是指通过一系列活动，将积极风险因素所产生的影响最大化，使消极风险因素产生的影响最小化。按照《项目管理知识体系》最新的版本 PMBOK2012 所述，风险管理涉及的主要内容包括：规划风险管理、风险识别、定性风险分析、定量风险分析、风险应对、风险监控六个方面。风险管理在项目的开始时就要进行，并在项目执行中不断进行，贯穿项目的整个生命期内。

1．风险管理的主要内容

（1）规划风险管理：对风险管理过程进行整体规划的过程。定义与风险管理相关的原则、活动、资源、工具技术、方法、组织结构等，是进行风险管理的基础。

（2）风险识别：包括确定风险的来源，风险产生的条件，描述其风险特征和确定哪些风险事件有可能影响本项目。风险识别不是一次就可以完成的事，应当在项目的自始至终定期进行。

（3）定性风险分析：对风险及风险的相互作用的评估，是衡量风险自身的不确定性和风险对项目目标影响程度的过程，包括定性和定量风险分析。

（4）风险监控和应对：对整个项目管理过程中的风险进行监控，并采取合适的应对措施的过程。

风险管理需要借助相关方法，以上每个步骤所使用的工具和方法如表 8.1 所示，其中的方法和工具在后面的章节中会介绍。

表 8.1　风险管理过程中所使用的工具、方法

风险管理的主要步骤	所使用的工具、方法
风险识别	德尔菲（Delphi）法、头脑风暴法、核对表、SWOT 分析、干系人分析表等
风险分析	风险因子计算、PERT 估计、决策树分析、风险模拟等
风险应对	回避、转移、缓解、接受、开拓、分享、提高等
风险监控	核对表、定期项目评估、挣值分析等

2．与项目管理其他内容的关系

由以上的分析可以发现，项目风险管理与项目管理其他因素、内容密切相关，具体表现在以下几个方面。

1）项目范围和计划管理

范围管理的主要内容之一是根据需求审查项目和项目变更的必要性。而风险管理能够识别、估计和评价不确定性，对需求可能变动的范围进行预测，计算出对项目后果的影响，向范围管理提出任务要求，同时为项目计划的制订提供了依据，有效地减少了计划无法适应不确定性的情况。

2）项目进度和质量管理

风险管理与其目标一致，风险管理把风险导致的各种不利后果减少到最低程度，符合各项目有关方在时间和质量方面的要求。一般来说，进行风险管理后，在工期估计中会预留一些机动时间来应对可能产生的进度风险。预见到可能的质量风险后进行有效的沟通和管理，能够使质量更有保证。

3）项目成本管理

通过风险分析，估计可能的额外费用，以及可能出现的收益或损失，从而可以作为

项目预算中的机动费用，增强了项目成本预算的准确性和可行性，可以说，没有风险管理的成本管理并不完整。

4）人力资源管理

人力资源在信息系统项目中占据特殊重要地位，通过风险分析，可以：① 确定具体风险与人员的关系，了解人员的身心状态变化对项目结果的影响性质和程度；② 帮助项目人员了解项目的主要风险，并当延期、超支等情况发生时，不产生恐慌或退缩情绪；③ 确定项目成员在项目过程中由于风险而可能受到的损失，帮助项目经理通过设置相关保险等福利，进行有效刺激等。

3．项目风险管理的组织

为实现风险管理目标，需要设立信息系统项目风险管理的组织机构、管理体制和管理人员。风险管理组织具体要如何设置，决定性的因素是项目风险在时空上的分布特点——项目风险存在于项目的所有阶段、所有活动，因此，风险管理的职能必然分散于项目的进度、成本、质量、范围、资源管理等方面，这些活动的负责人和参与者，都应该担负一定的风险管理的责任。风险管理组织的设置，还与项目的规模、技术和组织上的复杂程度、风险的性质、风险后果的影响程度、项目具体的行业背景（如涉及国家安全的军事信息系统项目对风险管理组织有特殊严格要求）、法规要求等因素有关。

一般而言，信息系统项目风险管理的组织包括：对风险管理担负整体责任的项目经理；风险管理专职管理部门或人员，协助项目经理，协调组织与风险管理有关的活动；从项目各主要阶段（包括调研规划、分析设计、开发测试等）抽调经验丰富的人员，或聘请第三方人员，负责项目风险分析；项目进行过程中，所有相关人员进行项目识别和应对等。

4．在项目团队中建立风险管理意识和文化

风险管理在项目团队中能够得到良好实践，需要建立风险管理意识和文化，包括：承认风险是无处不在的；正视项目风险，认识到风险不只会产生损失，还可能带来收益；建立公共交流风险的平台；奖励阻止消极风险发生的项目成员，而不仅是惩罚和管理那些风险制造者；创造条件鼓励积极风险的发生等。

8.2　风险管理计划与风险识别

8.2.1　信息系统项目的风险管理计划

风险管理计划的制订过程是规划和设计如何进行项目风险管理的过程。风险管理计划包括定义项目风险管理的方式、涉及的人员职责、选择合适的风险管理方法工具，确定风险判断的依据等。风险管理计划对于项目能否成功进行风险管理，完成项目目标至关重要。

由于风险管理是一个贯穿项目进展始终的工作，风险管理计划不是一个静止的文件，它应该随着项目状况的变化而变化。在任何信息系统项目中，风险管理计划应该作为项目工作计划的一部分，成为项目管理人员的一个重要工作。

1. 风险管理计划制订的依据

风险管理计划制订的依据包括：① 项目整体规划中的有关内容，如项目目标、范围、干系人、所需资源、时间预算约束、假设前提等；② 项目团队和个人的风险管理经验与实践；③ 项目管理部门、公司管理层的授权情况；④ 项目干系人，即利益相关者对风险的敏感程度及可承受能力；⑤ 可获取的数据及管理系统，即进行风险识别、评估量化等的数据来源；⑥ 风险管理模板，一般都列示了风险管理的标准、程序，可供风险管理计划参考。

2. 风险管理计划制订的过程

风险管理计划一般通过规划会议的形式制订，会议参与人员应该包括项目经理、重要的项目干系人、与风险管理分析和监控有关的人员。风险管理计划按照整个项目生命期，确定如何组织和进行风险管理的各项活动。

在制订风险管理计划时，首先，确定风险识别、分析的方法工具，以及风险判断的依据。其次，确定风险应对策略和活动，尽量减少已知的消极风险。同时需要确认风险管理耗用的项目资源。最后，确定风险评价基准（如风险概率和风险影响值的评价标准）及对风险进行监控的频度、范围、负责人等。总之，风险管理计划的最终目的是将风险的后果尽量限制在可接受的水平。

3. 风险管理计划的内容

一般而言，信息系统项目的风险管理计划应该包括如下内容。

（1）方法和数据。风险管理使用的各种方法、工具和数据资源，以及这些内容随项目阶段和风险评估情况的调整。

（2）人员。项目风险管理活动中的领导者、支持者、参与者的角色定位、任务分工及责任。

（3）时间周期。界定项目生命期中，风险管理过程的各运行阶段，以及进行风险管理各项活动的周期或频率。

（4）风险类型、级别及对策。定义并说明风险的类型级别。对策分为两个部分：一是采取什么预防措施以阻止消极风险及促进积极风险的发生；另外也要考虑如果风险发生后需要采取什么纠正措施。这两方面的计划构成了完整的风险对策。

（5）触发标志。风险是一种可能性，为了使风险应对措施能够获得积极效果，需要争取一定的提前时间以启动必要的各项工作。设立触发标志就是设立一个判别标志，在该触发标志所标明的条件具备时，说明风险已经越来越可能成为现实了。

（6）规则。定义由谁以何种方式针对何种类型、等级的风险采取应对行动，避免利益相关方对该内容理解的二义性。

（7）沟通形式。规定风险管理过程中沟通的内容、范围、渠道及方式，包括项目团队内部，以及与用户、项目投资方、其他项目干系人的沟通。

（8）跟踪调整。确定如何记录项目进行过程中风险及风险管理的过程，并通过何种方式更新风险管理计划。

8.2.2　风险识别

风险识别包括确定风险的来源、风险产生的条件，描述其风险特征和确定哪些风险有可能影响本项目，影响程度如何，如表 8.2 所示。表中“是、不是、不确定”代表风险识别的结果。风险对项目的影响一般可分为 5 个影响类别——非常低、低、一般、高、非常高。需要说明的是，风险识别不是一次就可以完成的，在项目的自始至终定期进行。

表 8.2　某信息系统项目的风险识别

项目风险识别			日期：	
项目承担方：			编号：	
用户方：			项目经理：	
方　面	**类　型**	**风　险**	**是、不是、不确定**	**影响级别**
用户方面	管理战略	失去了高级管理层的支持		
	市场	新市场带来不确定的功能需求		
	预算	无法得到可靠的预算或人力上的保证		
	应用	不具备使用能力或沟通能力		
技术方面	开发环境	开发工具的可用性及质量		
	技术	技术的不确定性、不稳定性		
	过程	各环节术语、规范的二义性		
人员方面	数量结构	团队人员总体技术水平、结构		
	行业背景	项目行业经验		
……				

1．风险识别的步骤

风险识别可以分为 3 步。

1）收集资料

在各种文档中分析风险干扰因素，包括信息系统需求说明书（如是否采用成熟软件技术、硬件平台）、项目前提和制约因素（如国家法规的制约及调整的不确定）、范围说明书（目标设定是否合理）、资源计划（如核心技术是否只被一个成员掌握）、进度计划、成本计划、与本项目类似的其他项目资料等。

2）估计风险形势

根据项目的目标，结合项目拥有的资源和条件，确定项目及其环境的变数，如产业政策、市场趋势、员工工资、项目规模、时间、质量、成本等。通过形势估计，可以揭示项目在哪些方面会产生风险，会产生积极风险还是消极风险。

3）根据直接或间接的征兆将潜在的风险识别出来

每个风险变数有不同的状态，会带来不同的后果及相应的不确定性。例如，系统设计唯一的负责人最近常去医院，这便是项目进度的潜在威胁。

2．风险识别的工具

在收集资料的基础上，具体识别风险时，经常采用以下工具和技术。

1）德尔菲法

通过多轮次匿名征求专家意见，归纳统计，不断反馈的过程，获得专家对风险的认识和判断。例如，有 50%的专家估计一年之后，某信息系统项目目前所计划采用的安全架构将不再是厂商供应的主流架构，存在后期维护技术和成本风险。这种方法有利于获得专家相对客观的经验意见。

2）头脑风暴法

通过面对面的方式，鼓励专家或团队成员根据已有的主张，提出自己对风险的看法，在这个过程中不进行辩论，没有判断性的评论，参与者充分表达创造性的意见，无须存在顾虑。这种方法有利于发现项目中潜在的各种风险。

3）核对表

基于以前类比项目信息及其他信息，编制风险识别核对表，列出项目可能会有哪些潜在的风险。例如，从类比项目失败的原因出发，发现汇率变化带来了项目预算超支，因此，需要在成本计划中考虑汇率核算的风险。

4）SWOT 技术

这是一种分析方法，用来确定企业本身的竞争优势（Strength）、竞争劣势（Weakness）、机会（Opportunity）和威胁（Threat），从多角度对项目风险进行识别分析。

5）项目干系人分析

通过对项目干系人的需求、关注的指标、应该承担的责任及可能存在的风险进行分析，这里识别出的风险一般都是风险管理应该予以关注的内容。

8.3　信息系统项目风险分析

风险分析，就是确定项目活动在哪些方面、什么时间可能会出现与预期不一致的后果，并且借助工具，对后果不确定的风险进行评估、量化，分析各种风险的影响程度和缓急，为提出监控和应对风险的各种方案奠定基础。

8.3.1　风险估计

在风险识别之后，接下来就要对项目的各个风险进行估计，估计的主要内容：项目变数的计量标度、风险发生的可能性或概率、所产生的各种后果的损益数值、确定所估计的数值变化范围及其限定条件。一般来讲，风险估计需要风险管理者、项目计划人员、技术人员及其他管理人员一起进行。

1．风险估计的计量标度

风险估计的计量标度，即用何种方式表示风险估计的结果，可以是定性的标志（如影响力非常低、低、一般、高、非常高等）、定性的序数（按照风险大小排列先后顺序，使之彼此区别）、定量的基数（设定一个基准，比较后果与基准的差异，并以此作为风险大小，如项目进度拖延 20 天，这里的 20 就是基数标度）、定量的比率（用比率表示风险的大小，如后果发生的概率）等。

同一个风险可以由多个计量标度衡量，因此，需要根据对项目的认知程度、风险的重要程度，选择一个或几个标度，对风险进行全面衡量。

2．风险概率和后果的估计

风险发生的概率是风险估计的基础。一般而言，可以根据历史记录资料来确定风险发生的概率，如果历史记录不足或不容易得到，则可以根据风险的特征选择某个理论概率分布（如正态分布、二项分布等），作为风险概率的估计。

风险造成的损益后果可以从 3 个方面衡量：损益性质、损益范围和损益时间分布。损益性质是指是经济收益、经济损失，还是技术上的损益。损益范围包括后果严重程度、变化幅度、影响范围，通常前两者由后果的数学期望和方差表示，而后者描述了哪些项目参与者会受到影响。损益时间分布是指风险是突发的，还是随时间积累的特性，显然数额很大的损失如果突然在项目中发生，将会带来可能彻底失败的风险。在描述后果时，定性标度方法所花的费用较低，而定量的标度难度较大、所花成本较高，但一般来说准确性较好。

3. 风险估计的量化

根据对风险导致的各种结果可能出现的认识，有以下不同的风险估计的量化方法。

1）确定型风险估计量化

风险所导致的结果出现概率为 1，这类风险称为确定型风险。

（1）盈亏平衡分析（Break-Even Analysis），通常又称为量本利分析或损益平衡分析。它是根据信息系统项目在一般情况下执行时的成本和收益，找出它们的规律，并确定项目成本和收益相等时的盈亏平衡点的一种分析方法。在盈亏平衡点上，信息系统项目既无赢利，也无亏损。通过盈亏平衡分析可以看出信息系统项目对市场需求变化的适应能力。

（2）敏感性分析（Sensitivity Analysis）。该方法的目的是考察与信息系统项目有关的一个或多个主要因素发生变化时，对该项目后果的影响程度。通过敏感性分析，可以了解在信息系统项目风险分析中，由于某些参数估算的错误或是使用的数据不太可靠，而可能造成的风险后果，有助于决策者确定在项目风险管理过程中需要重点调查研究和分析测算的因素。

2）不确定型风险估计量化

风险的不确定性可以由各种后果出现的概率来表示，这种风险称为不确定型风险。

（1）概率分析法。这类方法认为风险的不确定因素表现为各种随机变量，运用概率论及数理统计方法，来预测和研究各种风险不确定因素对信息系统项目进度、质量、成本等方面影响的一种定量分析。具体而言，分析各种不确定因素在一定范围内随机变动的概率分布及其对项目结果的影响，从而对项目的风险情况做出比较准确的判断，为决策提供依据。

（2）期望值法。根据制定某个决策所带来的风险，导致的各种后果出现的概率，计算此决策所造成的期望后果，然后再根据最大数学期望、最小机会损失、最大可能等原则，选择最优的决策。

3）随机型风险估计量化

风险所导致的各种结果无法准确度量可能性时，称为随机型风险。对随机型风险的估计方法主要有最大可能原则、最大数学期望原则、最大效用数学期望原则、贝叶斯后验概率法等，这里不再一一赘述。

8.3.2 信息系统项目风险评价

风险评价是根据风险对信息系统项目的影响程度对项目风险进行分级、排序等评价的过程。之前介绍的风险估计和量化，是针对某个特定风险进行的，而风险评价，以项目中所有风险为评价目标。

风险的评价需要综合考虑风险发生的概率和后果的大小。例如，乘坐飞机和汽车旅行，哪种安全风险大呢？飞机安全事故的后果虽然严重，但发生事故的概率非常小，而相对应的，汽车安全事故的后果通常没有飞机事故严重，但发生事故的概率是比较大的。因此，不能仅凭风险发生后果的大小或发生的概率，对项目风险进行评价。项目风险的状态大致如图 8.1 所示。

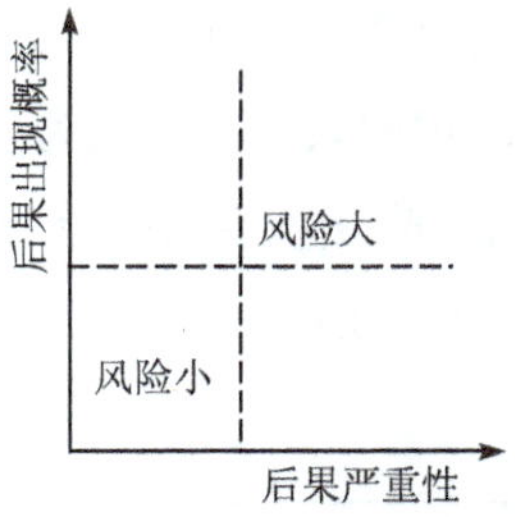

图 8.1　项目风险状态示意图

1．风险评价的依据

进行信息系统项目的风险评价时，已识别的各种风险及量化估计的数值，是进行风险评价的基础，然而为得到客观有效的风险评价，需要考虑以下影响因素。

1）项目类型

一般来讲，普通项目或重复率较高的项目的风险程度较低；涉及新技术、难技术的项目或复杂性强的项目风险程度比较高。

2）项目进展状况

风险的不确定性和后果往往与项目所处的生命期阶段有关。在项目初期发生的风险，拖到后期处理造成的损失显然要高于项目初期。

3）数据的准确性和可靠性

要对风险估计阶段所得到的数据进行分析，以保证风险评价的结论是在有效数据的基础上得到的。

2．风险评价的工具和技术

1）定性评估

根据风险概率及影响程度，用定性的方式进行评估，如非常高、高、一般、低和非常低等。这种定性评估，可以是项目的某一方面风险，如技术风险、进度风险、质量风险、资源风险等，如表 8.2 所列的各种信息系统项目的常见风险，也可以是对项目整体风险的评价。

2）定量分析

通过识别每个风险事件的概率和影响程度值，分析每个风险事件的风险期望值。其中，风险期望值=风险概率×风险影响程度值。风险期望值简称为风险值，具体的步骤如下。

（1）列出风险影响程度表，给出风险对项目主要目标影响的不同程度所对应的度量值。表 8.3 给出了某个信息系统项目消极风险的评价表。

（2）风险发生概率与影响程度评价。根据风险影响程度表，项目风险管理人员识别出这四个方面相关的主要风险点，对照表 8.3 得到风险影响度量值，乘以风险的概率得到风险值。举例来说，某项目识别了一个风险——开发人员难以使用工作流技术开发系统，对照表 8.3，认为影响最大的可能是功能的减少不被用户接受，使用度量值则得到 0.4，假设项目团队估计该风险事件发生的概率是 0.5，那么这个风险的风险值为 0.4×0.5=0.2。

表 8.3　某个信息系统项目消极风险的评价表

度量值（定性/定量）		非常低，0.05	低，0.1	一般，0.2	高，0.4	非常高，0.8
项目主要目标	成本	不明显的成本增加	<5%的费用增加	5%～10%的费用增加	10%～20%的费用增加	费用增加超过 20%
	进度	不明显的进度拖延	进度延迟<10%	总体进度拖延 10%～20%	总体进度拖延 20%～40%	总体进度拖延超过 40%
	功能	很难发现的功能减弱	影响到一些次级功能	影响到一些主要功能	用户无法接受功能的下降	最终系统产品功能实际没有用
	质量	觉察不到的质量降低	只有某些要求很苛刻的工作受到影响	质量的下降得到用户的承认	质量的下降无法得到用户的承认	项目所完成的产品质量实际没有用

3）风险参照点或临界点

对绝大多数信息系统项目来讲，风险因素——成本、功能、技术质量和进度是典型的风险参照系。对成本超支、功能下降、技术质量支持困难、进度延迟都有一个导致项目终止的水平值。如果风险的组合所产生的问题超出了一个或多个参照水平值，就终止该项目的工作。在项目分析中，风险水平参考值是由一系列的点构成的，每个单独的点常称为参照点或临界点。如果某风险落在临界点上，可以利用功能分析、成本分析、质量分析等来判断该项目应该如何调整风险影响，才能够继续进行。图 8.2 表示了这种情况。

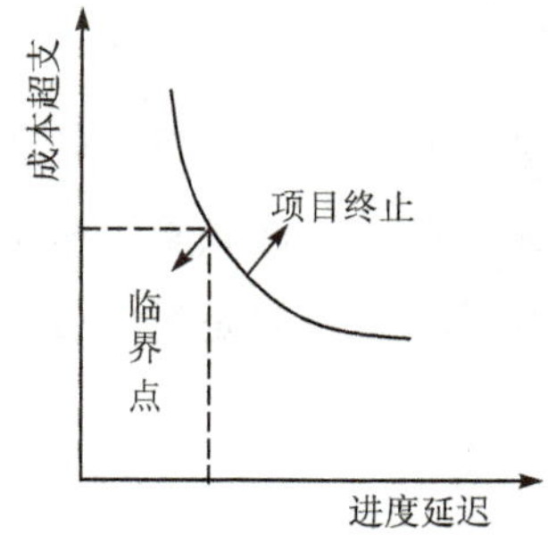

图 8.2　风险临界点曲线示意图

4）PERT 法

计划评审技术（PERT，Program Evaluation and Review Technique）是针对活动持续时间不确定的情况进行网络计划的方法，即评价技术进度风险的方法。具体方法内容请参考 5.1.2 节的相关内容。

3．风险评价的作用

利用不同的方法和工具，可以得到项目风险的评价。项目风险的评价具有如下作用。

（1）依据风险评价，确定项目当前整体风险等级。项目管理人员从而可以确定各项目资源的投入策略，以及项目继续进行或取消的策略。

（2）依据风险评价，完成风险列表。风险列表对风险的影响程度进行了详细的表示，帮助项目管理者按照风险的不同类别、不同紧迫程度，进行管理控制。如表 8.2 所示的风险识别中的风险等级，可以根据风险评价的结果完成。

（3）依据风险评价和企业的项目风险管理政策，可以确定每个具体风险事件的负责人。例如，某公司制定了以下的风险管理政策：一级风险（风险期望值在 0.3 及以上），总经理负责，通知客户；二级风险（风险期望值在 0.2～0.3 之间，含 0.2），主管项目的副总经理负责，通知客户和总经理；三级风险（风险期望值在 0.1～0.2 之间，含 0.1）项目经理负责，通知主管副总；四级风险（风险期望值在 0.1 以下）项目成员负责，通知项目经理。于是如果风险值为 0.2，则属于二级风险，需要由主管项目的副总经理负责。风险识别出来后，相关负责人要在规定的时间内使用规避、转移、缓解、接收、开拓、分享、提高等策略来应对不同的风险。

8.4　风险监控与应对

在项目进行的过程中，需要对项目各个阶段、各个活动的风险进行监控，并采取相应的应对措施，以实现项目风险管理的目的。

8.4.1　信息系统项目的风险监视

信息系统项目依据计划进行风险管理。而在项目运作过程中的不同时期，需要面临不同种类、不同不确定性、不同影响程度的各种风险。信息系统项目的风险监视就是在既定的报告周期内，收集信息，利用工具方法衡量风险的变化，监视信息系统本身，以及项目过程的进展和项目环境的变化，通过核查项目进展的效果与计划的差异，来发现风险事件的实际发生情况，并为风险的应对奠定基础。

1. 风险监视是一个持续的活动

风险的监视在整个项目生命期中是连续、反复进行的。消除了某些风险来源后，有可能又会出现其他风险，而且，为减少风险损失、提高风险收益而进行的风险管理本身也会带来新的风险。例如，管理风险所耗用的项目资源造成项目其他部分的可用资源减少，回避风险的行动影响原定项目计划而带来风险等。因此，在项目实施过程中，项目管理人员必须制定标准并按阶段衡量项目进展状况，时时监视项目实际进展情况，根据风险情况果断调整和纠正项目行动。

一般情况下，随着时间的推移，有关项目风险的信息会逐渐增多，风险的不确定性会逐渐降低，但风险监视工作也随信息量的增大而日渐复杂。一般可采取项目审核检查的方式，通过各实施阶段的目标、计划、实际效果的对比、分析，寻找问题的根源，提出解决问题的方法。

2. 风险监视的内容和组织

风险监视的内容包括：① 监视风险的状况，如风险是已经发生、仍然存在，还是已经消失；风险实际产生的后果与计划中预期的差异；② 检查风险的对策是否有效，各种风险分析、管理机制是否在运行；③ 监视项目内、外部环境条件的变化，不断识别新的风险，为制定对策奠定基础。

风险监视可以由项目内部设定的专门风险监视人员负责，也可以采用第三方风险监理、风险审计的方式，对项目进展过程中的各种风险进行客观、专业的监理、审计。

3. 风险监视的结果

在信息系统项目进展的过程中，将风险管理的计划、行动，与风险监视获得的实际结果进行整理、汇总、分析，形成风险监视报告。风险管理的持续性要求监视报告的连贯性和不间断性，因此，该报告不是仅在项目结束之后才制作的，而是应该视项目的进展状况、项目计划、报告的对象等条件采取书面或口头、不定期的或阶段性的等多种方式，为项目的实施、控制提供信息基础。

8.4.2 信息系统项目的风险应对

针对风险量化的结果，为降低项目风险的负面损失，或者为提升项目风险的正面收益，需要制定风险应对策略，形成风险应对计划，这个过程即为风险应对。风险应对，可以从改变风险后果的性质、风险发生的概率或风险后果大小 3 个方面，提出多种策略，具体内容如下。

1. 消极风险的应对策略

1）风险规避

改变项目计划来消除特定风险事件的威胁。通常情况下可以采用多种方法来回避风险。例如，对于信息系统项目开发过程中存在的技术风险，可以采用成熟的技术、团队成员熟悉的技术或迭代式的开发过程等方法来规避风险；对于项目管理风险，可以采用成熟的项目管理方法和策略来规避不成熟的项目管理带来的风险；对于进度风险，可以采用增量式的开发来规避项目或产品延迟上市的风险。对于信息系统项目需求不确定的风险，可以采用原型法来规避风险。

2）风险缓解

减少不利的风险事件的后果和可能性到一个可以接受的范围。通常在项目的早期采取风险缓解策略可以收到更好的效果。例如，信息系统开发过程中人员流失对于项目的影响非常严重，可以通过完善提高工作条件，配备后备人员等方法来减轻人员流失带来的影响。

3）风险转移

转移风险的后果给第三方，通过合同的约定，由外部供应商或承担外包业务的第三方担保。当项目的资源有限，不能实行规避或缓解策略，或风险发生频率不高，但潜在的损失很大时，可以采用此策略。具体而言，有出售、外包、保险与担保等方式。信息系统项目通常可以采用外包的形式来转移软件开发的风险，如系统建设方面对一个部分业务领域相对陌生的项目可以采用外包来完成，发包方必须有明确的合同约定来保证承包方对系统的质量、进度及维护的保证，否则风险转移很难取得成功。

2．积极风险的应对策略

1）风险开拓

风险开拓是指通过确保机会肯定实现而消除与特定积极风险相关的不确定性，如可以为项目分配更多的资源，如增派有经验、能力强的项目成员；采用全新或改进的技术来降低成本，缩短实现项目目标的持续时间。

2）风险分享

它是指将风险的责任分配给最能为项目利益获取机会的第三方，如建立风险分享合作关系、签订机会利润分享合同等。

3）风险提高

它是指通过提高积极风险的概率或其积极影响，识别并最大限度地发挥这些积极风险的驱动因素，强化其触发条件，提高机会发生概率。

除上述措施外，不管是威胁还是机会都还可以采用风险接受的策略。风险接受又称风险自留，是由项目团队自行准备风险准备金以承担风险的处置方法，包括主动积极地开发应急计划应对风险，或者被动消极地接受风险的后果两种不同的风险接受方法。

8.4.3　风险控制

风险监督的目的是查看风险管理决策的结果是否与预期的相同，并细化和改进风险规划。风险控制的过程是随时对项目各项风险进行估算，采取果断行动，必要时间向项目提供必要的资源，以保证项目风险在可控的范围内。

风险控制包括两个层面的活动：一是在风险发生前，对识别出来的风险采取预防措施；在风险发生时，实施风险的纠正措施；二是当项目情况发生变化时，根据风险监视的结果，重新进行风险分析，并制定新的应对措施。通过风险控制，保证风险计划实施，消减风险影响的后果或利用风险发生的收益。

1．风险控制的主要方法和方式

1）挣值分析

按照基准计划与实际完成工作的比较结果，确定风险发生后，项目质量、进度、成本、功能等目标是否符合计划的要求，并根据偏差对后续工作进行调整。具体内容可参考 5.2.4 节相关内容。

2）在信息系统开发中设置风险控制支持功能

信息系统项目在进行业务流程规划的同时，分析项目可能的风险，并提出建立必要的风险控制措施，从信息系统自身设置相应的支持功能。例如，系统对外报出的数据，在报出前需要和原始数据进行核对；对自动处理的业务，系统设置阶段性核查功能。待开发的信息系统可以提供相应的功能支持完成此类工作。

3）在信息系统项目岗位工作职责中纳入风险控制要求，分配相应的权责

风险控制是时时进行的活动，也是项目团队全面参与的活动，因此，明确风险控制的职责，是信息系统项目人力资源管理的重要内容之一。

4）信息系统需求变更的风险控制

有效的变更风险处理表现在：系统的版本管理要能够标示系统需求的变化，并且变化可以追溯；变更管理记录了每次变化的原因；建立变更和系统版本之间的联系等，从而保证系统的变更是受控的。

2．风险控制的成果

风险控制的成果表现在如下方面：① 风险发生前，对识别出来的风险进行预防；当风险后果发生时，按计划实施应对措施。② 随机采取应变措施。消除风险影响时，有时会采取事先没有计划的应对措施，对这些措施进行记录，并融入新的风险计划中。③ 修改风险计划。当预期的风险发生或未发生时，或者有可能发生预期外的风险时，或者风险控制的实施未消减风险的影响或概率时，需要对风险重新进行评估，对风险管理计划的相关方面做出修改，以保证未来重要风险得到恰当的控制。

3．信息系统项目的风险监控示例

例如，在某信息系统项目中，频繁的人员流动被标注为一个项目风险，基于以往的历史和管理经验，开发人员流动的概率为 30%，对于项目成本及进度有严重的影响。为了缓解这个风险，项目管理者必须建立一个策略来监控人员流动的风险。

可能采取的降低此风险的策略包括如下几方面。

（1）与现有人员一起探讨一下人员流动的原因（如恶劣的工作条件、经常加班、低报酬、竞争激烈等）；

（2）在项目开始之前，采取行动缓解这些不利因素；

（3）项目启动后，假设会发生人员流动并采取一些技术措施（如文档管理），以保证当人员离开时的工作连续性；

（4）对项目进行良好组织，使得每个开发活动的信息能在适当范围内有效地传播和交流；

（5）定义文档的标准，并建立相应的机制，以确保文档能被及时建立；

（6）对于每一个关键的技术人员都指定一个后备人员等。

随着项目的进展，风险监控活动开始进行。项目管理者监控某些因素，这些因素可以提供风险是否正在变高或变低的指示。在此例中，应该监控下列因素：项目成员对项目压力的一般态度；项目团队的凝聚力；项目成员彼此之间的关系；报酬和利益的变化和分配；成员获得其他工作机会的可能性等。

除了监控上述因素之外，项目管理者还应该监控风险应对措施的效力。例如，针对人员流失风险，应对措施包括"定义文档的标准，并建立相应的机制，以确保文档能被及时建立"。如果有关键的人物离开了项目团队，上述措施是保证工作连续性的机制。项目管理者应该仔细监控这些文档，以保证文档内容正确，当新员工加入该项目时，能为他们提供必要的信息。

假设消极风险缓解工作已经失败，风险变成了现实。例如，项目正在进行中，有一些人宣布将要离开。如果按照应对策略行事，则有后备人员可用，因为信息已经文档化，有关知识已经在项目组中广泛进行了交流。此外，项目管理者还可以暂时重新将资源调整到那些需要人的地方去，并调整项目进度，从而使新加入的成员能够"赶上进度"。同时，要求那些要离开的人员停止工作，进行工作交接。

8.5　信息系统项目的变革管理

能够在用户方得到成功实施应用的项目才是成功的信息系统项目。而无论是信息系统集成项目还是开发项目，无论信息系统规模大小，一般都会对用户企业的组织结构、业务流程、管理经营等多方面产生变革。如果不能很好地管理和推动这些变革，人与组织固有的"惰性"将对变革产生消极的抵抗，从而影响信息系统项目的应用效果。

德勤咨询公司的一项调查表明，影响企业资源规划系统（ERP，Enterprise Resource Planning）成败的风险主要有十项，其中最大的因素就是"对变革的抵抗"，其他一些与变革相关的风险还包括"不实际的期望"、"变革原因说不清"及"缺乏变革管理策划"等三项。由此可见，变革管理是项目管理，尤其是信息系统项目管理中的重要内容，必须慎重对待。

8.5.1　信息系统项目变革概述

1. 信息系统项目与变革

市场和外部竞争环境的日益快速变化，使得适应变化的速度成为企业成功的关键。于是，在企业的组织结构、业务流程等相关方面更快、更有效地进行变革，可以给企业带来更多的竞争优势。于是在 20 世纪 90 年代，国内企业开始引进在国际上普遍采用的制造资源计划（MRPII，Manufacture Resources Planning）或企业资源计划（ERP，Enterprise Resources Planning）系统等信息技术工具，试图通过信息技术推动企业的变革。这些变革多数以失败告终，大量企业教训证明，企业必须首先具备良好的管理基础，信息系统才能发挥作用。于是，企业开始了对最佳管理实践的苦苦追求，按照国际的最佳实践重整企业的业务流程和组织架构，甚至在整体战略的高度调整了企业的发展格局。然而事实再次证明，最佳实践是有的，但是捷径并不存在。许多企业可以在一夜之间废止现行的管理方法，开始推行最佳实践，但是由于他们无法在短时间内转变员工的观念和工作模式，因此，很快又不得不退回到原来的状态，甚至比以前更糟。

以上国内企业变革的尝试经历表明，信息系统项目是促进企业变革的重要手段。然而这里涉及的不仅是围绕新的需求，技术上完成一个信息系统，更需要考虑变革的阻力、动力，变革遇到的风险，变革中对人的管理，以及对组织文化的要求。

2. 变革的可接受特征

信息系统项目给用户企业带来多方位的变革，而这些变革在企业中被接受的程度是不同的。一般而言，通常存在五个特征衡量变革在企业组织中可接受的程度，这些特征会影响变革被采用的可能性。

（1）相对优势：是指一项变革被认为比当前的方案更好的程度。

（2）兼容性：是指一项变革被认为与潜在采用者的现有价值观和需求相一致的程度。

（3）复杂性：是指一项变革被认为难以理解和使用的程度。

（4）试验性：是指一项变革可在有限的基础上进行试验的程度。

（5）可视性：是指一项变革的成果能展示给别人看的程度。

那些被认为具有较高的相对优势、兼容性、试验性和可视性，以及较低的复杂性的变革将会更快地被采用。

3. 变革遭遇的抵制和所需的支持

因为变革会影响组织中的个人或团体的现有利益、需要他们学习新知识、调整原有的习惯方式、存在失败的风险等，几乎每次信息系统项目变革都会遭遇来自用户企业成员的抵制。成员的经验、年龄和文化决定了对变革的抵制程度。

这些抵制包括：① 武断抵制，特征就是无条件反对一切变革；② 合理抵制，当成员认为变革会伤害他们的利益时，便会竭力抵制，如变革会造成自己被裁员；③ 错误的抵制，即接受了错误的信息而做出抵制的反应；④ 不了解情况的抵制，因为对变革不了解而产生的抵制。其中③和④两项抵制说明了在变革中信息及时沟通传递的重要性。

任何变革都会遭遇抵制，然而，因为不同企业或项目团队环境所具备的支持因素存在差异，会产生完全不同的变革实施结果。这些支持因素包括成员需要有相应的资源能够适应变革的要求，如具备学习新知识的培训机会；组织文化提倡创新、变革，并体现在激励机制中；团队自上而下对变革目标和过程有清晰、统一的认识。

4. 基于变革的项目经理分类

一般来说，信息系统项目的实施，系统的开发方会组建项目团队，用户企业也会组建配合团队，各自的团队都会任命各自的项目经理。本书中没有特别说明的地方一般都是指开发方的项目团队和项目经理，但是在信息系统项目变革的实施中，用户企业的项目经理的作用至关重要。按照用户企业项目经理对待变革的不同态度，可以归纳为以下五种人之一：革新者、早期采用者、早期主流采用者、晚期主流采用者及落后者。

其中，革新者不需要额外的动力便会进行各种变革，事实上反而需要一定程度的约束，以免他们采用过于激进的技术而对项目造成大的风险。早期采用者是对新技术有热情，愿意尝试新鲜事物的企业，由于这时的技术还不是特别稳定，一般来说，技术实施会有风险，但如果实施成功，一般会建立企业的领先优势。而早期主流采用者是最有理性地去分析新技术可能带来的花费和利益的企业。他们更多地成为同类人中的成功者，因此，对早期主流采用者需要加强认识和激励。与之不同，晚期主流采用者更多采用跟随策略，当变革已在行业中获得普遍成功经验后，才接纳变革，对他们要缓解其对于变革困难所感受的压力。最后，对于必须解决掉所有变革困难，才进行变革的落后者们，可以要求其强制性的采用变革，并且提供所需资源、培训、沟通等支持。

8.5.2　变革管理规划与实施过程

1. 信息系统项目变革管理的目的与关键

变革管理的根本目的是取得变革实施成功所必需的项目干系人的支持与承诺，消除阻力，同时促使企业全体员工能接受并适应新的信息系统与业务流程。具体而言，信息系统项目变革管理必须实现以下目标：项目团队与用户企业的业务部门领导及决策层之间能进行开诚布公、及时有效的沟通，从而获得他们的支持、参与、推动；项目团队内部能进行清楚、高效的沟通，以保证项目成员的工作能协调一致，按时、保质、保量完成预期的交付成果，并得到认同和提升。

为使用户企业整个组织能清楚理解信息系统项目实施的目的、影响与进度，信息系统项目与用户企业成员进行沟通的重要内容应该包括：信息系统项目实施的原因、意义及其对整个组织及组织内部每个业务功能、业务实体的影响；需要用户企业的高层领导通过实际行动所表现出来的对于项目实施的支持与承诺；促进用户企业合理安排员工的工作职责和角色转换，以及可能发生的组织结构调整。

变革管理的核心是沟通，沟通是取得那些会受到变革影响的人支持的基础。通过沟通可以：① 培养用户对信息系统项目的价值与战略重要性的认同感；② 了解不同对象的不同需求、兴趣及理解事物的倾向性，提高变革管理效率；③ 增强项目进度的透明度，确保包括各相关业务部门在内的各方了解项目的进展；④ 在系统建设和实施过程中，形成双向交流，对于受信息系统影响的成员所提出的问题给予正面回应，使成员在新系统未实施前就建立了正确的认识。

总之，需要对系统实施相关的终端用户进行沟通与培训，使其以积极主动的心态迎接可能的变革，并具有相应的技能来适应这种变革；加强内外部的宣传与沟通，为项目顺利推进营造一种适宜的组织氛围。

2. 变革管理规划

为了在规定的成本预算和时间内成功实施信息系统项目，应对出现的变革，需要进行变革管理规划，以规定变革的战略、任务、责任和时间安排，消除各种障碍，确保变革行动能够获得适当的支持。变革管理规划的内容可以从以下几个方面归纳。

（1）变革的影响：分析变革对用户企业现状的影响、对未来发展的影响，变革需倡导的组织文化、提倡组织内协同作用的战略等。此外，还要分析变革对相关部门成员造成的影响，以及对变革涉及的关键人员进行培训等。

（2）变革的过程：对变革的说明（包括变革涉及的业务人员的范围、变革过程、变革结果等）、对变革程度和结果的测量、变革事件顺序、变革采取的重要准则（或追求成本最低、或追求时间最短、或追求平稳变革，在组织内逐渐渗透等）、对变革过渡状态的管理等。

（3）变革的保障：需要分析变革实施的障碍，建立变革的负责机制和变革沟通制度，保证变革需要的各项资源投入等。

3. 变革管理的阶段

变革管理分为分析、设计、实施和管理巩固 4 个阶段。

1）分析阶段

分析阶段的主要工作是评估实施信息系统将对组织产生的影响，即通过对目前环境状态的具体评估，选择变革的目标，明确分析目前和将来的状态，识别潜在的阻力和障碍，以便进一步计划和采取应对措施。此阶段的关键是要做好项目干系人分析和变革管理的风险分析。该阶段要针对现状确定、未来状态设计和变革管理前景召开研讨会，确保大家得到统一的理解和认识。这一阶段的工作开展有助于减少变革带来的阻力，确保变革顺利进行，并可以充分利用组织中已有的媒介和方法来达到既定的变革目标。

这个阶段要充分考虑到用户企业业务部门、IT 部门在整个变革过程中扮演的角色，这将对维持变革的动力和实现变革的前景起到至关重要的作用。

2）设计阶段

设计阶段的主要工作着重于设计变革所需的流程、工具和资源，是一个非常复杂的阶段。必须增加与项目干系人的沟通，尤其是通过有效的沟通，获得用户企业领导对变革的支持和关注。以便建立变革的主动意识。这个阶段的关键是要完成变革管理规划，针对每个流程设计相应的变革管理活动，设置变革角色和职责，设计相关人员绩效管理办法，并开展培训。另外，还要评估目前的人员和职能，并将他们与变革后流程中的步骤和角色相对应。

3）实施阶段

实施阶段是将变革计划付诸实现，以确保信息系统项目变革成功实施。在这个阶段，需要进行卓越的项目管理、团队管理和协同工作，以保持所有人员变革的积极性，因此，关键的工作就是进行团队建设、绩效管理和人员培训，以及深入的沟通和交流。另外，领导者的示范、支持作用在变革实施阶段也非常重要。

4）管理巩固阶段

管理巩固阶段是完成变革管理的最后步骤，目的是审视变革结果，减少多余的步骤和过程，从而有效进行管理转变，创建稳定的业务新环境。该阶段的主要工作是通过评估当前进展并确定新的需求，提供持续的支持，以确保变革能在用户企业中成功生根。变革管理应该整合到日常业务流程中，而且应该对不稳定的流程活动进行评估并总结经验教训。这意味着要有一套评估机制保证进行持续的沟通、交流、流程改进、培训和发展，确保信息系统与用户企业业务的目标持续保持一致。

8.5.3　实施变革管理的风险源

变革之所以困难，是因为变革中的抵制、资源匮乏、组织文化等因素会产生风险。因此，成功实施变革，需要对影响变革成功实施的风险源进行分析。归纳而言，风险源包括顺应力、应变知识、组织的适应力、变革实施 4 个方面。

1．团队或个人的顺应力

顺应力指的是个人和团队适应变化的能力，即当发生变革时，基本上没有损害个人或团队的工作质量和效率。顺应力本质上反映的是人在受到突变影响后，自我调整的能力大小（由心理、生理特征共同作用）。研究表明，可以从以下几个方面衡量个人和团队的顺应力。

（1）积极：顺应力强的人和团队会在变革中看到机遇，在变革中依然保持安全感和自信。

（2）专注：顺应力强的人对于自己的目标非常清楚；而顺应力强的团队中个人的精力都集中于团队的共同目标。

（3）思想灵活：顺应力强的人在承担工作及与他人的合作中都有很强的灵活适应力；而顺应力强的团队能够把各方的意见综合为应对变革的战略。

（4）有组织：顺应力强的人能够在局势不明朗的情况下，组织归纳出明晰的想法；而顺应力强的团队能够通过如评价相关性和确定优先顺序，把通常伴随变革带来的混乱转化为有意义、结构化的信息。

（5）主动性：顺应力强的人积极参与变革，而不是抵御变革；而顺应力强的团队能够学习别人的成功经验，面对变革采取积极行动。

2．应变知识

应变知识指的是个人和团队对于变革所拥有的知识，这些知识帮助人们在变革实施过程中快速、有效地做出反应。反之，缺少应变知识将产生变革受阻甚至失败的风险。这些知识包括：① 了解变革的本质；② 了解个人和团队的当前状态、变革过渡状态，以及期望的未来状态；③ 了解变革参与人及相关职责；④ 了解变革的抵制原因、表现和后果；⑤ 了解看待变革的正确心理；⑥ 了解变革所需的、已有的各种资源；⑦ 了解变革的协同作用；⑧ 了解变革所需的组织文化。

3．组织的适应力

变革决策必须考虑组织的适应力。如果信息系统项目提出的变革要求超过了组织的最佳适应能力，变革虽然可以进行，但可能会付出沉重代价，普遍会降低最终变革结果和价值。例如，实施新的财务信息系统，希望员工在网络系统平台中实现报销工作，然而实际实施中，由于员工 IT 技能较低，仍然先手工填写旧表格，然后才把数据输入到系统里，这个系统预期的好处就没有完全实现。

4．变革实施

不管用户企业在变革规划、培训等决策方面准备得多好，实施不善都将迅速耗尽组织资源。变革实施中容易造成实施失败的领域包括以下方面：① 信息系统项目的各项管理和技术参数是否澄清，未产生二义性；② 信息系统项目的信息是否传达到组织各个部分；③ 影响变革的重要因素是否确定，如抵制和支持；④ 是否按照变革计划实施变革管理；⑤ 是否对变革实施进行监控；⑥ 是否评价了变革的最后结果等。

综上所述，每个信息系统项目的实施都会对企业各部门的运作带来流程、技术、人员等各方面的深刻变化，都在考验着企业管理变革的能力。只有充分重视变革管理，才能确保组织和个人对信息系统带来的变化有充分的理解和认识，积极配合，进行相应的准备，并且认可和接受信息系统项目实施后产生的影响。只有这样才能有效保证信息系统项目的成功实施。

思考题

（1）信息系统项目的哪些特征容易促使风险产生？

（2）风险管理与项目管理的其他内容之间存在什么样的关系？

（3）如何制订风险管理计划？需要什么支持？

（4）风险识别有哪些工具，各自具备什么样的特点？

（5）在风险分析阶段，风险估计与风险评价各自起到什么作用？

（6）常见的风险应对策略有哪些？在什么条件下适用？

（7）请举例说明风险监视和控制的实施过程。

（8）为什么变革管理对信息系统项目尤为重要？

（9）信息系统项目变革管理一般包括哪些阶段？

第9章

校园餐厅信息系统开发项目管理案例

一个管理得好的项目，一般都采用了比较规范的项目管理工具。本章以一个校园餐厅信息系统项目为例，讲解了在立项、计划、执行控制和收尾工作中会用到的一系列工具。其中9.1节的项目章程是立项阶段的工具；9.2节至9.11节是计划阶段用到的各种工具，包括生命期、工作分解结构（WBS）、网络图和甘特图、成本计划、组织结构、知识地图、职责分配矩阵、干系人分析、文档管理、风险的识别、分析和应对等内容；9.12节的范围变更管理和9.13节的进度和成本控制是执行控制阶段的内容；9.14节项目团队和成员的考核是验收阶段的内容。

9.1　某校园餐厅信息系统开发项目的项目章程

1．项目名称

某校园餐厅信息系统开发项目

2．项目背景

某大学校内一家自营餐厅，为北京市 A 级餐厅，坐落在该大学南部教学区，占地面积约 500 平方米。

该餐厅目前采用半手工经营方式，经营流程包括以下步骤。

（1）点菜：服务员手工填写一份菜单，交给总台，由总台的服务员将菜单输入微机，再打印出两联菜单，一联交厨房下单，一联交还顾客核对上菜情况。

（2）结账：总台通过微机计算账单，打印出明细账单，服务员到总台取结账单给客人核对，再替顾客去总台结账找零。

（3）外卖配送：接到电话或网络订单，派餐厅服务人员进行校内配送并收费。

分析以上流程，尽管有一定的优点，如微机结账可对餐厅营业状况进行数据统计和分析，改善餐厅的采购计划和库存状况，但仍存在不足，主要表现在以下几方面。

（1）餐厅半手工经营方式导致员工低效率。服务员工作量大、效率低，且就餐高峰期人员不足导致顾客等待时间过长。

（2）后台缺乏数据统计分析。

（3）菜式及餐厅营销方案灵活性不足。

基于上述背景原因，为了提高员工工作效率，营造良好的就餐环境，通过统计数据分析设置灵活的餐厅营销策略，最终提高餐厅利润率，餐厅经理委托 INFO 公司开发适合其餐厅特色的信息管理系统。

3．项目目标

本项目目标是通过配备数量合适的液晶触摸屏，设计实现顾客自助点餐，推广一种新的餐厅点餐经营模式，为餐厅降低人力成本，提高经营效率。并通过后台数据统计分析设计，配合实际市场情况调整菜式，提高利润率。

4．项目主要内容

本项目主要内容是完成以下任务：

（1）顾客终端点菜系统。

（2）结账出单系统。

（3）解决校园卡支付的结账方式。

（4）数据统计分析。

（5）硬件配置实施。

需要说明的是，本次项目主要是完成以上任务，至于后续的采购、物流管理、财务报表等模块留待以后再继续开发。

5．项目的约束条件

1）时间约束

本项目从 2014 年 10 月 10 日开始到 2015 年 3 月 17 日结束并交付最终成果。

2）质量约束

（1）规范的文档管理。

（2）核心功能实现，系统顺利运行。

实现功能包括以下内容。

- 硬件上，4 台液晶触摸设备和客户终端机（该餐厅每个厅将配备一台）。
- 软件上，自助点餐系统（客户终端显示系统：点餐、特价菜、推荐菜等窗口选择功能。后台出单系统：桌号、菜单、金额）；账务系统；后台数据分析系统（菜式统计、用餐高峰时段等，根据数据分析，配合市场变化，灵活变更菜式显示在客户点餐系统的特价菜、推荐菜上）。

（3）项目各阶段交付物满足该校园餐厅的要求。

3）费用预算

项目总费用 10 万元。

6．项目的人员组成与职责分配

本项目的人员组成与职责分配如表 9.1 所示。

表 9.1　某校园餐厅信息系统开发项目人员组成与职责分配表

人员组成	姓　名	职　责
项目经理	张三	项目管理，统领整个项目管理工作
项目成员	李四	系统验收、辅助项目管理和系统设计
	王五	需求分析、辅助可行性研究
	赵六	可行性研究、系统设计、辅助需求分析和系统验收
	孙七	系统实施、辅助系统验收

7．相关部门的支持

由于本次项目的承办单位为 INFO 公司，该公司成立 4 年，在数据库、企业信息化解决方案等领域均有突出表现。基于对该校园餐厅的经营状况调研，INFO 公司从各部门抽调骨干组成项目名称为 INFO-REDBEAN 的团队负责为该校园餐厅设计并实施解决方案，INFO 公司配合和支持本项目的开展。

8．签发人和签发日期

由该项目所在的 INFO 公司经理签发。签发日期：2014 年 10 月 8 日。

9.2　某校园餐厅信息系统开发项目的生命期

本生命期以瀑布模型为基础。其主要作用为统一项目开发小组成员对于所开发的项目任务和进度的大概认识，便于在小组内部形成对所做任务的共识。

1．生命期概述

某校园餐厅信息系统开发项目的生命期一共分六个阶段：前期调研阶段、需求分析阶段、系统分析设计阶段、软件编写阶段、硬件购买与集成阶段、系统测试与人员培训阶段。

2．生命期描述

1）前期调研阶段

任务：

（1）初步与餐厅人员进行联系；

（2）大概确定系统需求；

（3）进行可行性论证。

里程碑：确定合作意向。

可交付物：项目委托书、可行性报告。

2）需求分析阶段

任务：

（1）签订项目合同；

（2）进行相对详细的需求调研（与餐厅客户进行交流，与餐厅员工进行交流）。

里程碑：签订合同。

可交付物：项目合同，系统需求分析说明书。

3）系统分析设计阶段

任务：

（1）完成系统分析；

（2）完成系统设计。

里程碑：解决方案批准通过。

可交付物：系统分析说明书；系统设计说明书（概要设计说明书、详细设计说明书）。

4）软件编写阶段

任务：

（1）后台出单系统代码编写；

（2）数据分析系统代码编写；

（3）触摸屏段软件选择与二次开发。

里程碑：应用程序演示。

可交付物：3 个系统软件程序。

5）硬件购买与集成阶段

任务：

（1）触摸屏设备购买；

（2）触摸屏设备安装；

（3）数据录入；

（4）软件装载。

里程碑：系统安装完成。

可交付物：物理设备采购说明书；触摸屏安装图纸。

6）系统测试与人员培训阶段

任务：

（1）软件系统测试；

（2）系统使用手册编写；

（3）用户培训。

里程碑：系统运行。

可交付物：测试文档、用户使用手册、项目总结报告。

3. 生命期图

该项目的生命期图如图 9.1 所示（图 9.1 中标记出了生命期的里程碑）。

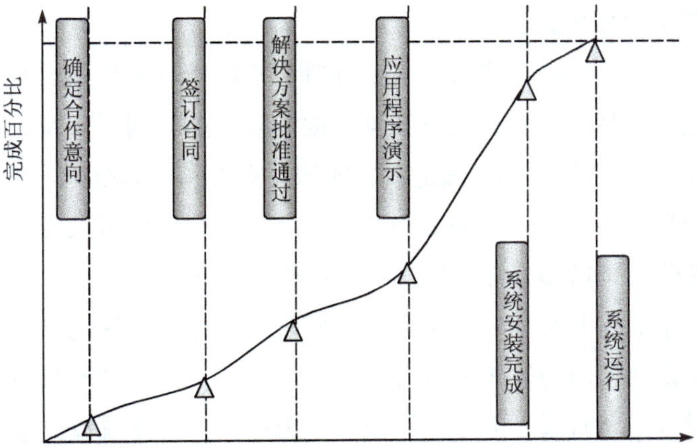

图 9.1　餐厅信息系统项目生命期图（标注里程碑）

也可在生命期图中标记出生命期各个阶段的交付物，标记交付物的生命周期图如图 9.2 所示。

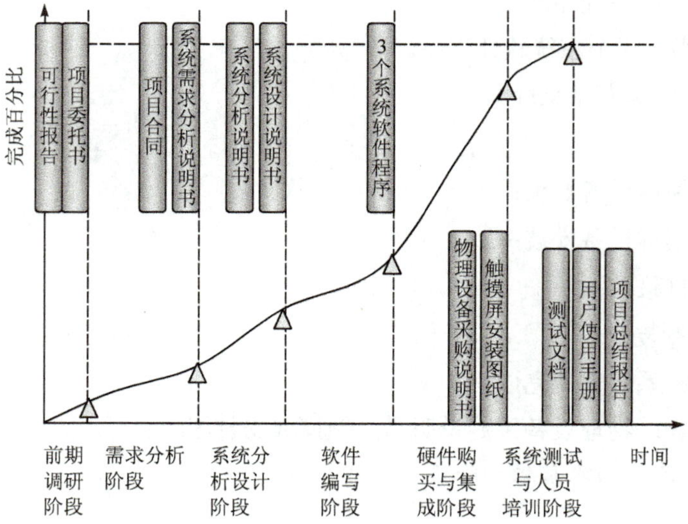

图 9.2　餐厅信息系统项目生命期图（标注交付物）

9.3　某校园餐厅信息系统开发项目的工作分解结构

采用自上而下的编制方法，某校园餐厅信息系统开发项目工作分解结构（WBS，Work Breakdown Structure）图可分为 4 层。第 2 个层次按照项目实施的阶段进行分解，分为 6 个模块；根据活动安排，又对 6 大模块的工作进行了进一步分解，形成了第 3 层和第 4 层的活动，其中适当设置了里程碑活动。具体的 WBS 树形图如图 9.3 所示。

各模块的主要任务如下。

（1）项目管理（1100）：主要任务是在项目启动阶段制订项目开发计划和相关的规章制度，主要包括选择项目管理的方法论、编制项目的计划，以及对项目进行监控。

（2）可行性研究（1200）：确定项目的初步需求和总体范围，并对项目可行性进行分析，主要从项目的技术和资金两方面分析，撰写可行性分析报告。

（3）需求分析（1300）：在通过可行性分析后，开始进行正式的需求分析。从餐厅的经理和职员那里获得具体的需求，并加以整理，制定需求说明书。

（4）系统设计（1400）：根据前面产生的需求说明书，进行餐厅信息系统的设计，主要分为硬件设计、软件设计和数据库设计 3 方面，撰写系统设计报告。

（5）系统实施（1500）：在硬件方面包括采购需要的硬件设备，并进行安装和调试。在软件方面，包括对点菜子系统和数据分析子系统进行开发。系统集成包括软件装载、数据导入和系统测试 3 项工作，最后撰写系统实施报告。

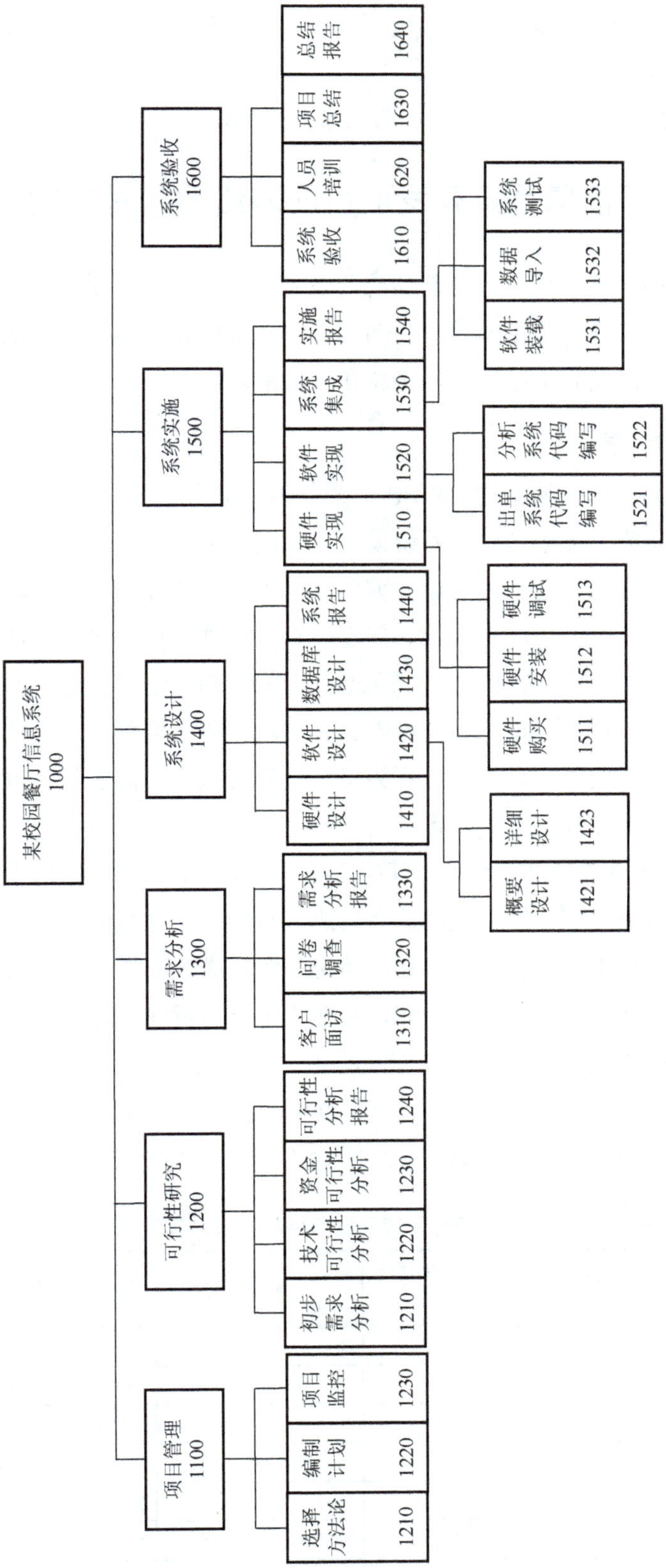

图 9.3　某校园餐厅信息系统开发项目的 WBS 树形图

（6）系统验收（1600）：请客户验收此系统，并负责相关的培训。项目组成员还需要对项目进行总结，并提交总结报告。

该餐厅信息系统开发项目的 WBS 树形图如图 9.3 所示。

9.4　某校园餐厅信息系统开发项目的网络图和甘特图

网络图和甘特图直观、明了，易于编制，是制订项目进度计划的常用工具。下面介绍某校园餐厅信息系统开发项目的项目工期估计，并采用 Microsoft Office Project 2013 实现该项目计划，在此基础上绘制了网络图和甘特图。

1．项目工期估计表

根据前面制定的工作分解结构（WBS），整个项目被划分为 6 个大任务，分别是：项目管理、可行性研究、需求分析、系统设计、系统实施、系统验收。这 6 个大任务又可分为多个小活动，分别为选择方法论、编制计划、项目监控、初步需求分析、技术可行性分析、资金可行性分析、客户面访、问卷调查、硬件设计、概要设计、详细设计、数据库设计、硬件购买、硬件安装、硬件调试、出单系统代码编写、分析系统代码编写、软件装载、数据导入、系统测试、系统验收、人员培训和项目总结。同时后 5 个大任务中均含有里程碑上需提交的交付物，分别为可行性研究报告、需求分析报告、系统设计说明书、系统实施报告和项目总结报告。

整个 WBS 中的任务如表 9.2 所示，其中有些小活动可再细分，但由于篇幅和层次的限制，在这里就不再展示了，有兴趣的读者可进一步细分。这里的工期是项目成员根据工作量和工作难度预估出来的。各任务的开始时间和完成时间是 Microsoft Project 2013 根据项目开始时间（2014 年 10 月 10 日），按照设定的日程排定方法（默认为从项目开始之日起排定）自动生成的。该项目在 Microsoft Project 2013 的具体实现方式将在后文介绍。该项目的开始时间是开发项目的启动时间——2014 年 10 月 10 日，经 Microsoft Project 2013 计算，结束时间则是 2015 年 3 月 17 日。项目的工期估计表如表 9.2 所示。

表 9.2　某校园餐厅信息系统开发项目逻辑结构与工期估计表

任务编号	任务名称		工期估计（工作日）	开始时间	完成时间	前置任务
1	**–项目管理**		112d	2014 年 10 月 10 日	2015 年 3 月 15 日	
2		选择方法论	2d	2014 年 10 月 10 日	2014 年 10 月 14 日	
3		编制计划	3d	2014 年 10 月 14 日	2014 年 10 月 17 日	2
4		项目监控	107d	2014 年 10 月 17 日	2015 年 03 月 17 日	3
5	**–可行性研究**		9d	2014 年 10 月 17 日	2014 年 10 月 30 日	
6		初步需求分析	3d	2014 年 10 月 17 日	2014 年 10 月 22 日	3

续表

任务编号	任务名称	工期估计（工作日）	开始时间	完成时间	前置任务
7	技术可行性分析	4d	2014 年 10 月 22 日	2014 年 10 月 28 日	6
8	资金可行性分析	6d	2014 年 10 月 22 日	2014 年 10 月 30 日	6
9	可行性分析报告	0d	2014 年 10 月 30 日	2014 年 10 月 30 日	8,7
10	**–需求分析**	10d	2014 年 10 月 30 日	2014 年 11 月 13 日	
11	客户面访	7d	2014 年 10 月 30 日	2014 年 11 月 10 日	9
12	问卷调查	3d	2014 年 11 月 10 日	2014 年 11 月 13 日	11
13	需求分析报告	0d	2014 年 11 月 13 日	2014 年 11 月 13 日	12
14	**–系统设计**	16d	2014 年 11 月 13 日	2014 年 12 月 5 日	
15	硬件设计	3d	2014 年 11 月 13 日	2014 年 11 月 18 日	13
16	**–软件设计**	16d	2014 年 11 月 13 日	2014 年 12 月 5 日	
17	概要设计	6d	2014 年 11 月 13 日	2014 年 11 月 21 日	12
18	详细设计	10d	2014 年 11 月 21 日	2014 年 12 月 5 日	17
19	数据库设计	6d	2014 年 11 月 18 日	2014 年 11 月 26 日	17FS-3d,12
20	系统设计说明书	0d	2014 年 12 月 5 日	2014 年 12 月 5 日	19,15,18
21	**–系统实施**	60d	2014 年 12 月 5 日	2015 年 2 月 27 日	
22	**–硬件实现**	22d	2014 年 12 月 5 日	2015 年 1 月 6 日	
23	硬件购买	5d	2014 年 12 月 5 日	2014 年 12 月 12 日	20
24	硬件安装	12d	2014 年 12 月 12 日	2014 年 12 月 30 日	23
25	硬件调试	5d	2015 年 12 月 30 日	2015 年 1 月 6 日	24
26	**–软件实现**	20d	2015 年 1 月 6 日	2015 年 2 月 3 日	
27	出单系统代码编写	15d	2015 年 1 月 6 日	2015 年 1 月 27 日	25
28	分析系统代码编写	20d	2015 年 1 月 6 日	2015 年 2 月 3 日	25
29	**–系统集成**	18d	2015 年 2 月 3 日	2015 年 2 月 27 日	
30	软件装载	5d	2015 年 2 月 3 日	2015 年 2 月 10 日	28,27
31	数据导入	3d	2015 年 2 月 10 日	2015 年 2 月 13 日	30
32	系统测试	10d	2015 年 2 月 13 日	2015 年 2 月 27 日	31
33	实施报告	0d	2015 年 2 月 27 日	2015 年 2 月 27 日	32
34	**–系统验收**	12d	2015 年 2 月 27 日	2015 年 3 月 17 日	
35	系统验收	5d	2015 年 2 月 27 日	2015 年 3 月 6 日	33
36	人员培训	9d	2015 年 2 月 27 日	2015 年 3 月 12 日	32
37	项目总结	3d	2015 年 3 月 12 日	2015 年 3 月 17 日	35,36
38	项目总结报告	0d	2015 年 3 月 17 日	2015 年 3 月 17 日	37

2．在 Microsoft Project 2013 中实现

（1）创建新项目

在 Microsoft Project 2013 中，单击“文件”菜单下的“新建”命令，通过所需途径创建一个新项目，本项目选择新建“空白项目”。

单击“项目”→“项目信息”命令录入项目的基本信息。

选择项目开始时间为 2014 年 10 月 10 日，选择日程排定方法为“从项目开始日期”，如图 9.4 所示。

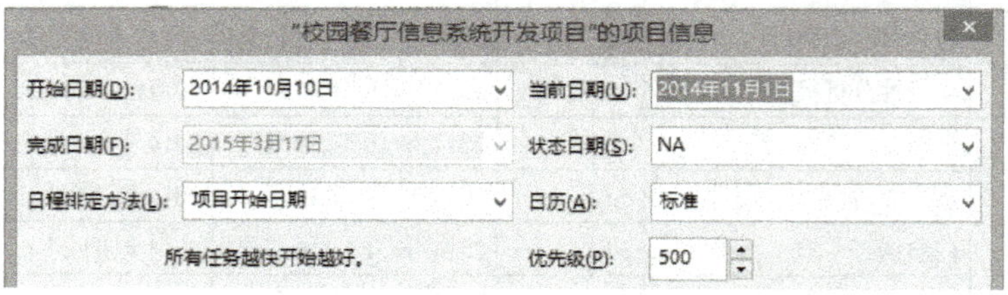

图 9.4　项目开始时间信息录入

（2）定义项目的文件属性

为了帮助用户组织或查找项目，可以为项目输入文件属性，如描述性标题、主题、项目经理或注释。

为活动项目输入基本文件属性，在“文件”菜单下的“信息”中的“项目信息”下选择“高级属性”命令，然后打开“摘要”选项卡，在文件属性框中输入相关的项目信息，如图 9.5 所示。

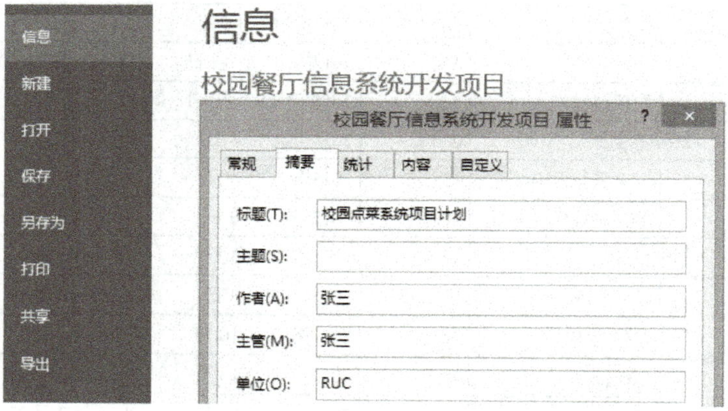

图 9.5　项目摘要信息录入

（3）修改项目日历

为了模拟现实世界，可以修改项目日历，以反映项目人员的工作时间。日历的默认值为星期一至星期五，上午 8：00 至下午 5：00，其中有一个小时的午餐时间。

选择“文件”→“选项”命令，打开“日程”选项卡，可以设置每周开始于星期几，同时可以设置工作的默认开始时间和默认结束时间等项目日历信息。

由于本项目的开始日期是 2014 年 10 月 10 日（星期五），因此这里设置每周开始于“星期五”，主要是便于按“周”考核项目进度和成本情况，如图 9.6 所示。

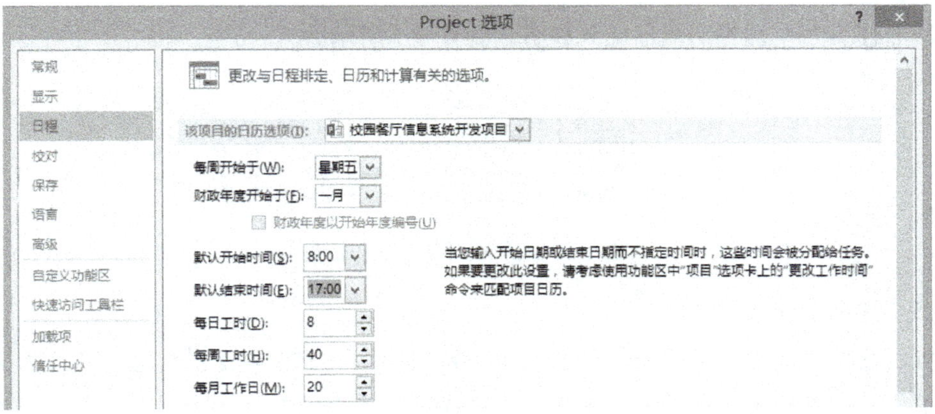

图 9.6　项目日历信息设置

若要改变项目日历中个别日期的工作时间，可单击“项目”菜单中的“更改工作时间”命令，在日历中选择一个日期。

使用“例外日期”选项卡可将偶尔变动的日期设置为所选日历的正常工作时间。此类例外日期包括假日、个人倒休、休假等。

单击“名称”列中的下一可用行，然后输入例外日期的名称。同时，可在“开始时间”域中输入例外日期的开始日期，在“结束时间”域输入例外日期的完成日期。

在例外日期行仍处于选中状态时，单击“详细信息”按钮可打开“详细信息”对话框，然后可以在其中指定例外日期的非默认工作时间及任何重复发生方式（如果适用）。此外，双击例外日期行中的任何位置也可以打开“详细信息”对话框。

使用“工作周”选项卡可以为所选日历设置正常工作周。例如，如果某个资源在周五不工作，则可以使用“工作周”选项卡将每周五更改为非工作日。此外，使用“工作周”选项卡还可以为所选日历设置备用或临时工作周。例如，可以在整个四月为从事某一紧急项目的项目工作组增加一个工作周，也可以在整个八月减少一个工作周。

单击“名称”列中的下一可用行，然后输入要更改的工作周名称。不能更改“默认”行的名称或日期，但可以更改默认工作周的详细信息。可在“开始时间”域中输入工作周更改应生效的第一个日期，在“结束时间”域输入工作周更改应生效的最后日期。

在有变化的工作周行仍处于选中状态时，单击“详细信息”按钮可打开“详细信息”对话框，然后可以指定对一周中各日期的默认值进行的更改。此外，双击工作周行中的任何位置也可以打开“详细信息”对话框。

（4）录入基本任务信息

选择“视图”→“甘特图”命令，在“任务名称”域中输入任务名称。在“工期”域中，输入每项任务的工作时间，单位可以是月、星期、工作日、小时或分钟，不包括非工作时间。

按照任务发生的先后次序输入任务，如图 9.7 所示。

		任务模式	任务名称	工期	开始时间	完成时间	前置任务
1			项目管理	107 days	2014年10月10日	2015年3月10日	
2			选择方法论	2 days	2014年10月10日	2014年10月14日	
3			编制计划	3 days	2014年10月14日	2014年10月17日	2
4			项目监控	107 days	2014年10月17日	2015年3月17日	3

图 9.7　输入项目基本任务信息

（5）建立工作分解结构

可以使用工具栏上的“升级”按钮或“降级”按钮使得指定任务成为摘要任务或子任务。这样可将相关的任务按一定层次缩进到概括的任务中，从而创建层次化的结构。便于把任务组织成更易于管理的模块。

选择“选择方法论”、“编制计划”、“项目监控”任务，并单击工具栏上的“降级”按钮，可将这三项任务降为“项目管理”的子任务，如图 9.8 所示。采用这样的方法，可以把整个项目的任务进行输入，从而建立该项目的工作分解结构。

		任务模式	任务名称	工期	开始时间	完成时间	前置任务
1			**项目管理**	**112 day**	**2014年10月10日**	**2015年3月17日**	
2			选择方法i	2 days	2014年10月10日	2014年10月14日	
3			编制计划	3 days	2014年10月14日	2014年10月17日	2
4			项目监控	107 days	2014年10月17日	2015年3月17日	3

图 9.8　项目工作分解结构（WBS）的建立

（6）建立任务间的关系

项目中的任务通常按一定的顺序发生，为了使任务按照正确的时间顺序进行，需要在相关的任务间建立链接，并指定相关的类型。关于任务的相关性，Microsoft Project 2013 定义了四种，即“完成-开始”、“开始-开始”、“完成-完成”或“开始-完成”。在默认情况下创建“完成-开始”相关性。用户可以根据项目的实际情况来选择任务链接类型。

除了通过在“前置任务”域中输入前置任务的标号来链接任务外，链接任务还可以通过选择需要链接的任务，并单击工具栏上的“链接任务”按钮完成。

另外，如果需要取消任务链接，可在“任务名称”域中选择需要取消链接的任务，然后单击“取消任务链接”按钮。此时，所有这些任务将会根据与其他任务的链接或限制重新安排日程。

如果需要改变任务链接，双击需要修改的任务之间的链接线。弹出“任务相关性”对话框，在“类型”文本框中，选择所需的任务链接类型。

在 Microsoft Project 2013 中，“延隔时间”为负值表示该任务与对应的前置任务有一定时间的工作搭接；“延隔时间”为正值则表示该任务在前置任务完成后需要等待一定时间才可以开始。

在该餐厅点菜信息系统项目中，任务“数据库设计”与其前置任务“概要设计”有 3 个工作日的工作搭接。在“任务相关性”对话框的“延隔时间”文本框中可以以工期或前置任务工期百分比的形式，输入“数据库设计”与其前置任务“概要设计”的前置重叠时间或延隔时间，如图 9.9 所示。

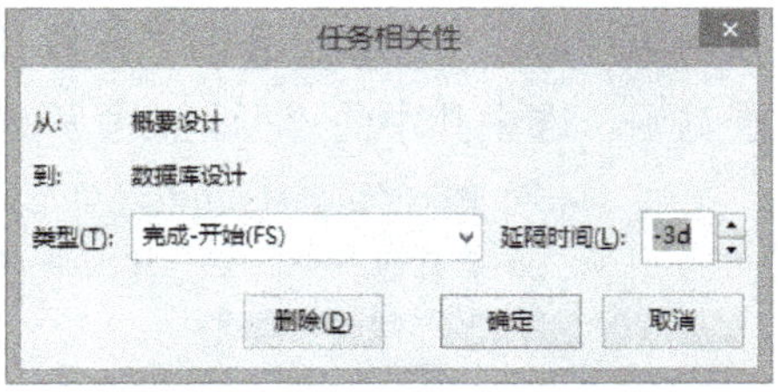

图 9.9　项目任务相关性设置

也可在 Microsoft Project 2013 中，双击“数据库设计”任务，或单击“项目”→“任务信息”命令，或单击“任务信息”工具按钮，弹出“任务信息”对话框。

打开“前置任务”选项卡，在“概要设计”的“延隔时间”中输入–3 即可，如图 9.10 所示。

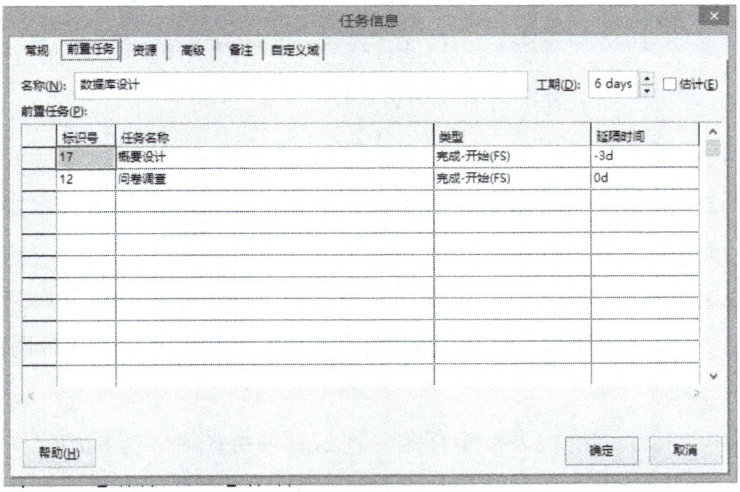

图 9.10　项目任务信息设置

依此类推，可在 Microsoft Project 2013 中输入该项目所有任务的工期和开始时间信息。

（7）建立里程碑任务

在项目进行过程中，某些或某个任务完成意味着阶段性工作的结束或开始。本项目有 5 个里程碑任务，分别为：可行性研究报告、需求分析报告、系统设计说明书、实施报告和项目总结报告。

Project 可以用里程碑来标识项目中重要事件的参考点，用于监督项目的进度。创建里程碑的方法很简单，只需将该任务的工期输入为 0 个工作日即可。相应的，“甘特图”中的开始日期处就会显示一个里程碑符号◆。除了工期为 0 的任务会被自动标记为里程碑之外，也可以将任意一项任务标记为里程碑。例如，将“系统设计说明书”的完成标记为里程碑，单击该任务的“任务名称”，然后单击“任务信息”按钮，打开“高级”选项卡，选中其中的“标记为里程碑”复选框，如图 9.11 所示。

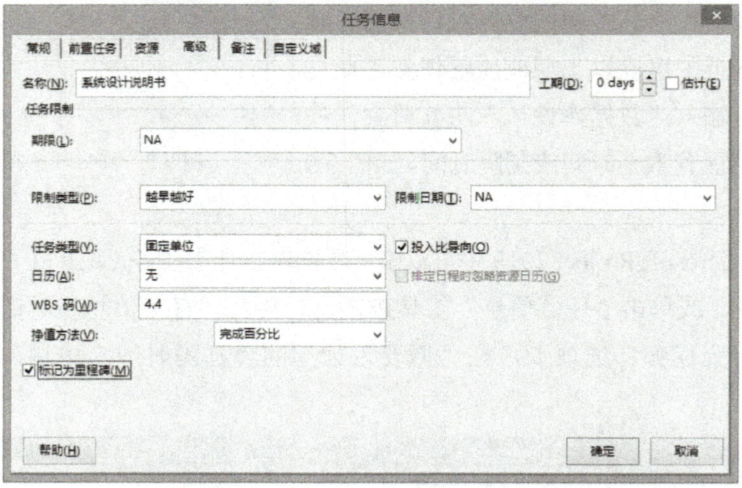

图 9.11　项目任务信息中里程碑的设置

（6）项目网络图

在确定项目的各活动及活动之间的逻辑关系后，便可用网络图将它们之间的关系呈现出来，做好项目的进度计划。

在 Microsoft Project 2013 中，选择网络图视图，即可得到项目的网络图。由于篇幅所限且 Project 中网络图较大，这里只截取部分网络图，该项目的部分网络图如图 9.12 所示。

在网络图中，每个方框代表一个任务。在这幅网络图中，方框中第一行左边为此活动的名称。第二行显示了任务的开始日期和标志号，第三行显示了任务的完成日期和工期，最后一行显示了任务所需的资源。

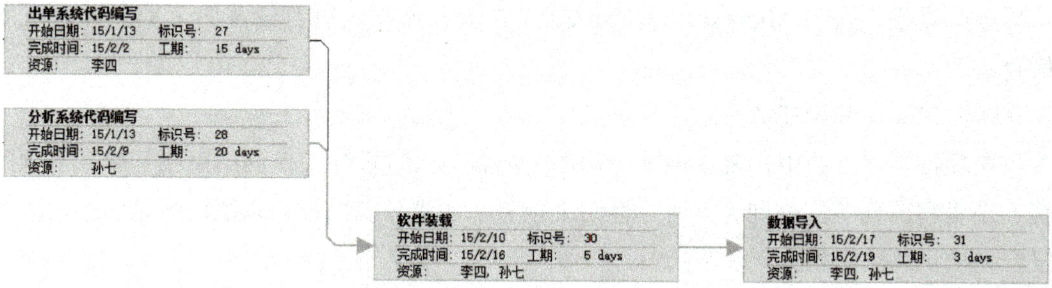

图 9.12　项目网络图（截取其中一部分作为示例）

可以选择“格式”→“方框样式”命令，通过改变方框样式中的“数据模板”来改变网络图方框中显示的内容，如图 9.13 所示。

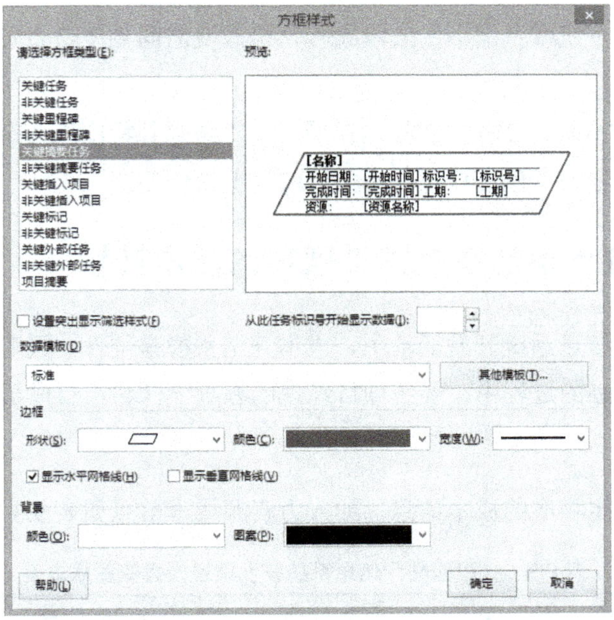

图 9.13　项目网络图显示方式的设置

（7）项目甘特图

在 WBS 的基础上，不仅可绘制出网络图，还可绘制出甘特图。甘特图的特点是简单易懂，可作为项目管理者监控项目并进行调整的依据，在 Microsoft Project 2013 中选择“视图”→“甘特图”，即可得到项目的甘特图，如图 9.14 所示。

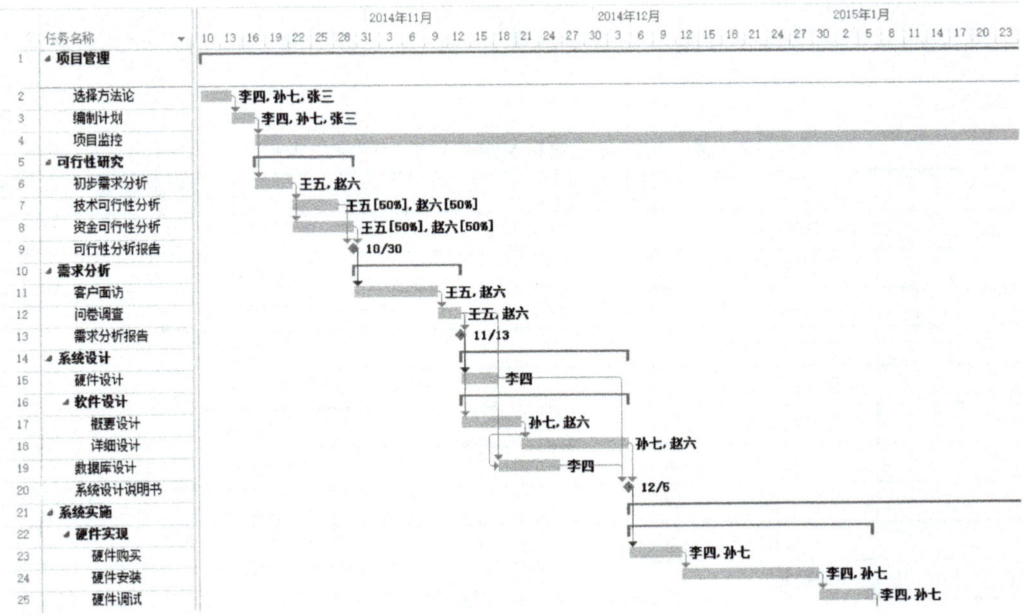

图 9.14　项目甘特图（截取其中一部分作为示例）

单击“放大”按钮或“缩小”按钮，可改变时间刻度，查看不同时间刻度显示的甘特图。

在 Microsoft Project 2013 中选择“视图”→“跟踪甘特图”命令，可以看到项目的关键路径，其中标记为红色的任务即为关键路径上的任务。

9.5　某校园餐厅信息系统开发项目的成本计划

在某校园餐厅信息系统开发活动中，成本开销主要是硬件的采购、开发人员的工资等。在制订成本计划的过程中，要在项目经理的领导下，和项目成员一起讨论。

1．资源成本

为每项资源制定相应的成本信息，如人力资源成本信息如表 9.3 所示。

表 9.3　某校园餐厅信息系统开发项目人力资源成本表

资源名称	类　型	标准费率	加班费率	每次使用成本
张三	工时	25.00/h	5.00/h	￥0.00
李四	工时	10.00/h	5.00/h	￥0.00
王五	工时	10.00/h	5.00/h	￥0.00
赵六	工时	10.00/h	5.00/h	￥0.00
孙七	工时	10.00/h	5.00/h	￥0.00

2．任务固定成本

根据项目团队的讨论结果，为各个任务分配固定成本信息，固定成本分摊如表 9.4 所示。

表 9.4　校园餐厅信息系统开发项目固定成本表

任务编号	任务名称	固定成本
1	–项目管理	
2	选择方法论	￥0.00
3	编制计划	￥0.00
4	项目监控	￥2000.00
5	–可行性研究	
6	初步需求分析	￥600.00
7	技术可行性分析	￥250.00
8	资金可行性分析	￥250.00
9	可行性分析报告	￥0.00
10	–需求分析	
11	客户面访	￥500.00
12	问卷调查	￥600.00
13	需求分析报告	￥0.00

续表

任务编号	任务名称	固定成本
14	–系统设计	
15	硬件设计	￥800.00
16	–软件设计	
17	概要设计	￥400.00
18	详细设计	￥600.00
19	数据库设计	￥800.00
20	系统设计说明书	￥0.00
21	–系统实施	
22	–硬件实现	
23	硬件购买	￥16 000.00
24	硬件安装	￥5 000.00
25	硬件调试	￥1 000.00
26	–软件实现	
27	出单系统代码编写	￥1 500.00
28	分析系统代码编写	￥1 500.00
29	–系统集成	
30	软件装载	￥3 200.00
31	数据导入	￥2 500.00
32	系统测试	￥2 000.00
33	实施报告	￥0.00
34	–系统验收	
35	系统验收	￥1 000.00
36	人员培训	￥3 000.00
37	项目总结	￥500.00
38	项目总结报告	￥0.00

3. 任务总成本

根据项目计划中的安排，基于分配给任务的资源成本和任何与任务相关联的固定成本，Microsoft Project 2013 将自动计算任务的总成本。

根据 Microsoft Project 2013 的计算结果，各个任务的总成本如表 9.5 所示。

表 9.5　某校园餐厅信息系统开发项目总成本表

任务编号	任务名称	总成本
1	–项目管理	￥25 200.00
2	选择方法论	￥720.00
3	编制计划	￥1 080.00
4	项目监控	￥23 400.00

续表

任务编号	任务名称	总成本
5	–可行性研究	¥2 380.00
6	初步需求分析	¥1 080.00
7	技术可行性分析	¥570.00
8	资金可行性分析	¥730.00
9	可行性分析报告	¥0.00
10	–需求分析	¥2 700.00
11	客户面访	¥1 620.00
12	问卷调查	¥1 080.00
13	需求分析报告	¥0.00
14	–系统设计	¥5 880.00
15	硬件设计	¥1 040.00
16	–软件设计	¥3 560.00
17	概要设计	¥1 360.00
18	详细设计	¥2 200.00
19	数据库设计	¥1 280.00
20	系统设计说明书	¥0.00
21	–系统实施	¥41 900.00
22	–硬件实现	¥25 520.00
23	硬件购买	¥16 800.00
24	硬件安装	¥6 920.00
25	硬件调试	¥1 800.00
26	–软件实现	¥5 800.00
27	出单系统代码编写	¥2 700.00
28	分析系统代码编写	¥3 100.00
29	–系统集成	¥10 580.00
30	软件装载	¥4 000.00
31	数据导入	¥2 980.00
32	系统测试	¥3 600.00
33	实施报告	¥0.00
34	–系统验收	¥6 740.00
35	系统验收	¥1 800.00
36	人员培训	¥3 720.00
37	项目总结	¥1 220.00
38	项目总结报告	¥0.00

4．在 Microsoft Project 2013 中实现成本计划

（1）输入资源成本

在 Microsoft Project 2013 中选择“视图”→“资源工作表”命令，输入资源成本信

息。对于工时资源，应在“标准费率”、“加班费率”或“每次使用成本”域中输入资源支付费率。对于材料资源，应在“标准费率”或“每次使用成本”域中输入支付费率。

在“成本累算”域中，选取所需使用的累算方法。其中，“开始”表示在任务开始时累计成本；“结束”表示在任务结束时累计成本；“按比例”表示按完成百分比累计成本。

该校园餐厅信息系统开发项目的资源成本如图 9.15 所示。

	ℹ	资源名称	类型	缩写	组	最大单位	标准费率	加班费率	每次使用成本	成本累算	基准日历
1		张三	工时	张		100%	¥25.00/h	¥5.00/h	¥0.00	按比例	标准
2		李四	工时	李		100%	¥10.00/h	¥5.00/h	¥0.00	按比例	标准
3		王五	工时	王		100%	¥10.00/h	¥5.00/h	¥0.00	按比例	标准
4		赵六	工时	赵		100%	¥10.00/h	¥5.00/h	¥0.00	按比例	标准
5		孙七	工时	孙		100%	¥10.00/h	¥5.00/h	¥0.00	按比例	标准

图 9.15　项目资源成本信息输入示例

（2）输入任务固定成本

Microsoft Project 2013 中不允许在“实际成本”和“剩余成本”中自行输入，是由资源的投入比例与资源成本等因素决定的，而固定成本可以通过以下方法设定。

选取“视图”→“甘特图”命令。

选择“视图”→“表”→“成本”命令。

在任务的“固定成本”域中即可输入各任务的固定成本信息，Microsoft Project 2013 会根据资源成本、工期和任务的固定成本自动计算任务的总成本，具体计算方式如下：

总成本=固定成本+实际可变成本+剩余可变成本

其中：

实际可变成本=（实际工时×标准工资率）+（实际加班工时×加班工资率）+资源每次使用成本

剩余可变成本=（剩余工时×标准工资率）+剩余加班成本

即在总可变成本中，减去实际消耗的可变成本即是剩余可变成本。这是项目进度在成本方面的一种表示。

固定成本，是指无论任务的工期或资源完成的工时怎么变化其成本都不会更改的部分，如设备成本。

该校园餐厅信息系统成本计划如图 9.16 所示。

（3）保存成本计划

单击菜单“项目”→“日程”→“设置基线”命令，可将此任务信息及相应的预算成本信息存储在 Microsoft Project 2013 的比较基准域中，以便于进行挣值分析，如图 9.17 所示。

	任务名称	固定成本	固定成本累算	总成本
1	**项目管理**	**0.00**	**按比例**	**25 200.00**
2	选择方法论	0.00	按比例	720.00
3	编制计划	0.00	按比例	1 080.00
4	项目监控	2,000.00	按比例	23 400.00
5	**可行性研究**	**0.00**	**按比例**	**2 380.00**
6	初步需求分析	600.00	按比例	1 080.00
7	技术可行性分析	250.00	按比例	570.00
8	资金可行性分析	250.00	按比例	730.00
9	可行性分析报告	0.00	按比例	0.00
10	**需求分析**	**0.00**	**按比例**	**2 700.00**
11	客户面访	500.00	按比例	1 620.00
12	问卷调查	600.00	按比例	1 080.00
13	需求分析报告	0.00	按比例	0.00
14	**系统设计**	**0.00**	**按比例**	**5 880.00**
15	硬件设计	800.00	按比例	1 040.00
16	**软件设计**	**0.00**	**按比例**	**3 560.00**
17	概要设计	400.00	按比例	1 360.00
18	详细设计	600.00	按比例	2 200.00
19	数据库设计	800.00	按比例	1 280.00
20	系统设计说明书	0.00	按比例	0.00
21	**系统实施**	**0.00**	**按比例**	**41 900.00**
22	**硬件实现**	**0.00**	**按比例**	**25 520.00**
23	硬件购买	16 000.00	按比例	16 800.00
24	硬件安装	5 000.00	按比例	6 920.00
25	硬件调试	1 000.00	按比例	1 800.00
26	**软件实现**	**0.00**	**按比例**	**5 800.00**
27	出单系统代码编写	1 500.00	按比例	2 700.00
28	分析系统代码编写	1 500.00	按比例	3 100.00
29	**系统集成**	**0.00**	**按比例**	**10 580.00**
30	软件装载	3 200.00	按比例	4 000.00
31	数据导入	2 500.00	按比例	2 980.00
32	系统测试	2 000.00	按比例	3 600.00
33	实施报告	0.00	按比例	0.00
34	**系统验收**	**0.00**	**按比例**	**6 740.00**
35	系统验收	1 000.00	按比例	1 800.00
36	人员培训	3 000.00	按比例	3 720.00
37	项目总结	500.00	按比例	1 220.00
38	项目总结报告	0.00	按比例	0.00

图 9.16　某餐厅信息系统项目成本计划

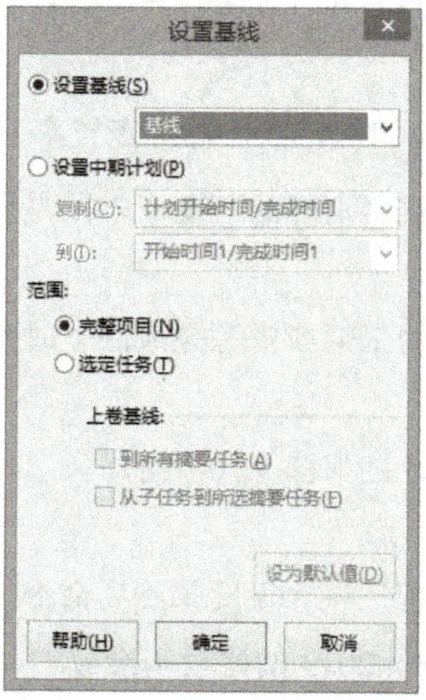

图 9.17　某餐厅信息系统项目比较基准的设置

项目的比较基准域存储了项目的计划信息，在项目进行的过程中，通过与比较基准域中数据的比较可以进行挣值分析，以对项目的进度和成本进行控制。

9.6　某校园餐厅信息系统开发项目团队的组织结构

某校园餐厅信息系统开发项目团队成员主要由 INFO 公司从各部门抽调骨干组成。基于对校园餐厅经营状况的调研，项目团队负责为该校园餐厅设计并实施点菜系统解决方案。项目团队主要角色划分为：项目经理、系统分析员、程序员、硬件工程师、数据库管理员和公关人员。表 9.6 给出了各角色的具体职责。

表 9.6　某校园餐厅信息系统项目团队的角色职责列表

角　色	职　责
项目经理	项目总体设计，定制和监控开发进度，制定相应的开发规范，负责各个环节的评审工作，协调各个成员（小组）之间的开发
系统分析员	根据需求分析报告进行总体分析，得出待开发系统的概念模型
程序员	编写功能模块的软件代码并进行测试
硬件工程师	硬件的选择、购买及配置
数据库管理员	详细设计系统后台数据库，维护开发过程中数据库的安全性和一致性
公关人员	与客户联系，协助其他人员与客户的交流

这些角色人员在项目经理的领导下组成了一个团结协作的团队，为项目型组织结构，如图 9.18 所示。

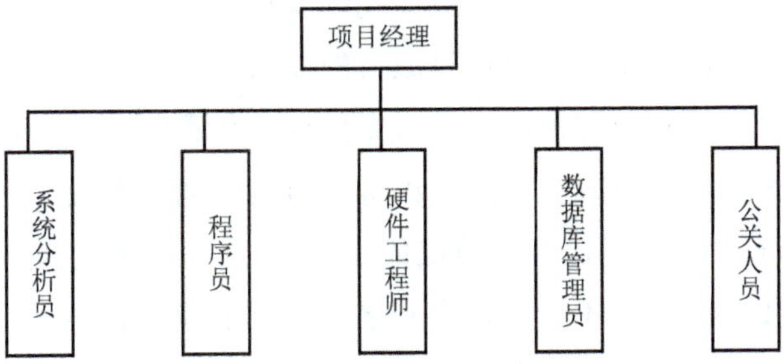

图 9.18　某校园餐厅信息系统项目团队的组织结构

为了更好地推进该项目，保证项目按质按期完成，需要对成员进行技术培训及定期工作交流，具体内容包括：

（1）每周例会中小组成员集体交流开发进度、遇到的问题和心得；

（2）组织小组中有经验或熟悉新技术的成员定期做报告，分享知识；

（3）定期邀请专家或有经验的技术人员做指导，为大家传授项目经验。

以上内容要求项目团队全体成员积极参与，不断进步。

9.7 某校园餐厅信息系统开发项目团队的知识地图

某校园餐厅信息系统开发项目团队的知识地图是按照 WBS 图底层任务模块涉及的角色来划分的，根据工作的类似性确认岗位，确定的岗位需要相应的知识。

本项目评价的角色包括：系统分析员、程序员、硬件工程师、数据库管理员、公关人员，每个角色的具体考核指标如下。

（1）系统分析师：主要考察是否具备广泛的知识面、强烈的责任心和事业心、精湛的技术能力、敏锐的观察力等。

（2）硬件工程师：主要考察是否掌握基本设计规范，CPU 基本知识、架构、性能及选型指导，网络处理器的基本知识、架构、性能及选型，各种存储器的详细性能介绍、设计要点及选型，常用器件选型要点，等等。

（3）程序开发员：主要考察是否熟悉和掌握数据结构和基本算法、了解多种语言、有开发实践、对数据库有一定的了解、有团队合作意识等。

（4）数据库管理员：主要考察是否具备管理数据库系统的经验和能力、对数据库系统的熟悉程度、应用程序设计能力（接口）、严谨的工作作风。

（5）公关人员：主要考察是否具备管理能力、交际能力、表达能力、良好的心理素质和道德素质等。

每个角色的能力分打分方法：采用 360 度评分法，即通过项目经理、同组成员、下属、客户和自我评价分别打分，通过加权平均计算出最后分数。在客户评价信息不易获取的情况下，可以采取如下方法，对项目成员的能力进行评价：

（1）项目经理打分（权值 30%）。因为项目经理负责监控整个项目，能够统筹观察到各个项目成员，因此对项目成员的能力评价相对较全面、客观，占权值应该较多。

（2）同组 3 名成员打分（每个分数权值 20%）。同组成员之间朝夕相处，相互了解时间较长，故各占 20%，但有不全面、客观之嫌，故低于项目经理。

（3）自我评价（权值 10%）。由于是自己给自己打分，主观因素占有一定比重，难免不客观，所以给定权值在 10%。

项目经理的评价采取的打分措施是：

（1）项目小组成员打分（每个分数权值 22%）；

（2）自我评价（权值 12%）。

在知识地图中，既可以给出每个项目成员对某个角色的能力分，也可以给出该成员对某个角色的兴趣分。兴趣分可由项目成员自己完成。下面分别给出了能力分和兴趣分的打分标准。表 9.7 为本项目的知识地图。

（1）能力分打分标准。

5 分：熟悉使用此方面的知识，有丰富的实践经验，能够领导其他成员完成相应的工作。

4 分：熟悉此类知识，但经验不够丰富。

3 分：对此类知识有一定的了解，需要进一步学习。

2 分：对此类知识有过少量接触，不过缺乏深入了解。

1 分：对此类知识完全没有了解。

（2）兴趣分打分标准。

5 分：此类工作完全符合本人的兴趣，对该工作抱有极大的热忱。

4 分：对该工作比较有兴趣，能够比较愉快地完成工作。

3 分：能够以平常心态完成该项工作，谈不上有兴趣。

2 分：能够勉强接受该工作，尽量完成任务。

1 分：不愿意从事此类工作。

表 9.7　某校园餐厅信息系统项目成员知识地图

	系统分析员		程　序　员		硬件工程师		公 关 人 员		数据库管理员	
	能力分	兴趣分	能力分	兴趣分	能力分	兴趣分	能力分	兴趣分	能力分	兴趣分
张三	3.5	2	4.8	4	3.0	2	4.3	3	3.3	3
李四	3.9	5	4.3	2	3.2	3	3.5	3	4.3	4
王五	2.8	4	2.8	4	3.0	4	5.0	5	3.0	3
赵六	4.9	5	2.4	2	3.3	3	3.7	2	3.1	5
孙七	3.2	4	3.7	5	4.6	3	3.5	2	3.1	5

9.8　某校园餐厅信息系统开发项目团队的职责分配矩阵

1. 职责分配矩阵的建立

项目团队的职责分配矩阵是以知识地图为主要依据的，并且考虑相关的其他因素（如个人时间、责任心）等来确定具体任务的负责人和参与人。该项目团队职责分配矩阵的大体制定思路如下。

主要责任人 P：以能力为主。

接班人 s1：能力（70%）与兴趣（30%）兼顾，更偏重能力。

参与人员 s：依照项目难度和规模来裁定人员和数量。

得到的职责分配矩阵如表 9.8 所示。

根据职责分配矩阵，为每个子任务分配资源，资源分配结果如表 9.9 所示。

表 9.8　某校园餐厅信息系统开发项目成员职责分配矩阵

	张　三	李　四	王　五	赵　六	孙　七
项目管理	P	sl			s
可行性研究			sl	P	
需求分析			P	sl	
系统设计		sl		P	s
系统实施		S			P
系统试运行与验收		P		sl	s

表 9.9　某校园餐厅信息系统开发项目资源分配表

任务编号	任务名称	资　源
1	–项目管理	
2	选择方法论	张三,李四,孙七
3	编制计划	张三,李四,孙七
4	项目监控	张三
5	–可行性研究	
6	初步需求分析	王五,赵六
7	技术可行性分析	王五[50%],赵六[50%]
8	资金可行性分析	王五[50%],赵六[50%]
9	可行性分析报告	
10	–需求分析	
11	客户面访	王五,赵六
12	问卷调查	王五,赵六
13	需求分析报告	
14	–系统设计	
15	硬件设计	李四
16	–软件设计	
17	概要设计	赵六,孙七
18	详细设计	赵六,孙七
19	数据库设计	李四
20	系统设计说明书	
21	–系统实施	
22	–硬件实现	
23	硬件购买	李四,孙七
24	硬件安装	李四,孙七
25	硬件调试	李四,孙七
26	–软件实现	
27	出单系统代码编写	李四
28	分析系统代码编写	孙七

续表

任务编号	任务名称	资源
29	–系统集成	
30	软件装载	李四,孙七
31	数据导入	李四,孙七
32	系统测试	李四,孙七
33	实施报告	
34	–系统验收	
35	系统验收	李四,孙七
36	人员培训	赵六
37	项目总结	李四,赵六,孙七
38	项目总结报告	

2．在 Microsoft Project 2013 中进行资源管理

（1）建立资源工作表

可将上述资源分配情况输入 Microsoft Project 2013 中。

首先，选择“视图”→“资源工作表”命令，在“视图”菜单中的“表”子菜单中选择“项”命令。

在“资源名称”域中，输入资源名称。如果要指明资源组，可在资源名称的“组”域中输入组名。

在“类型”域中指定资源类型。“工时”对应工时资源，“材料”对应材料资源。该餐厅信息系统开发项目中的资源全部为工时资源。

对于每个工时资源（人员或设备），在“最大单位”域中输入该资源可用的资源单位数，为百分比。例如，输入 200%表明特定资源的两个全时单位。对于每个材料资源（会在项目中不断消耗），在“材料标签”域中输入材料资源的度量单位，如千克、吨等。

该项目的资源基本信息如图 9.19 所示。

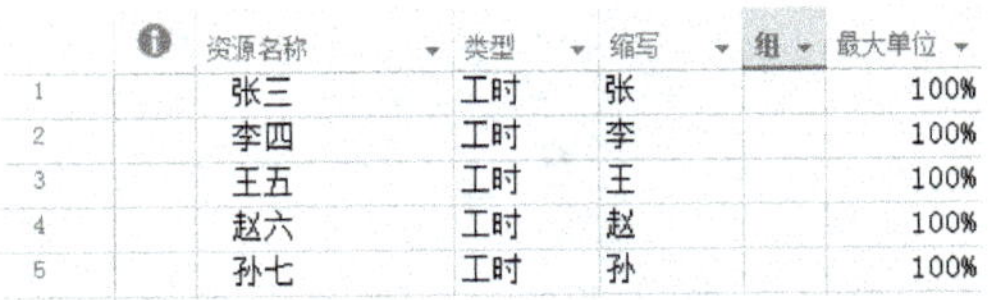

	资源名称	类型	缩写	组	最大单位
1	张三	工时	张		100%
2	李四	工时	李		100%
3	王五	工时	王		100%
4	赵六	工时	赵		100%
5	孙七	工时	孙		100%

图 9.19　项目的资源基本信息

（2）给任务分配资源

在“任务名称”域中，选取希望为其分配资源的任务，然后单击“资源”→“分配资源”按钮，弹出“分配资源”对话框。

在“名称”域中，选择希望分配给任务的资源。若要分配几个不同的资源，可按住 Ctrl 键并单击资源名称。

单击“分配”按钮，则在“名称”域左边出现选中标记，表明该资源分配给了所选定的任务。单击“删除”按钮，取消该资源对选定任务的分配。单击“替换”按钮可以实现用一个资源替换另一个资源。

可以指定资源为全职或兼职。如果是兼职，需在“单位”域中输入或选择小于 100 的

百分比，该百分比表示希望资源在任务上花费的工作时间的百分比。如果要分配多个相同的资源（如三个测试人员），可在“单位”域中输入或选择大于 100 的百分比（300%）。必要时可在“名称”域中输入新资源的名称。

在该餐厅信息系统项目中，“技术可行性分析”和“资金可行性分析”两个任务同时开始，而两个任务所需的资源都是“王五”和“赵六”，因此设置“技术可行性分析”和“资金可行性分析”两个任务的资源“王五”和“赵六”的单位为 50%，即王五和赵六每工作日有一半的时间用于进行“技术可行性分析”，另一半时间用来进行“资金可行性分析”。这样设置，可以有效地避免资源的过度分配。以上两项任务的资源分配情况如图 9.20 所示。

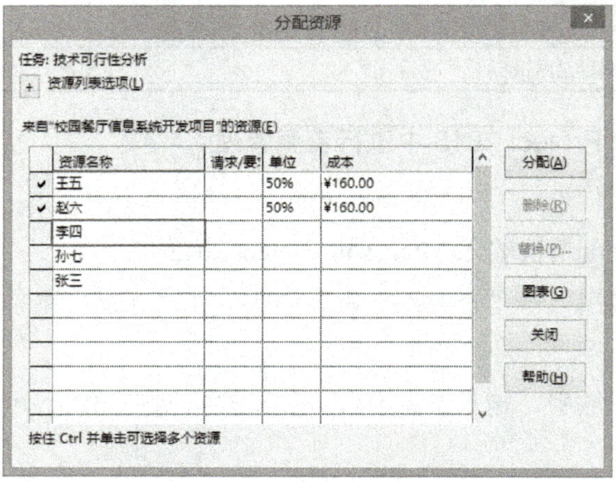

图 9.20　项目的资源分配信息

在“甘特图”中选取任务，双击该任务，也可单击“任务信息”按钮，在弹出的任务信息对话框中打开“资源”选项卡，查看资源的分配情况，也可以进行资源分配，如图 9.21 所示。

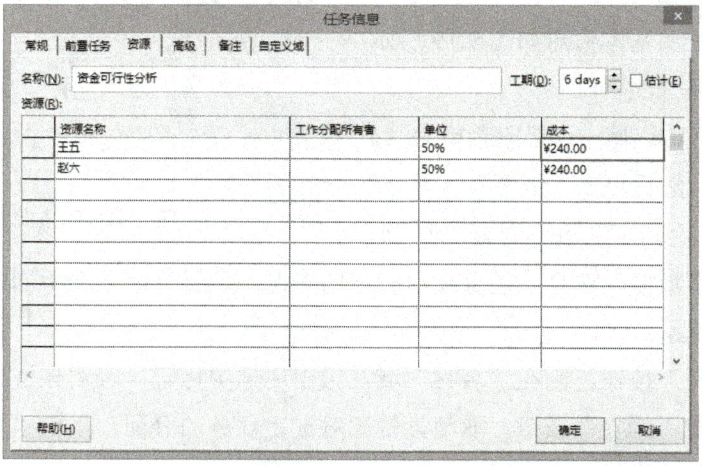

图 9.21　项目的资源信息设置

也可选择“视图”→“甘特图”命令，直接在“资源名称”域中输入各任务的资源分配信息，如图 9.22 所示。

	ⓘ	任务模式	任务名称	工期	开始时间	完成时间	前置任务	资源名称
1			◢ **项目管理**	**112 day**	**2014年10月10日**	**2015年3月17日**		
2			选择方法论	2 days	2014年10月10日	2014年10月14日		李四,孙七,张三
3			编制计划	3 days	2014年10月14日	2014年10月17日	2	李四,孙七,张三
4			项目监控	107 days	2014年10月17日	2015年3月17日	3	张三
5			◢ **可行性研究**	**9 days**	**2014年10月17日**	**2014年10月30日**		
6			初步需求分析	3 days	2014年10月17日	2014年10月22日	3	王五,赵六
7			技术可行性分析	4 days	2014年10月22日	2014年10月28日	6	王五[50%],赵六[50%]
8			资金可行性分析	6 days	2014年10月22日	2014年10月30日	6	王五[50%],赵六[50%]
9			可行性分析报告	0 days	2014年10月30日	2014年10月30日	7,8	

图 9.22　项目的资源信息录入

（3）查看资源分配状况

如果希望详细了解资源的分配情况，选择“视图”中的“资源使用状况”，通过这个视图，可以查找在指定任务上为每个资源安排的工时数，并可以查看过度分配的资源（在“资源使用状况”视图里，如果资源名称为红色并且为粗体，则资源为过度分配）。还可确定每个资源有多少可用时间用于其他工作分配，如图 9.23 所示。

	ⓘ	资源名称	工时	详细信息	2014年10月17日 五	六	日	一	二	三	四	2014年10月24日 五	六	日	一	二	三	四	2014年10月31日 五	六	日	一	二	三
3		◢ 王五	144 h	工时	7h			8h	8h	8h	8h	8h			8h	4.5h	4h	7.5h	8h			8h	8h	8h
		初步需求分析	24 h	工时	7h			8h	8h	1h														
		技术可行性分析	16 h	工时						3.5h	4h	4h			4h	0.5h								
		资金可行性分析	24 h	工时						3.5h	4h	4h			4h	4h	4h	0.5h						
		客户面访	56 h	工时														7h	8h			8h	8h	8h
		问卷调查	24 h	工时																				
4		◢ 赵六	368 h	工时	7h			8h	8h	8h	8h	8h			8h	4.5h	4h	7.5h	8h			8h	8h	8h
		初步需求分析	24 h	工时	7h			8h	8h	1h														
		技术可行性分析	16 h	工时						3.5h	4h	4h			4h	0.5h								
		资金可行性分析	24 h	工时						3.5h	4h	4h			4h	4h	4h	0.5h						
		客户面访	56 h	工时														7h	8h			8h	8h	8h

图 9.23　项目的资源分配信息查看

在该视图中，可以清晰地看到在同一工作日内，王五和赵六均有一半的时间用于“技术可行性分析”，另一半的时间用于“资金可行性分析”。同时，Project 2013 在自动进行任务安排时，会默认将任务开始的第一天工作时间定为 7h，而该任务的总工时仍为上文设定的 8h。

9.9　某校园餐厅信息系统开发项目的干系人分析

本项目的干系人包括：甲方（项目发起人、用户）、乙方（项目经理、项目成员）和丙方（其他利益相关主体等），下面对这些干系人进行详细分析。

1．甲方

1）项目发起人

项目发起人为连锁餐厅管理层，发起人同时也是项目团队的委托人。他们是项目需求的提出者，也是项目资金的供给者，更是项目产品的使用者。他们对该项目的需求或期望主要是，有效地优化和改进其餐厅的业务流程及物料和人员管理。在项目测试及验收阶段，其所在餐厅的工作效率提高与否，收益率是否增加是其主要衡量指标。在项目开发过程中，其责任主要表现在及时供给项目所需资金、充分与项目团队进行明确需求的讨论、提出对项目的某些要求等。对于项目而言，由于缺少专业知识，餐厅经理的需求不明确而且多变，以及能否及时供给所需资金，均成为项目的风险。

2）用户

项目的用户是高校连锁餐厅的员工。餐厅员工对该项目的需求为，项目产品是否能够减轻其工作量，使其工作更有效率。项目实施后，其工作量减轻与否是其衡量项目的主要指标。其作为项目产品的直接使用者，为了项目更好地完成，有责任积极配合项目的调研和实施。虽然其期望项目产品能够减少其工作量，但同时也担忧项目实施后，工作效率的提高有可能会导致部分员工失业下岗。所以在项目实施过程中是否会遇到来自员工的阻力成为项目最终是否能够成功的风险之一。

2. 乙方

1）项目经理

项目的成功与否，与项目经理是否能够较好地组织管理项目团队、充分地与其他项目干系人进行沟通等有着直接关系，故而项目经理也是项目干系人中不可缺少的一部分。

项目经理的需求主要是，如期顺利完成该项目的开发，并顺利通过验收。工期和验收结果为其主要衡量指标。项目经理在项目全过程中负责统筹整个项目团队、负责与各干系人（尤其是与客户和项目成员）沟通，并对整个项目进行时间管理等一系列管理工作。

2）项目成员

项目成员是项目开发过程的具体实施者，其工作的好坏直接影响项目的成功与否。项目成员对项目的需求主要表现在项目成功后的自我价值实现，以及是否能在该项目的开发过程中使自身能力得到提高，掌握更多的知识，积累丰富的经验。项目的成功与否、是否通过项目使自身有所提高，是其主要衡量指标。

所有项目成员都有责任尽可能地积极参与项目开发、认真执行项目计划、配合经理工作，并尽力创造一个积极而又有建设性的项目环境。

3. 丙方

餐厅消费者（客户的客户）是丙方的一类重要人员，下面仅以餐厅消费者为例对丙方进行说明。

本项目是为服务业（餐厅）而开发的，因此客户的客户对本项目的影响也就不容忽视。作为餐厅的客户，也就是食客或用餐者，除了对餐厅饭菜的口味有一定要求外，对餐厅的服务质量和用餐环境也有一定的需求。故而，系统实施后，餐厅服务质量的提高等便成为客户的客户对本项目的具体需求。其衡量指标主要表现为：实施后服务质量是否提高，上餐速度是否加快，点餐是否更加便捷。

身为项目的干系人，客户的客户同样应该具有相应的责任，即配合项目组的调研，提供对餐厅业务改善的具体要求等。其是否配合及调研所得数据是否具有普遍性等都有可能给项目带来风险。

干系人分析如表 9.10 所示。

表 9.10　某校园餐厅信息系统开发项目干系人分析表

		提出的需求	关注指标	应承担的责任	可能的风险
甲方	项目发起人（餐厅管理层）	优化业务流程、物料及人员管理	工作效率、收益率	供给资金、明确需求	缺少专业知识、需求多变、资金短缺
	用户（餐厅服务员）	工作更有效、减少工作量	工作量、操作便捷程度	配合调研及实施	实施过程中、存在阻力
乙方	项目经理	如期完工、顺利通过验收	工期、验收结果	统筹团队、负责沟通和管理	缺少行业经验
	团队成员	提升能力、掌握知识、丰富经验	项目是否成功、自身能力是否提高	积极参与项目开发、认真执行项目计划	工期紧、任务重
丙方	餐厅消费者（客户的客户）	提高服务质量、缩短等待时间	服务质量、上餐速度、点餐便捷	配合调研、提供需求	不配合、数据不具有普遍性

9.10　某校园餐厅信息系统开发项目的文档管理

文档在校园餐厅信息系统开发项目的建设人员、管理人员、维护人员及用户之间起到桥梁作用，该项目的文档管理主要从以下几方面进行。

1. 设有专职文档管理负责人

某校园餐厅信息系统开发项目设一位文档保管人员，负责集中保管本项目已有文档的两套主文本。两套文本内容完全一致，其中的一套可按一定手续办理借阅。

2. 强调文档说明和修改记录

每个文档要填写文档说明信息，文档更新时填写版本修改记录，文档扉页模板如表 9.11 和表 9.12 所示。

表 9.11　文档说明信息表

文档名称：			
负责人：		文档版本编号：	
密级：		文档版本日期：	
起草人：		起草日期：	
复审人：		复审日期：	

表 9.12　文档版本修改记录表

版本编号	版本日期	修改者	说明

3. 文档统一格式定义

项目内部所有文档采用统一的页面设置、封面格式、页眉页尾格式、目录格式和正文格式。

4. 文档内容规范

项目内文档内容规范主要参考国家标准《计算机软件产品开发文件编制指南》，这些文档主要是：可行性研究报告、项目开发计划、系统需求说明书、概要设计说明书、详细设计说明书、数据库设计说明书、测试计划、测试分析报告、用户手册、项目开发总结报告。

这里对其中一部分作简要说明。

① 可行性研究报告：说明该项目的实现在技术上、经济上和社会因素上的可行性，评述为了合理地达到开发目标可供选择的各种可能实施的方案，说明并论证选定实施方案的理由。

② 项目开发计划：为项目实施方案制订具体计划，应该包括各部分工作的负责人员、开发进度、开发经费预算、所需硬件及软件资源等。项目开发计划应提供给管理者，并作为开发阶段评审的参考。

③ 系统需求说明书：对所建设系统的功能、性能、用户界面及运行环境等做出详细的说明。它是用户与开发人员在对系统需求取得共同理解基础上达成的协议，也是实施开发工作的基础。

④ 概要设计说明书：该说明书是概要设计阶段的工作成果，它应说明功能分配、模块划分、程序的总体结构、输入/输出及接口设计、运行设计、数据结构设计和出错处理设计等，为详细设计奠定基础。

⑤ 详细设计说明书：着重描述每一模块是怎样实现的，包括实现算法、逻辑流程等。

⑥ 用户手册：本手册详细描述校园餐厅信息系统的功能、性能和用户界面，使用户了解如何使用该系统。

5. 文档存储结构

INFO 公司成立 4 年，在数据库、企业信息化解决方案等领域均有突出的表现，作为一个有经验的公司，在各类项目的文档管理上有一套自己的方式，以便于存放与查找各种文档。本项目的文档管理也是基于本公司的文档管理原则与方法，由于本项目规模较小，本公司对规模较小的项目不采用专门的文档管理软件或项目管理信息系统，主要采用共享目录方式管理文档，具体文件夹结构如图 9.24 所示。

<某校园餐厅点菜系统开发项目>

|--**1. 管理**

|　|--**报告纪要**　各阶段的报告、工作记录等文档，如项目立项报告和会议纪要等

|　|--**制度规范**　项目开发中涉及的管理制度、技术规范、文档管理规范等

|--**2. 设计**

|　|--**业务模型**　系统分析得到的业务模型文件及相关业务说明文档

|　|--**系统模型**　系统分析得到的系统模型文件及相关附属设计文档

|--**3. 程序**

|　|--**编码**　项目开发中编制的程序源代码及编译后的程序

|　|--**组件**　应用系统引用到的通用组件软件（程序）

|　|--**软件**　需要用到的第三方软件

|--**4. 部署**

　|--**测试**　测试报告、验收报告等

　|--**手册**　技术说明书、用户手册等

图 9.24　某校园餐厅信息系统开发项目文档管理的文件夹结构

9.11　某校园餐厅信息系统开发项目的风险识别、分析和应对

某校园餐厅信息系统开发项目团队决定，必须使用规范的风险管理思想来识别、分析、应对与监控校园餐厅信息系统开发项目的风险。本项目风险的识别与应对经过了以下三个步骤。

（1）风险识别：列出所有可能的风险事件。

（2）风险分析：为每个风险事件分析风险概率和风险影响值，计算风险期望值，确定风险的级别和顺序。

（3）风险应对：确定风险应对的策略、应对措施及其截止时间和负责人。

通过对本项目进行风险识别、分析与应对，可以量化项目风险，从而可以通过采取风险规避、转移、缓解、接受等方法和措施来减少和规避风险，也可以采用开拓、分享、提高等办法来积极利用风险。

1. 风险识别

风险识别是识别哪些不确定性会对项目目标的实现构成危险或有促进作用。在风险识别阶段，可以采用各种技术，如头脑风暴法和过去类似项目实施的经验等，来发现各种可能的风险，如质量方面的风险、人员方面的风险等。头脑风暴法是风险识别最有效的方法之一。

风险识别中，项目团队需要确定“风险编号”、找出可能发生风险的“WBS 模块”、

再拟定“风险事件名称”。

项目成员依据前面已有的 WBS 中那些没有下一层工作的底层工作包，通过头脑风暴法识别出可能影响项目进度、成本、范围、质量的潜在风险，对每个风险事件都进行编号，赋予一个含义明确的名称，记录在表 9.13 所示的风险识别、分析和应对表中。

2．风险分析

在风险分析阶段，由项目团队分别确定“风险概率”、“风险影响描述”、“风险影响值”、“风险期望值”、“排序”和“风险级别”，具体做法如下。

（1）对每个风险事件，由项目团队中有经验的成员分别对该风险事件发生概率进行估计，加权平均得出此事件的风险概率。

（2）对每件风险事件，由项目团队中有经验的成员分别对该风险事件一旦发生将造成的影响进行讨论。将对进度、成本、范围与质量四方面的影响进行具体描述，然后通过风险影响值的转换表（见表 8.3）分别找到对应的影响值，将四方面影响最大的影响值填入表 9.13 的风险影响值一栏，将对应的风险影响描述填入“风险影响描述”一栏中。

（3）根据得出的风险概率和风险影响值，将“风险概率”与“风险影响值”相乘，得出风险期望值，并将风险事件按照风险期望值从大到小排序，为其赋予一个顺序编号，对于前十个风险要重点进行监控，进行十大风险追踪。

（4）项目团队参照 INFO 公司设定的风险等级划分表来确定风险等级，可以根据得到的风险期望值得到风险级别，并确定相应的风险负责人。INFO 公司规定的风险管理政策如下：

① 风险期望值在 0.3 以上为一级风险，由公司项目总监负责，通知客户和公司高层，成立专门应对该风险的风险应对小组；

② 风险期望值在 0.2～0.3 之间为二级风险，由项目经理负责，通知客户和项目总监；

③ 风险期望值在 0.1～0.2 之间为三级风险，由项目经理负责，通知项目总监；

④ 风险期望值在 0.1 以下为四级风险，由项目成员负责，通知项目经理。

3．风险的应对

在风险应对中，确定“风险策略”、“风险应对措施”、“风险处理截止时间”和“风险负责人”。对每件风险事件，项目团队成员讨论确定一种主要的风险策略，确定出一项或多项措施来应对风险。参照风险的级别可以得出每件风险事件的负责人。根据所要采取的具体措施确定处理的截止时间，如截止时间填写一周，那么，对于预防类措施，截止时间是指风险识别之后的一周之内；对于纠正类措施，截止时间是风险发生之后的一周之内。

经过上述分析，某校园餐厅信息系统开发项目的风险识别、分析和应对表如表 9.13 所示。

表 9.13　某校园餐厅信息系统开发项目风险识别、分析和应对表

风险识别			风险定性与定量分析						风险应对			
编号	WBS 模块	风险事件	风险概率	风险影响描述	风险影响值	风险期望值	排序	级别	风险策略	风险应对措施	风险处理截止时间	风险负责人
1	文档管理	文档管理不严格	10%	影响团队沟通，进而影响产品质量	0.2	0.02	9	四级	缓解	事前预防：设专人管理文档，按阶段监控文档管理	到项目结束为止	文档管理员
2	技术可行性分析	硬件技术可行性过于乐观，造成硬件可行性分析偏差	30%	如果此风险发生，将延误工期，增加开支 15%以上	0.4	0.12	5	三级	缓解	前期派专人调研，采购说明书请客户签字，分摊风险	此模块结束	项目经理
3	资金可行性分析	资金预算支出表不详细	10%	因问卷设计、发放问卷、数据导入、软件装载几个小活动预算过少，使费用超出预算 3%，为减少支出，就加快进度，造成其他活动范围的减少和项目质量的下降，影响不显著	0.1	0.01	10	四级	缓解	预防措施，减少软件装载超出预算的概率	资金预算分析截止	财务负责人
4	客户面访	客户面访效果不佳，导致需求变动频繁	50%	客户对数据分析、处理功能等需求定义不明确，变更较为频繁，进度拖延 15%左右	0.2	0.1	6	三级	缓解	预防措施，多次面访客户，合同中确定固定需求和可变需求	需求分析截止	项目经理
5	数据分析	数据分析偏差导致需求界定不清	20%	问卷分析不充分导致数据分析不全面，影响项目范围界定	0.2	0.04	8	四级	缓解	预防措施，全面分析数据	需求分析截止	需求分析负责人
6	施工图设计	施工图设计	40%	团队缺乏经验，导致硬件施工图纸设计缺陷，拖延进度 25%	0.4	0.16	4	三级	转移	外聘工程人员帮助设计图纸	系统设计阶段截止	项目经理
7	触摸屏段软件二次开发	软件二次开发拖延日程	80%	影响软件集成，无法按计划规定完成软件的开发和集成	0.4	0.32	1	一级	转移	选定有实力、有经验的软件开发商	软件集成前完成	项目总监
8	硬件采购	硬件没在规定的日期前采购到规定的型号	30%	影响系统硬件的装配，影响软件的测试，最终影响系统的正常交付	0.2	0.06	7	四级	缓解	在选定厂家时，应该多选几家以便应对风险的发生	硬件装配前完成	市场调研负责人
9	硬件装配	硬件施工出现的工程风险	50%	施工外包可能造成监控不力，拖延进度 25%，影响质量	0.4	0.2	3	二级	转移	外包策略。选择多次合作的、有实力的工程队，签订工期合同	软件装载前完成	项目经理
10	系统验收	系统验收出现问题	60%	系统漏洞，人员对新流程的排斥造成系统应用效率改善不显著，客户不满意	0.4	0.24	2	二级	接受	进行人员培训，传统经营与系统同时运作，增强用户适用度和接受度	系统试运行截止	项目经理

9.12　某校园餐厅信息系统开发项目的范围变更管理

在某校园餐厅信息系统开发项目实施过程中，为了控制外部环境变化、项目需求调研不全面、新技术出现等引起的用户需求变化，项目团队通过运用正式的范围变更申请表，使提出需求变更的申请者认真考虑相应的变更对各子系统的影响，从而减少未经过深思熟虑的变更申请，规范范围变更的管理。表 9.14 是本项目的范围变更申请表的格式。

表 9.14　某校园餐厅信息系统开发项目范围变更申请表

<table>
<tr><td colspan="2">申请日期</td><td colspan="3"></td><td colspan="2">变更内容的关键词</td><td></td></tr>
<tr><td colspan="2">申请人</td><td colspan="3"></td><td colspan="2">归属工作包</td><td></td></tr>
<tr><td colspan="2">变更内容</td><td colspan="6"></td></tr>
<tr><td colspan="2">变更理由</td><td colspan="6"></td></tr>
<tr><td colspan="8">对其他子系统的影响及所需资源</td></tr>
<tr><td colspan="2">申请人评估</td><td colspan="3">用户方负责人评估</td><td colspan="3">开发方负责人评估</td></tr>
<tr><td colspan="2"></td><td colspan="3"></td><td colspan="3"></td></tr>
<tr><td colspan="2" rowspan="2">是否变更</td><td colspan="3">用户方负责人批复意见</td><td colspan="3">开发方负责人批复意见</td></tr>
<tr><td colspan="3"></td><td colspan="3"></td></tr>
<tr><td colspan="8">如果变更，那么</td></tr>
<tr><td>编号</td><td></td><td>优先级</td><td></td><td>执行人</td><td></td><td>结束时间</td><td></td></tr>
<tr><td colspan="4">开发方负责人：
签发日期：</td><td colspan="4">用户方负责人：
签发日期：</td></tr>
</table>

不管是哪一方，在提出变更申请时必须认真填写上述项目范围变更申请表，然后双方基于此表进行实际调研，达成共识后方可确认变更，对项目范围进行修改，然后重新编制新的项目计划。

9.13　某校园餐厅信息系统开发项目的进度和成本控制

项目团队采用挣值（Earned Value）分析方法进行进度和成本控制。挣值分析是一种综合了范围、进度、成本和项目绩效测量的方法，它对计划完成的工作、实际挣得的收益、实际花费的成本进行比较，以确定成本与进度是否按计划进行。

假设项目进展到第 10 周，项目团队决定对前期工作进行阶段性回顾和汇报。通过使用规范的挣值分析方法来精确地衡量项目的收益、成本、进度，详细说明该项目的进展状态情况。本案例采用两种方式对该项目的进度和成本进行分析，最后得到项目状态报告。

第一种进度和成本分析方法是利用 Microsoft Project 2013 进行挣值分析，这种分析方式根据每个任务的成本和完成情况，由 Microsoft Project 2013 自动计算状态日期时项目的成本差与进度差等指标的值。这种方式需要统计各个任务的成本和进度信息，管理粒度较细。

另一种分析方式采用手工计算的方式进行挣值分析，这种方式管理粒度较粗。这种方式把整个项目按时间分段，确定各工作包在任务发生时间段的预算。在每时间段结束前记录每个工作包发生的实际成本，并估算出各工作包工作量完成的百分比。这样，在项目执行前制订了成本基准计划，即预算价值（PV，Planned Value），执行过程中记录和计算了实际成本（AC，Actual Cost）和挣值（EV，Earned Value）。在每个绩效报告期到达时刻，就可进行绩效分析了。

要说明的是，由于本案例是虚构案例，许多数据都是根据经验设定的，所以采用时间分段的方式和采用 Microsoft Project 2013 分析得到的数据在本案例中并不一定完全吻合，这里主要是讲解两种方法。

1．在 Microsoft Project 2013 中进行进度和成本控制

在 Microsoft Project 2013 中，挣值分析又叫盈余分析，在 Microsoft Project 2013 中，用于挣值分析的三个关键值如下。

计划成本（BCWS，Budgeted Cost of Work Scheduled，即计划工作预算费用，一般简写为 PV，Planned Value)：根据项目计划安排基于分配给任务的资源成本和任何与任务相关联的固定成本的单个任务的预算成本。计划成本是直到所选择的状态日期的比较基准成本。计划成本值存储在 Microsoft Office Project 的比较基准域中。

实际成本（ACWP，Actual Cost of Work Performed，即已完成工作实际费用，一般简写为 AC，Actual Cost)：直到状态日期完成全部任务或任务的某个部分所需要的实际成本。

完成工作的计划成本，即挣值（BCWP，Budgeted Cost of Work Performed，即已完成工作预算费用，一般简写为 EV，Earned Value)：用货币来衡量的直到状态日期所完成工作的价值。字面上来说就是完成的工作所挣得的价值。BCWP 虽然是针对每个单个任务进行计算的，却是在汇总级别上进行分析的（通常是在项目级别上)。

除 PV、AC 和 EV 外，挣值分析还衡量成本偏差（CV)、进度偏差（SV)、成本绩效指数（CPI，也称资金效率)、进度绩效指数（SPI，也称进度效率)。

本项目的挣值分析包括以下步骤。

（1）设置挣值分析的计算方式。

（2）确定计划完成的工作。

（3）确定实际进展的情况：采集到目前为止实际挣得的收益、实际花费的成本的数据。

（4）确定计划与实际的对比：分为实际进度和计划的对比、实际支出和预算的对比，拟定状态报告。

1）设置挣值分析的计算方式

可以指定 Microsoft Project 2013 使用每个任务的“完成百分比”或“实际完成百分比”进行挣值分析计算。

根据跟踪实际工时的方式，完成百分比可由 Microsoft Project 2013 软件计算或直接输入。实际完成百分比始终都是直接输入的。如果完成百分比不能精确衡量已完成工时或剩余工时，就使用实际完成百分比。

在这里采用“完成百分比”进行挣值分析，完成百分比由 Microsoft Project 2013 自动计算。

首先，选择“文件”→“选项”命令，并打开“高级”选项卡，找到“挣值选项”部分。

默认的任务挣值分析方法在这里选择“完成百分比”，如图 9.25 所示。

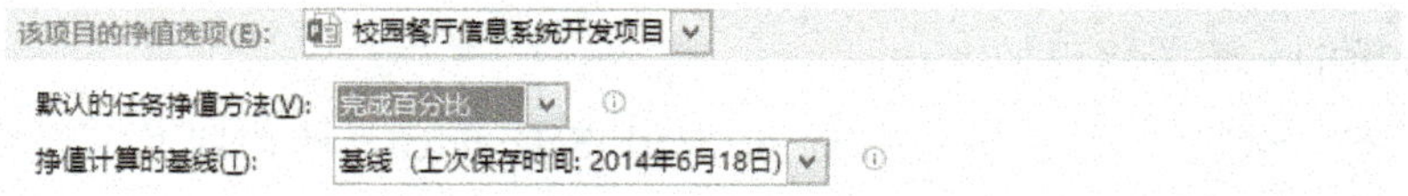

图 9.25　挣值分析方法设置

Microsoft Project 2013 中的进度计划完成后，需要把基准版本存储为比较基准。

2）设置并查看计划完成的工作

单击“项目”→“设置基线”命令，可将此任务信息及相应的预算成本信息存储在 Microsoft Project 2013 的比较基准域中，以便于进行挣值分析。

选择“视图”→“表”→“更多表格”命令，并在其中选择“基线”表，即可看到当前项目的计划已经保存在了比较基准域中，包括比较基准工期、比较基准开始时间、比较基准完成时间、比较基准工时、比较基准成本，如图 9.26 所示。

（3）实际进展情况

下面讨论项目进行到第 10 周，即 2014 年 12 月 19 日时的项目实际进展情况。

选择“项目”→“项目信息”，将状态日期设置为 2014 年 12 月 19 日，Microsoft Project 2013 会计算到状态日期 2014 年 12 月 19 日时的挣值情况，如图 9.27 所示。

	任务名称	基线工期	基线开始时间	基线完成时间	基线工时	基线成本
1	**项目管理**	**112 days**	**014年10月10日**	**015年3月17日**	**976 h**	**25,200.00**
2	选择方法论	2 days	2014年10月10日	2014年10月14日	48 h	¥720.00
3	编制计划	3 days	2014年10月14日	2014年10月17日	72 h	¥1,080.00
4	项目监控	107 days	2014年10月17日	2015年3月17日	856 h	¥23,400.00
5	**可行性研究**	**9 days**	**014年10月17日**	**014年10月30日**	**128 h**	**¥2,380.00**
6	初步需求分析	3 days	2014年10月17日	2014年10月22日	48 h	¥1,080.00
7	技术可行性分ᵗ	4 days	2014年10月22日	2014年10月28日	32 h	¥570.00
8	资金可行性分ᵗ	6 days	2014年10月22日	2014年10月30日	48 h	¥730.00
9	可行性分析报ᵗ	0 days	2014年10月30日	2014年10月30日	0 h	¥0.00
10	**需求分析**	**10 days**	**014年10月30日**	**014年11月13日**	**160 h**	**¥2,700.00**
11	客户面访	7 days	2014年10月30日	2014年11月10日	112 h	¥1,620.00
12	问卷调查	3 days	2014年11月10日	2014年11月13日	48 h	¥1,080.00
13	需求分析报告	0 days	2014年11月13日	2014年11月13日	0 h	¥0.00
14	**系统设计**	**16 days**	**014年11月13日**	**2014年12月5日**	**328 h**	**¥5,880.00**
15	硬件设计	3 days	2014年11月13日	2014年11月18日	24 h	¥1,040.00
16	**软件设计**	**16 days**	**014年11月13日**	**2014年12月5日**	**256 h**	**¥3,560.00**
17	概要设计	6 days	2014年11月13日	2014年11月21日	96 h	¥1,360.00
18	详细设计	10 days	2014年11月21日	2014年12月5日	160 h	¥2,200.00
19	数据库设计	6 days	2014年11月18日	2014年11月26日	48 h	¥1,280.00
20	系统设计说明	0 days	2014年12月5日	2014年12月5日	0 h	¥0.00
21	**系统实施**	**60 days**	**2014年12月5日**	**2015年2月27日**	**920 h**	**41,900.00**
22	**硬件实现**	**22 days**	**2014年12月5日**	**2015年1月6日**	**352 h**	**25,520.00**
23	硬件购买	5 days	2014年12月5日	2014年12月12日	80 h	¥16,800.00
24	硬件安装	12 days	2014年12月12日	2014年12月30日	192 h	¥6,920.00
25	硬件调试	5 days	2014年12月30日	2015年1月6日	80 h	¥1,800.00
26	**软件实现**	**20 days**	**2015年1月6日**	**2015年2月3日**	**280 h**	**¥5,800.00**
27	出单系统代	15 days	2015年1月6日	2015年1月27日	120 h	¥2,700.00
28	分析系统代	20 days	2015年1月6日	2015年2月3日	160 h	¥3,100.00
29	**系统集成**	**18 days**	**2015年2月3日**	**2015年2月27日**	**288 h**	**10,580.00**
30	软件装载	5 days	2015年2月3日	2015年2月10日	80 h	¥4,000.00
31	数据导入	3 days	2015年2月10日	2015年2月13日	48 h	¥2,980.00
32	系统测试	10 days	2015年2月13日	2015年2月27日	160 h	¥3,600.00
33	实施报告	0 days	2015年2月27日	2015年2月27日	0 h	¥0.00
34	**系统验收**	**12 days**	**2015年2月27日**	**2015年3月17日**	**224 h**	**¥6,740.00**
35	系统验收	5 days	2015年2月27日	2015年3月6日	80 h	¥1,800.00
36	人员培训	9 days	2015年2月27日	2015年3月12日	72 h	¥3,720.00
37	项目总结	3 days	2015年3月12日	2015年3月17日	72 h	¥1,220.00
38	项目总结报告	0 days	2015年3月17日	2015年3月17日	0 h	¥0.00

图 9.26　比较基准信息

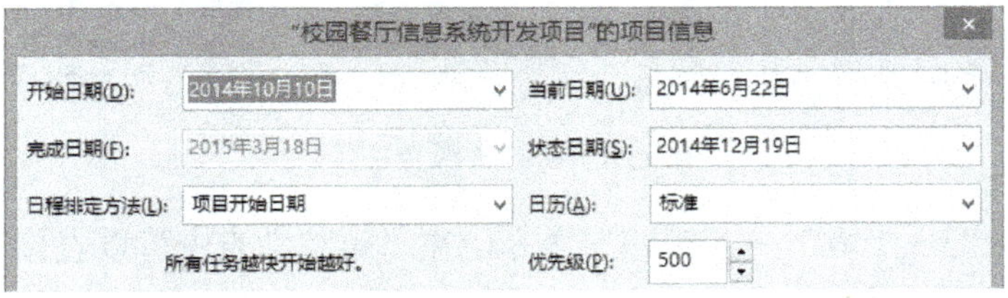

图 9.27　分析日期的设置

在项目进行过程中出现了以下调整。

- 通过与项目参与人协商，部分员工的资源标准费率由 10 元/工时降低至 8 元/工时。
- 项目启动时，“选择方法论”阶段增加了 500 元固定成本。
- 因资源出现过度分配情况，以此任务“编制计划”多消耗了 2 个工作日完成。由 3 个工作日增加至 5 个工作日。
- 因为团队刚刚组建工作效率较低，“技术可行性分析”落后 2 个工作日完成，由 4

个工作日增加至 6 个工作日。

- “资金可行性分析”落后 3 个工作日完成，由 6 个工作日增加至 9 个工作日。
- 与客户沟通时购买纪念品，“客户面访”固定成本由 500 元增加至 1500 元。
- 由于客户配合，“客户面访”时间由 7 个工作日缩短到 4 个工作日。
- 由于客户配合，“问卷调查”由 3 个工作日缩短到 2 个工作日。
- 工作效率提高，“概要设计”由 6 个工作日缩减到 4 个工作日。
- 工作效率提高，“详细设计”由 10 个工作日缩减到 6 个工作日。
- 硬件价格降低，硬件成本由 16 000 元减少到 12 000 元。
- 硬件安装的固定成本也由 5000 元降至 3000 元。
- 硬件订购后提前 1 天交货，因此“硬件购买”提前 1 个工作日完成，由 5 个工作日缩减到 4 个工作日。
- 由于工人工作效率较高，“硬件安装”由 12 个工作日缩减到 8 个工作日。
- “硬件调试”任务由 5 个工作日缩减到 4 个工作日。到第 10 周时，即 2014 年 12 月 19 日，“硬件调试”工作刚好完成 100%。
- 到第 10 周时，“项目监控”任务完成了 50%。

根据上述情况，在 Microsoft Project 2013 中输入项目实际开始时间、实际结束时间和实际的固定成本及完成百分比，同时修改资源的标准费率。

选择“视图”→“资源工作表”命令，可以输入新的资源标准费率。新的资源费率信息如图 9.28 所示。

	❶	资源名称	类型	缩写	组	最大单位	标准费率	加班费率	每次使用成本	成本累算	基准日历
1		张三	工时	张		100%	¥25.00/h	¥5.00/h	¥0.00	按比例	标准
2		李四	工时	李		100%	¥8.00/h	¥5.00/h	¥0.00	按比例	标准
3		王五	工时	王		100%	¥8.00/h	¥5.00/h	¥0.00	按比例	标准
4		赵六	工时	赵		100%	¥8.00/h	¥5.00/h	¥0.00	按比例	标准
5		孙七	工时	孙		100%	¥8.00/h	¥5.00/h	¥0.00	按比例	标准

图 9.28　新的资源费率信息

选择“视图”→“表”→“跟踪”命令，在“跟踪”表中可以直接输入任务的实际开始时间、实际完成时间、实际工期及任务的完成百分比和实际完成百分比。

选择“视图”→“表”→“成本”命令，在“成本”表中，可以修改实际任务的固定成本信息。项目各个任务的实际进度信息如图 9.29 所示。

项目各个任务的实际成本信息如图 9.30 所示。

4）计划与实际的对比

单击菜单栏中的“视图”→“表”→“其他表”，并选择“挣值分析”，可以得到挣值分析表，该表显示 PV（BCWS）、EV（BCWP）、AC（ACWP）、SV、CV 等值。使用该表可以查看到整合的挣值信息，包括关键的偏差域。

	任务名称	实际开始时间	实际完成时间	完成百分比	实际完成百分比	实际工期	剩余工期
1	◢ **项目管理**	**2014年10月10日**	**NA**	**53%**	**0%**	**60.5 days**	**53.5 days**
2	选择方法论	2014年10月10日	2014年10月13日	100%	0%	2 days	0 days
3	编制计划	2014年10月14日	2014年10月20日	100%	0%	5 days	0 days
4	项目监控	2014年10月21日	NA	50%	0%	53.5 days	53.5 days
5	◢ **可行性研究**	**2014年10月21日**	**2014年11月6日**	**100%**	**0%**	**12 days**	**0 days**
6	初步需求分析	2014年10月21日	2014年10月23日	100%	0%	3 days	0 days
7	技术可行性分析	2014年10月24日	2014年10月31日	100%	0%	6 days	0 days
8	资金可行性分析	2014年10月24日	2014年11月5日	100%	0%	9 days	0 days
9	可行性分析报告	2014年11月6日	2014年11月6日	100%	0%	0 days	0 days
10	◢ **需求分析**	**2014年11月6日**	**014年11月14日**	**100%**	**0%**	**6 days**	**0 days**
11	客户面访	2014年11月6日	2014年11月11日	100%	0%	4 days	0 days
12	问卷调查	2014年11月12日	2014年11月13日	100%	0%	2 days	0 days
13	需求分析报告	2014年11月14日	2014年11月14日	100%	0%	0 days	0 days
14	◢ **系统设计**	**2014年11月14日**	**014年11月27日**	**100%**	**0%**	**10 days**	**0 days**
15	硬件设计	2014年11月14日	2014年11月18日	100%	0%	3 days	0 days
16	◢ **软件设计**	**2014年11月14日**	**014年11月27日**	**100%**	**0%**	**10 days**	**0 days**
17	概要设计	2014年11月14日	2014年11月19日	100%	0%	4 days	0 days
18	详细设计	2014年11月20日	2014年11月27日	100%	0%	6 days	0 days
19	数据库设计	2014年11月17日	2014年11月24日	100%	0%	6 days	0 days
20	系统设计说明书	2014年11月27日	2014年11月27日	100%	0%	0 days	0 days
21	◢ **系统实施**	**2014年11月28日**	**NA**	**23%**	**0%**	**12.52 days**	**41.48 days**
22	◢ **硬件实现**	**2014年11月28日**	**014年12月19日**	**100%**	**0%**	**16 days**	**0 days**
23	硬件购买	2014年11月28日	2014年12月3日	100%	0%	4 days	0 days
24	硬件安装	2014年12月4日	2014年12月15日	100%	0%	8 days	0 days
25	硬件调试	2014年12月16日	2014年12月19日	100%	0%	4 days	0 days
26	◢ **软件实现**	**NA**	**NA**	**0%**	**0%**	**0 days**	**20 days**
27	出单系统代码	NA	NA	0%	0%	0 days	15 days
28	分析系统代码	NA	NA	0%	0%	0 days	20 days
29	◢ **系统集成**	**NA**	**NA**	**0%**	**0%**	**0 days**	**18 days**
30	软件装载	NA	NA	0%	0%	0 days	5 days
31	数据导入	NA	NA	0%	0%	0 days	3 days
32	系统测试	NA	NA	0%	0%	0 days	10 days
33	实施报告	NA	NA	0%	0%	0 days	0 days
34	◢ **系统验收**	**NA**	**NA**	**0%**	**0%**	**0 days**	**12 days**
35	系统验收	NA	NA	0%	0%	0 days	5 days
36	人员培训	NA	NA	0%	0%	0 days	9 days
37	项目总结	NA	NA	0%	0%	0 days	3 days
38	项目总结报告	NA	NA	0%	0%	0 days	0 days

图 9.29　项目各个任务的实际进度信息

	任务名称	固定成本	固定成本累算	总成本	基线	差异	实际成本
1	◢ **项目管理**	**¥0.00**	**按比例**	**¥26,196.00**	**¥25,200.00**	**¥996.00**	**¥14,496.00**
2	选择方法论	¥500.00	按比例	¥1,156.00	¥720.00	¥436.00	¥1,156.00
3	编制计划	¥0.00	按比例	¥1,640.00	¥1,080.00	¥560.00	¥1,640.00
4	项目监控	¥2,000.00	按比例	¥23,400.00	¥23,400.00	¥0.00	¥11,700.00
5	◢ **可行性研究**	**¥0.00**	**按比例**	**¥2,444.00**	**¥2,380.00**	**¥64.00**	**¥2,444.00**
6	初步需求分析	¥600.00	按比例	¥984.00	¥1,080.00	-¥96.00	¥984.00
7	技术可行性分析	¥250.00	按比例	¥634.00	¥570.00	¥64.00	¥634.00
8	资金可行性分析	¥250.00	按比例	¥826.00	¥730.00	¥96.00	¥826.00
9	可行性分析报告	¥0.00	按比例	¥0.00	¥0.00	¥0.00	¥0.00
10	◢ **需求分析**	**¥0.00**	**按比例**	**¥2,868.00**	**¥2,700.00**	**¥168.00**	**¥2,868.00**
11	客户面访	¥1,500.00	按比例	¥2,012.00	¥1,620.00	¥392.00	¥2,012.00
12	问卷调查	¥600.00	按比例	¥856.00	¥1,080.00	-¥224.00	¥856.00
13	需求分析报告	¥0.00	按比例	¥0.00	¥0.00	¥0.00	¥0.00
14	◢ **系统设计**	**¥0.00**	**按比例**	**¥5,224.00**	**¥5,880.00**	**-¥656.00**	**¥5,224.00**
15	硬件设计	¥800.00	按比例	¥992.00	¥1,040.00	-¥48.00	¥992.00
16	◢ **软件设计**	**¥0.00**	**按比例**	**¥3,048.00**	**¥3,560.00**	**-¥512.00**	**¥3,048.00**
17	概要设计	¥400.00	按比例	¥1,168.00	¥1,360.00	-¥192.00	¥1,168.00
18	详细设计	¥600.00	按比例	¥1,880.00	¥2,200.00	-¥320.00	¥1,880.00
19	数据库设计	¥800.00	按比例	¥1,184.00	¥1,280.00	-¥96.00	¥1,184.00
20	系统设计说明书	¥0.00	按比例	¥0.00	¥0.00	¥0.00	¥0.00
21	◢ **系统实施**	**¥0.00**	**按比例**	**¥33,292.00**	**¥41,900.00**	**-¥8,608.00**	**¥18,048.00**
22	◢ **硬件实现**	**¥0.00**	**按比例**	**¥18,048.00**	**¥25,520.00**	**-¥7,472.00**	**¥18,048.00**
23	硬件购买	¥12,000.00	按比例	¥12,512.00	¥16,800.00	-¥4,288.00	¥12,512.00
24	硬件安装	¥3,000.00	按比例	¥4,024.00	¥6,920.00	-¥2,896.00	¥4,024.00
25	硬件调试	¥1,000.00	按比例	¥1,512.00	¥1,800.00	-¥288.00	¥1,512.00
26	◢ **软件实现**	**¥0.00**	**按比例**	**¥5,240.00**	**¥5,800.00**	**-¥560.00**	**¥0.00**
27	出单系统代码编写	¥1,500.00	按比例	¥2,460.00	¥2,700.00	-¥240.00	¥0.00
28	分析系统代码编写	¥1,500.00	按比例	¥2,780.00	¥3,100.00	-¥320.00	¥0.00
29	◢ **系统集成**	**¥0.00**	**按比例**	**¥10,004.00**	**¥10,580.00**	**-¥576.00**	**¥0.00**
30	软件装载	¥3,200.00	按比例	¥3,840.00	¥4,000.00	-¥160.00	¥0.00
31	数据导入	¥2,500.00	按比例	¥2,884.00	¥2,980.00	-¥96.00	¥0.00
32	系统测试	¥2,000.00	按比例	¥3,280.00	¥3,600.00	-¥320.00	¥0.00
33	实施报告	¥0.00	按比例	¥0.00	¥0.00	¥0.00	¥0.00
34	◢ **系统验收**	**¥0.00**	**按比例**	**¥6,292.00**	**¥6,740.00**	**-¥448.00**	**¥0.00**
35	系统验收	¥1,000.00	按比例	¥1,640.00	¥1,800.00	-¥160.00	¥0.00
36	人员培训	¥3,000.00	按比例	¥3,576.00	¥3,720.00	-¥144.00	¥0.00
37	项目总结	¥500.00	按比例	¥1,076.00	¥1,220.00	-¥144.00	¥0.00
38	项目总结报告	¥0.00	按比例	¥0.00	¥0.00	¥0.00	¥0.00

图 9.30　项目各个任务的实际成本信息

另外，选择“挣值分析成本标志表”可得到挣值分析成本标志表，该表显示 PV（BCWS）、EV（BCWP）、CV、CV%、CPI 等值。其中：

成本差（CV）=挣值（EV）−实际成本（AC）

资金效率（CPI）=EV/AC

使用该表可以得到任务的成本偏差和成本绩效指数，通过该表可以进行成本偏差分析。

选择“挣值分析日程标志表”可得到挣值分析进度标志表，该表显示 BCWS、BCWP、SV、CV%、SPI 等值。其中：

进度差（SV）=挣值（EV）−分摊预算（PV）

进度效率（SPI）=EV/PV

使用该表可以得到任务的进度偏差和进度绩效指数，通过该表可以进行进度偏差分析。该项目挣值分析表如图 9.31 所示。

	任务名称	计划值 − PV (BCWS)	挣值 − EV (BCWP)	AC (ACWP)	SV	CV
1	**项目管理**	**¥11,832.48**	**¥11,422.43**	**¥12,418.43**	**−¥410.05**	**−¥996.00**
2	选择方法论	¥720.00	¥720.00	¥1,156.00	¥0.00	−¥436.00
3	编制计划	¥1,080.00	¥1,080.00	¥1,640.00	¥0.00	−¥560.00
4	项目监控	¥10,032.48	¥9,622.43	¥9,622.43	−¥410.05	¥0.00
5	**可行性研究**	**¥2,380.00**	**¥2,380.00**	**¥2,444.00**	**¥0.00**	**−¥64.00**
6	初步需求分析	¥1,080.00	¥1,080.00	¥984.00	¥0.00	¥96.00
7	技术可行性分析	¥570.00	¥570.00	¥634.00	¥0.00	−¥64.00
8	资金可行性分析	¥730.00	¥730.00	¥826.00	¥0.00	−¥96.00
9	可行性分析报告	¥0.00	¥0.00	¥0.00	¥0.00	¥0.00
10	**需求分析**	**¥2,700.00**	**¥2,700.00**	**¥2,868.00**	**¥0.00**	**−¥168.00**
11	客户面访	¥1,620.00	¥1,620.00	¥2,012.00	¥0.00	−¥392.00
12	问卷调查	¥1,080.00	¥1,080.00	¥856.00	¥0.00	¥224.00
13	需求分析报告	¥0.00	¥0.00	¥0.00	¥0.00	¥0.00
14	**系统设计**	**¥5,880.00**	**¥5,880.00**	**¥5,224.00**	**¥0.00**	**¥656.00**
15	硬件设计	¥1,040.00	¥1,040.00	¥992.00	¥0.00	¥48.00
16	**软件设计**	**¥3,560.00**	**¥3,560.00**	**¥3,048.00**	**¥0.00**	**¥512.00**
17	概要设计	¥1,360.00	¥1,360.00	¥1,168.00	¥0.00	¥192.00
18	详细设计	¥2,200.00	¥2,200.00	¥1,880.00	¥0.00	¥320.00
19	数据库设计	¥1,280.00	¥1,280.00	¥1,184.00	¥0.00	¥96.00
20	系统设计说明书	¥0.00	¥0.00	¥0.00	¥0.00	¥0.00
21	**系统实施**	**¥20,187.92**	**¥17,665.00**	**¥13,015.00**	**−¥2,522.92**	**¥4,650.00**
22	**硬件实现**	**¥20,187.92**	**¥17,665.00**	**¥13,015.00**	**−¥2,522.92**	**¥4,650.00**
23	硬件购买	¥16,800.00	¥16,800.00	¥12,512.00	¥0.00	¥4,288.00
24	硬件安装	¥3,387.92	¥865.00	¥503.00	−¥2,522.92	¥362.00
25	硬件调试	¥0.00	¥0.00	¥0.00	¥0.00	¥0.00
26	**软件实现**	**¥0.00**	**¥0.00**	**¥0.00**	**¥0.00**	**¥0.00**
27	出单系统代码	¥0.00	¥0.00	¥0.00	¥0.00	¥0.00
28	分析系统代码	¥0.00	¥0.00	¥0.00	¥0.00	¥0.00
29	**系统集成**	**¥0.00**	**¥0.00**	**¥0.00**	**¥0.00**	**¥0.00**
30	软件装载	¥0.00	¥0.00	¥0.00	¥0.00	¥0.00
31	数据导入	¥0.00	¥0.00	¥0.00	¥0.00	¥0.00
32	系统测试	¥0.00	¥0.00	¥0.00	¥0.00	¥0.00
33	实施报告	¥0.00	¥0.00	¥0.00	¥0.00	¥0.00
34	**系统验收**	**¥0.00**	**¥0.00**	**¥0.00**	**¥0.00**	**¥0.00**
35	系统验收	¥0.00	¥0.00	¥0.00	¥0.00	¥0.00
36	人员培训	¥0.00	¥0.00	¥0.00	¥0.00	¥0.00
37	项目总结	¥0.00	¥0.00	¥0.00	¥0.00	¥0.00
38	项目总结报告	¥0.00	¥0.00	¥0.00	¥0.00	¥0.00

图 9.31　项目挣值分析表

利用 Microsoft Project 2013 可以生成挣值分析的报表，选择菜单栏中的“报表”→“成本”命令，选择所需报表，如图 9.32 所示。

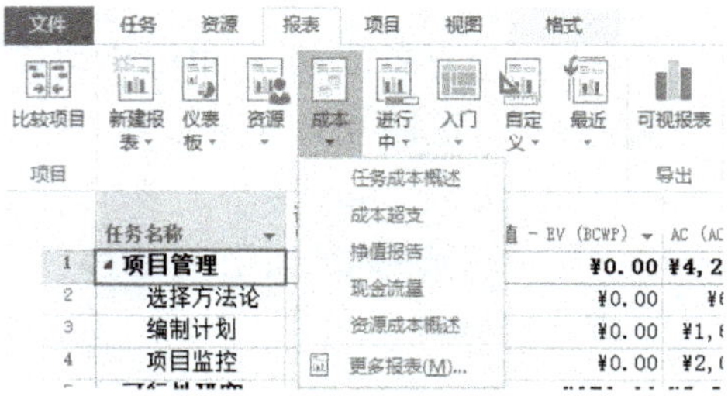

图 9.32　项目报表的选择

在菜单中选择“挣值报告”命令，如图 9.33 所示。

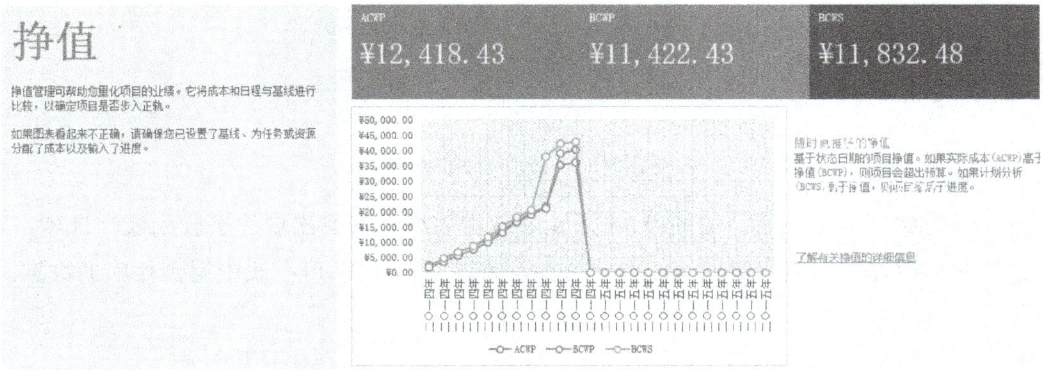

图 9.33　项目挣值分析报表的选择

生成挣值报告后，将鼠标指针移至需要修改的图表并双击，可在左侧浮动出的图表样式栏进行适当编辑。如需对所显示的数据进行调整，双击图表后，选择“图表工具”→“设计”→“图表数据”即可修改报表所显示的项，如图 9.34 所示。

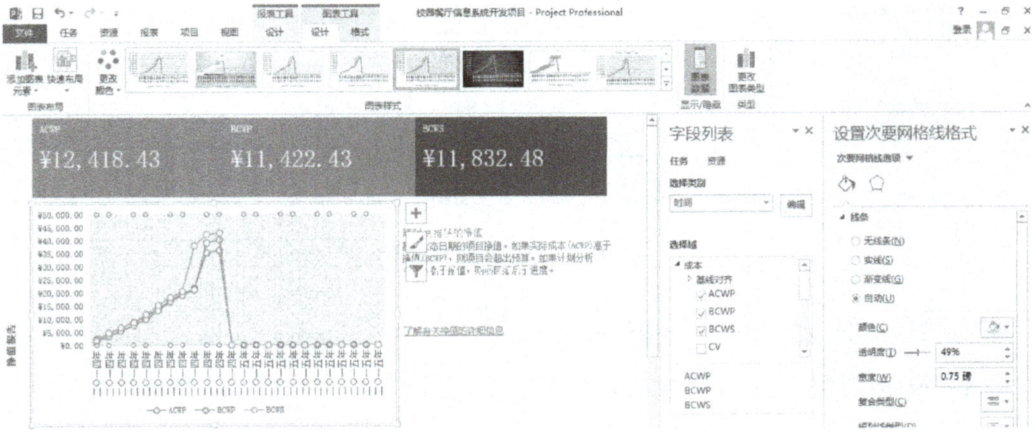

图 9.34　项目挣值分析报表的修改

如果内设的挣值报告不能满足统计展示需求，Project 2013 还提供了定制报表功能。以定制“挣值报表”为例，包含以下步骤。

① 选择“报表”→“成本”→“更多报表”，单击“新建报表”，这里选择“表格”格式，将新表格命名为“挣值报表”，如图 9.35 所示。

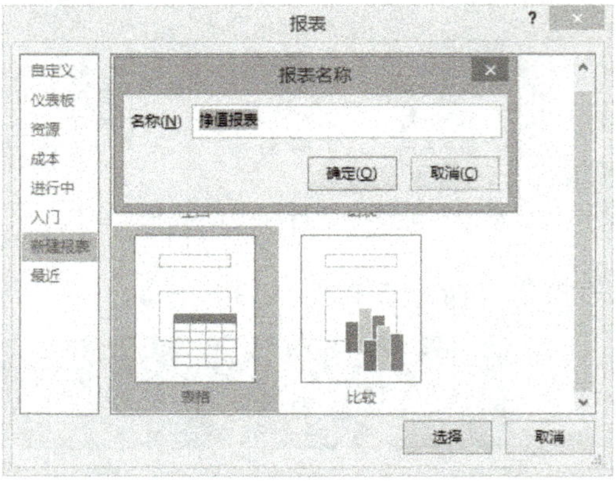

图 9.35　挣值报表的选择

② 得到空白报表后，如图 9.36 所示。双击表格，右侧出现“字段列表”选项，在“选择域”中勾选本表所需的 ACWP、BCWP 等数据项，即可在表中得到相应的数据。

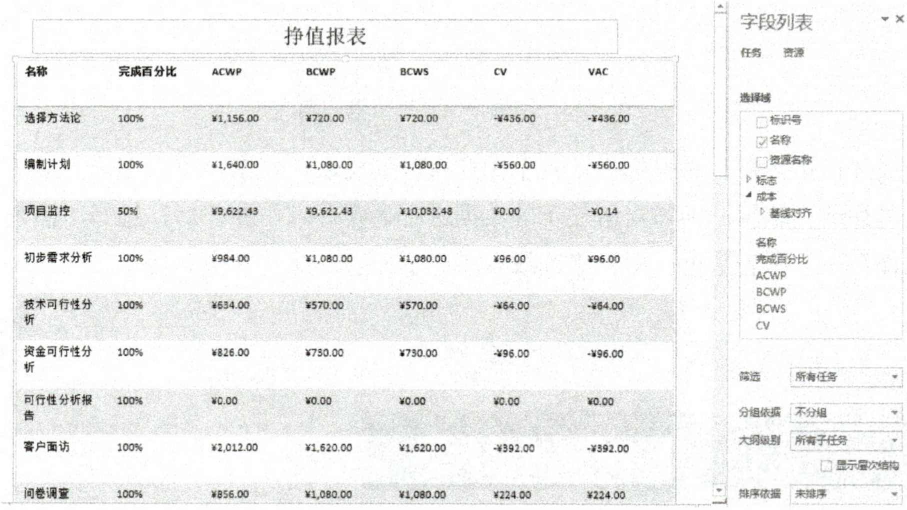

挣值报表

名称	完成百分比	ACWP	BCWP	BCWS	CV	VAC
选择方法论	100%	¥1,156.00	¥720.00	¥720.00	-¥436.00	-¥436.00
编制计划	100%	¥1,640.00	¥1,080.00	¥1,080.00	-¥560.00	-¥560.00
项目监控	50%	¥9,622.43	¥9,622.43	¥10,032.48	¥0.00	-¥0.14
初步需求分析	100%	¥984.00	¥1,080.00	¥1,080.00	¥96.00	¥96.00
技术可行性分析	100%	¥634.00	¥570.00	¥570.00	-¥64.00	-¥64.00
资金可行性分析	100%	¥826.00	¥730.00	¥730.00	-¥96.00	-¥96.00
可行性分析报告	100%	¥0.00	¥0.00	¥0.00	¥0.00	¥0.00
客户面访	100%	¥2,012.00	¥1,620.00	¥1,620.00	-¥392.00	-¥392.00
问卷调查	100%	¥856.00	¥1,080.00	¥1,080.00	¥224.00	¥224.00

图 9.36　挣值报表的设置

2．按时间分段的方式进行挣值分析

将某校园餐厅信息系统开发项目按周分成小的时间段，统计前 10 周项目的预算、进度和实际成本信息，并进行挣值分析。

按时间分段的方式进行挣值分析包括以下步骤。

① 计划完成的工作：将计划进度、成本、范围三要素整合到一个表中。

② 实际进展的情况：采集到目前为止实际挣得的收益、实际花费的成本的数据。

③ 计划与实际的对比：分为实际进度和计划的对比、实际支出和预算的对比，拟定状态分析报告。

1）计划完成的工作

根据成本计划表中的预计成本，将花费根据各个大活动分摊到每周，如表 9.15 所示。横行按照各个大活动分成六行，第八行“每周预算小计”表示这一周的总共预计花费。第九行是前几周的预算累计量。表中的信息可由项目经理和各工作包的负责人协商确定。

表 9.15　某校园餐厅信息系统开发项目每周分摊预算累计表

预算金额（单位：元）	周												工作包小计
	1	2	3	4	5	6	7	8	9	10	11	12	
项目管理	1000	1800											2800
可行性研究		800	1500										2300
需求分析				2000	700								2700
系统设计						5000	4300						9300
系统实施							20 000	4000	7510	8100	5750		45 360
系统验收												2500	2500
每周预算小计	1000	2600	1500	2000	700	5000	24 300	4000	7510	8100	5750	2500	64 960
预算累计	1000	3600	5100	7100	7800	12 800	37 100	41 100	48 610	56 710	62 460	64 960	—

2）实际进展情况

项目实际进展情况分为两部分：第一个部分是每周的实际花费量；第二部分是每周的挣得值。下面将根据项目进行到第 10 周的实际情况介绍这两部分。

每周实际成本累计表如表 9.16 所示。横行依然是工作包，纵列是周。实际成本小计是这一周的实际消耗成本；累计成本是前几周实际成本的总和；最后一列是每项工作包截至目前总共花费成本，表中的信息可以根据各工作包的负责人汇报得到。

表 9.16　某校园餐厅信息系统开发项目每周实际成本累计表

实际成本（单位：元）	周												工作包小计
	1	2	3	4	5	6	7	8	9	10	11	12	
项目管理	1200	1900											3100
可行性研究		900	1600										2500
需求分析				2200	500								2700
系统设计						6000	4000						10 000
系统实施							19 000	3900	5780	7000			35 680
系统验收													0
每周预算小计	1200	2800	1600	2200	500	6000	23 000	3900	5780	7000	0	0	53 980
预算累计	1200	4000	5600	7800	8300	14 300	37 300	41 200	46 980	53 980	53 980	53 980	—

第二部分是每周挣得值。先将每个工作包在每周的完成情况用百分比表示，填入完

工百分比估计表中，完工百分比的算法如下。

（1）计算原则。

① 50/50 规则：比较中庸的一种完工百分比估计方法，避免对进度的主观估算。工作包已完成得 1 分，进行中得 0.5 分，未完成得 0 分。

② 80/20 规则：比较激进的一种完工百分比估计方法。工作包已完成得 1 分，进行中得 0.8 分，未完成得 0 分。

③ 0/100 规则：比较保守的一种完工百分比估计方法，一般用于短工期工作。工作包已完成得 1 分，进行中和未完成都只得 0 分。

（2）计算方法。

① 将项目分成 $A_1 \cdots A_n$ 个工作包，分解的时候尽量注意这 n 个工作包的工作量大小差不多，可以互相比较。如表 9.17 所示，评定每个工作包的工作状态：未开始、进行中、已完成。根据上述计算原则给每个工作包打分，所有工作包分值累加得 c，c/n%即为完工百分比。

② 若各工作包不是工作量差不多大的等效单元，还可以通过功能点计算，即各工作包加权后计算。

表 9.17　完工百分比的计算实例

工作包	未开始	进行中	已完成	50/50	80/20	0/100
A_1			√	1	1	1
A_2		√		0.5	0.8	0
A_3		√		0.5	0.8	0
A_4	√			0	0	0
A_5	√			0	0	0
等价完成合计				2	2.6	1
完工百分比估计				40%	52%	20%

表 9.18 便是根据 50/50 规则计算得到的某校园餐厅信息系统开发项目第 10 周的完工百分比。

表 9.18　某校园餐厅信息系统开发项目完工百分比表

完工百分比	周												工作包小计
（单位：%）	1	2	3	4	5	6	7	8	9	10	11	12	
项目管理	30%	70%	100%	100%	100%	100%	100%	100%	100%	100%			100%
可行性研究		30%	90%	100%	100%	100%	100%	100%	100%	100%			100%
需求分析				70%	90%	100%	100%	100%	100%	100%			100%
系统设计						50%	60%	70%	100%	100%			100%
系统实施							60%	70%	80%	95%			95%
系统验收													

再将每个工作包在每周的累计挣值按照（分摊预算×完工百分比）的算法，填入表 9.19 中的每周累计挣值表中，即可得到实际的每周挣值。

表 9.19　某校园餐厅信息系统开发项目每周累计挣值表

累计挣值（单位：元）	周												工作包小计
	1	2	3	4	5	6	7	8	9	10	11	12	
项目管理	840	1960	2800	2800	2800	2800	2800	2800	2800	2800			2800
可行性研究		690	2070	2300	2300	2300	2300	2300	2300	2300			2300
需求分析				1890	2430	2700	2700	2700	2700	2700			2700
系统设计						4650	5580	6510	9300	9300			9300
系统实施							27 216	31 752	36 288	43 092			43 092
系统验收													
每周预算小计	840	2650	4870	6990	7530	12 450	40 596	46 062	53 388	60 192	0	0	—

3）计划与实际的对比分析

为了便于比较预算、实际成本、挣值三个累计量之间的关系，将每周分摊预算累计量、每周实际成本累计量、每周累计挣值量分别填入状态分析表（见表 9.20）中，用 3 个指标标出，通过状态分析图（见图 9.37）展示出 3 条曲线。在 Project 2013 中，进度报表无须再导入 Excel 中生成，只需选择“报表”→“仪表盘”→“进度”，然后在图表的“字段列表”中选择 BCWS（PV）、BCWP（EV）、ACWP（AC）即可。

为了便于报告，还可以计算每周两个差异分析变量和两个效率变量。

两个差异分析变量指成本差（CV）、进度差（SV），算法如下：

（1）成本差（CV）=挣值量累计（EV）–实际成本累计（AC）；

（2）进度差（SV）=挣值量累计（EV）–分摊预算累计（PV）。

两个指数变量指项目资金效率（CPI）、进度效率（SPI），算法如下：

（1）CPI=EV/AC；

（2）SPI=EV/PV。

表 9.20　某校园餐厅信息系统开发项目挣值分析表

（单位：元）	周											
	1	2	3	4	5	6	7	8	9	10	11	12
分摊预算累计（PV）	100	3600	5100	7100	7800	12 800	37 100	41 100	48 610	56 710	62 460	64 960
实际成本累计（AC）	1200	4000	5600	7800	8300	14 300	37 300	41 200	46 980	53 980		
挣值量累计（EV）	840	2650	4870	6990	7530	12 450	40 596	46 062	53 388	60 192		
进度差（SV）	–160	–950	–230	–110	–270	–350	3496	4962	4778	3482		
成本差（CV）	–360	–1350	–730	–810	–770	–1850	3296	4862	6408	6212		
资金效率（CPI）	70%	66%	87%	90%	91%	87%	109%	112%	114%	112%		
进度效率（SPI）	84%	74%	95%	98%	97%	97%	109%	112%	110%	106%		

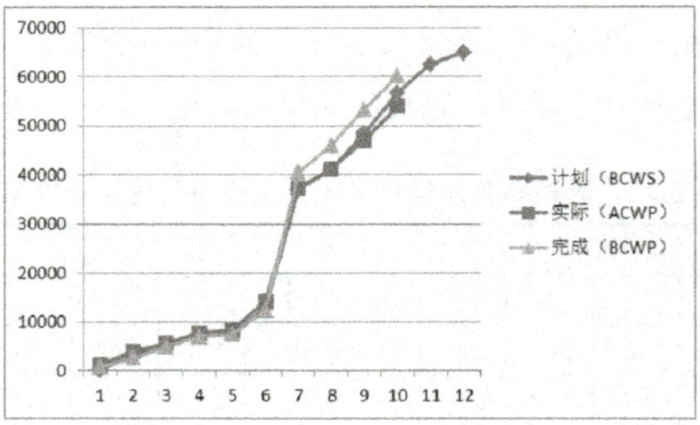

图 9.37　某校园餐厅信息系统开发项目状态分析图

3）项目状态报告

（1）报告方法：汇报报告期内成本、挣值、预算对比分析的结果，需要回答以下问题。

① 项目进度比日程安排滞后了还是提前了？在哪个环节偏离了计划？是由于什么原因造成的？将通过什么措施弥补？

② 报告期内的开支是超支了还是节省了？在哪个环节偏离了计划？是由于什么原因造成的？将通过什么措施弥补？

（2）总体判断：到第 10 周时，进度提前，成本节约。具体数值为：

SV=3482 元　　CV=6212 元　　SPI=112%　　CPI=106%

（3）挣值和计划的对比。由图 9.37 可以看出，在开始时挣值是低于计划的，这说明实际进度落后于计划，但在项目经理的领导下，优化项目团队结果，调动项目团队成员热情，终于实际进度赶超了计划。

（4）实际成本和挣值的对比：截止到第 10 周，成本低于预算 2730 元，而挣值超出预算 3482 元，因此资金效率达到了 112%，表明成本控制状况良好的。

9.14　某校园餐厅信息系统开发项目团队和成员的考核

项目绩效考核包括项目团队与成员个人两个层面的考核。团队考核方面的指标一般参照平衡记分卡方法。由于本项目较小，团队的考核主要从表 9.21 中列出的三方面指标进行。

表 9.21　某校园餐厅信息系统开发项目团队考核指标

考核指标	考核目的
项目管理文档资料	通过规范的文档管理，使项目人员充分理解项目管理意图，提高管理效率，形成模板
核心功能实现，系统顺利运行	用于考核项目是否达到预期目的
项目各阶段交付物	用于对项目进行必要的风险控制

个人考核方面，主要从项目成员的特征、行为、绩效三方面衡量，考核指标如表 9.22 所示，具体指标的说明如表 9.23 所示。

表 9.22　某校园餐厅信息系统开发项目成员个人考核指标

			张　三	李　四	王　五	赵　六	孙　七
特征 15%	专业知识	30%					
	沟通能力	30%					
	团队意识	30%					
	领导能力	10%					
行为 30%	会议出勤率	20%					
	讨论积极性	10%					
	工作时间	20%					
	报告难题	20%					
	管理文档	10%					
	协助成员时间	10%					
	分享知识	10%					
绩效 55%	客户满意度	10%					
	任务指标	20%					
	质量指标	20%					
	SPI	20%					
	CPI	20%					
	事故次数	10%					
总　分							

表 9.23　某校园餐厅信息系统开发项目成员个人考核指标说明

		指 标 说 明
特征	专业知识	与项目相关的知识、技能等
	沟通能力	普通话的标准程度、口头及书面表达的条理性和思路清晰程度
	团队意识	愿意共享知识及合作的意愿程度
	领导能力	亲和力、自信程度、说话语气的坚定程度等
行为	会议出勤率	某成员到会次数/开会总次数
	讨论积极性	从讨论时间和发言次数两方面来衡量
	工作时间	用于项目的工作日个数
	报告难题	对难题的反馈是否及时
	管理文档	项目开发过程中文档撰写的数量、质量
	协助成员时间	帮助其他项目成员完成任务的时间
	分享知识	是否乐于与同事分享知识
绩效	客户满意度	由客户打分
	任务指标	表示项目成员所分配的任务完成的个数
	质量指标	达到任务所要求的质量的程度
	SPI	每一项任务的挣值（EV）/预算累计量（PV）
	CPI	每一项任务的挣值（EV）/累计实际成本（AC）
	事故次数	事故发生次数

（1）特征：选择项目成员具备的一些有共性的特征作为特征考核指标，如学历、工龄和岗位等，本案例中采用专业知识、沟通能力、团队意识和领导能力四方面。

（2）行为：通过度量项目成员在参与项目过程中表现出来的一些有共性的行为作为成员的行为考核指标，如是否勤奋、合作意识如何、对团队的忠诚度如何等，本案例中采用会议出勤率、讨论积极性、工作时间是否饱满、是否及时报告难题、管理文档的有效性、协助其他成员的时间多少、分享知识的情况等指标。

（3）绩效：选择由于项目成员的努力而使得项目本身产生的一些有代表性的结果信息作为成员的结果考核指标，如客户满意度、任务指标、质量指标、CPI、SPI、事故次数等。

思考题

假设你所在学校的工会邀请你开发一个网站，并请你来担任此项目的项目经理，根据本章案例中介绍的各种项目管理的方法和工具，请带领你的团队完成此项项目的计划与管理工作。具体要求如下：

（1）编制该项目的项目章程；

（2）绘制该项目的生命期图；

（3）绘制该项目的工作分解结构（WBS）；

（4）绘制该项目的网络图与甘特图；

（5）编制该项目的成本计划表；

（6）设计项目团队内部的组织结构；

（7）绘制该项目团队的知识地图；

（8）绘制该团队的职责分配矩阵；

（9）对该项目的干系人进行分析；

（10）设计该项目的文档管理规范；

（11）对该项目的风险进行识别、分析和应对；

（12）对该项目的范围进行调整并进行相应的变更控制；

（13）对该项目的进度和成本进行一定调整并进行相应的变更控制；

（14）设计团队成员的考核体系；

（15）对于上述工作中能够用最新版 Microsoft Project 软件实现的内容，采用 Project 软件实现；

（16）撰写本案例练习的心得体会报告。

参 考 文 献

[1] 中国高等院校信息系统学科课程体系课题组．中国高等院校信息系统学科课程体系（2011）．北京：清华大学出版社，2011．

[2] 美国项目管理协会．项目管理知识体系指南（PMBOK 指南）．5 版．北京：电子工业出版社，2013．

[3] [美]斯奈德．活用 PMBOK 指南：项目管理实战工具．2 版．赵弘，刘露明，译．北京：电子工业出版社，2014．

[4] [美]杰克·R. 梅雷迪思，[美]小塞缪尔·J. 曼特尔．项目管理：管理新视角（第 7 版）（工商管理经典译丛）．戚安邦，译．北京：中国人民大学出版社，2011．

[5] [美]科兹纳．项目管理计划、进度和控制的系统方法．10 版．杨爱华，等，译．北京：电子工业出版社，2010．

[6] [美]凯西·施瓦尔贝．IT 项目管理（原书第 6 版）．杨坤，译．北京：机械工业出版社，2010．

[7] [美]詹姆斯·P. 克莱门斯，[美]杰克·吉多．成功的项目管理．5 版．张金成，杨坤，译．北京：机械工业出版社，2010．

[8] 丁荣贵．项目管理：项目思维与管理关键．2 版．北京：中国电力出版社，2013．

[9] 刘大双，赵志高．项目管理实务系列：Microsoft Project 2013 实战应用．北京：中国电力出版社，2014．

[10] 黄梯云．管理信息系统．4 版．北京：高等教育出版社，2009．

[11] 左美云．信息系统项目管理．北京：清华大学出版社，2008．

[12] 左美云．电子商务项目管理．北京：中国人民大学出版社，2008．

[13] 左美云．信息系统开发与管理教程．3 版．北京：清华大学出版社，2013．

[14] 白思俊．现代项目管理概论．2 版．北京：电子工业出版社，2013．

[15] 殷焕武，等．项目管理导论．3 版．北京：机械工业出版社，2012．

[16] 左美云．知识转移与企业信息化．北京：科学出版社，2006．

[17] 左美云．IT 项目管理表格模板（含光盘）．北京：国际文化出版公司，2004．

[18] [美]希肯斯．项目管理——24 步助你轻松搞定任何项目．张华，译．北京：清华大学出版社，2013．

[19] 邱菀华．现代项目管理学（第 3 版）．北京：科学出版社，2013．

[20] [美]布郎．项目管理：基于团队的方法．王守清，等，译．北京：机械工业出版社，2012．